国家出版基金项目
NATIONAL PUBLICATION FOUNDATION

中国传统村落文化抢救与研究
文化区系列

吴必虎 罗德胤 张晓虹 汤敏 ◎ 主编
陈 川 ◎ 编著

客家传统村落

海天出版社
·深圳·

图书在版编目（CIP）数据

客家传统村落 / 吴必虎等主编. — 深圳：海天出版社，2020.12
（中国传统村落文化抢救与研究. 文化区系列）
ISBN 978-7-5507-3008-3

Ⅰ. ①客… Ⅱ. ①吴… Ⅲ. ①客家人－村落－研究 Ⅳ. ①K928.5

中国版本图书馆CIP数据核字(2020)第179443号

审图号：GS（2020）5315号

客家传统村落
KEJIA CHUANTONG CUNLUO

出 品 人	聂雄前
项目策划	许全军
项目统筹	南　芳
责任编辑	南　芳
责任校对	叶　果
责任技编	郑　欢
装帧设计	知行格致

出版发行	海天出版社
地　　址	深圳市彩田南路海天综合大厦（518033）
网　　址	www.htph.com.cn
订购电话	0755-83460239（邮购、团购）
设计制作	深圳市知行格致文化传播有限公司　Tel：0755-83464427
印　　刷	中华商务联合印刷（广东）有限公司
开　　本	787mm×1092mm　1/16
印　　张	22.75
字　　数	285千
版　　次	2020年12月第1版
印　　次	2020年12月第1次
定　　价	398.00元

海天版图书版权所有，侵权必究。
海天版图书凡有印装质量问题，请随时向承印厂调换。

"中国传统村落文化抢救与研究·文化区系列"编委会

EDITORIAL COMMITTEE

丛书主编：吴必虎　罗德胤　张晓虹　汤　敏

《中国传统村落概论》

编委会主任：张宝秀、成志芬
编委会成员：朱永杰、刘剑刚、李　扬、
　　　　　　时少华、张　勃、苑焕乔、
　　　　　　周爱华
编写分工：第一章　张宝秀、成志芬
　　　　　第二章　朱永杰
　　　　　第三章　刘剑刚
　　　　　第四章　李　扬
　　　　　第五章　成志芬、苑焕乔
　　　　　第六章　张　勃、李　扬
　　　　　第七章　时少华

《中原传统村落》

编委会主任：丁　华、张　东、
　　　　　　杨　博、郭晋媛
编委会成员：杨晓俊、戴　宏、刘改芳、
　　　　　　栗晓楠、刘　晗、姚　浪、
　　　　　　李羿祥、薛艳青、戴景文、
　　　　　　蒋星怡、朱凯凯、黄静怡、
　　　　　　廖文强、张　悦、陈鑫源、
　　　　　　陈姗姗、陈添珍、高媛媛、
　　　　　　刘丽丽、易远铨、黎燕君、
　　　　　　王　坤、易　雪、萧僖雯、
　　　　　　沈思源、苏小燕

《徽州传统村落》

编委会主任：张云彬、张宏梅、王　娟
编委会成员：张　茹、沈思佳、张业臣、
　　　　　　张小军、闻　飞、方敦礼
编写分工：第一章　张云彬
　　　　　第二章　张宏梅、张云彬
　　　　　第三章　张云彬
　　　　　第四章　王　娟
　　　　　第五章　张云彬、张宏梅、
　　　　　　　　　王　娟
　　　　　第六章　张宏梅

《荆楚传统村落》

编委会主任：龚胜生、何小芊、胡　娟、
　　　　　　陈丽军
编委会成员：伍昌友、李孜沫、魏幼红、
　　　　　　张　涛
编写分工：第一章　龚胜生、何小芊
　　　　　第二章　何小芊
　　　　　第三章　胡　娟、龚胜生
　　　　　第四章　胡　娟
　　　　　第五章　陈丽军
　　　　　第六章　陈丽军
　　　　　第七章　何小芊

《客家传统村落》

编委会主任：陈　川
编委会成员：萧清碧、黄宗焕、李长青、
　　　　　　何烈孝、沈　洁
编写分工：第一章　陈　川、萧清碧
　　　　　第二章　陈　川、萧清碧
　　　　　第三章　萧清碧、陈　川、
　　　　　　　　　黄宗焕、李长青
　　　　　第四章　萧清碧、陈　川、
　　　　　　　　　黄宗焕
　　　　　第五章　萧清碧、李长青、
　　　　　　　　　黄宗焕、陈　川
　　　　　第六章　陈　川、萧清碧、
　　　　　　　　　黄宗焕、何烈孝

《西南传统村落》

编委会主任：刘丹萍、高　璟、吴艳阳、
　　　　　　徐　燕
编委会成员：陈玲玲、刘博宇、郭可欣、
　　　　　　赵昱嫣、郭聪聪、方家刚、
　　　　　　宋尚周
编写分工：第一章　刘丹萍、高　璟
　　　　　第二章　刘丹萍、高　璟
　　　　　第三章　刘丹萍、高　璟
　　　　　第四章　刘丹萍、高　璟
　　　　　第五章　刘丹萍、高　璟、
　　　　　　　　　吴艳阳、徐　燕
　　　　　第六章　刘丹萍、高　璟

《关东传统村落》

编委会主任：朱晓蕾、王福刚
编委会成员：付　卉、甘　静
编写分工：第一章　付　卉、朱晓蕾
　　　　　第二章　朱晓蕾
　　　　　第三章　王福刚
　　　　　第四章　朱晓蕾
　　　　　第五章　甘　静、朱晓蕾、
　　　　　　　　　王福刚
　　　　　第六章　朱晓蕾

《吴越传统村落》

编委会主任：崔　峰、王丽娴、张光明
编委会成员：千继贤、王　瑜、朱晓庆、
　　　　　　尤　峰
编写分工：第一章　崔　峰、朱晓庆
　　　　　第二章　崔　峰、千继贤
　　　　　第三章　王丽娴、崔　峰
　　　　　第四章　王　瑜
　　　　　第五章　崔　峰、尤　峰
　　　　　第六章　张光明

《西北传统村落》

编委会主任：李 丁、苗 红、冶建明
编委会成员：韩雅敏、林 燕、孟 璐、
　　　　　　王文倩、李珍珍、黄 雪、
　　　　　　耿一睿、刘国锋、王 芸、
　　　　　　王 宁、余 洋、王 鑫
编写分工：第一章 李 丁、苗 红、
　　　　　　　　　冶建明
　　　　　第二章 李 丁
　　　　　第三章 苗 红
　　　　　第四章 冶建明
　　　　　第五章 李 丁、苗 红、
　　　　　　　　　冶建明

《滨海传统村落》

编委会主任：裴 丹
编委会成员：黄丽华、严琳霞、李丹洋、
　　　　　　尚珍宇
编写分工：第一章 裴 丹
　　　　　第二章 裴 丹
　　　　　第三章 尚珍宇、裴 丹
　　　　　第四章 李丹洋、严琳霞、
　　　　　　　　　裴 丹
　　　　　第五章 黄丽华、严琳霞、
　　　　　　　　　李丹洋、裴 丹
　　　　　第六章 严琳霞、裴 丹

《黄淮海传统村落》

编委会主任：邢慧斌
编委会成员：魏云刚、孙庆久、佟 薇、
　　　　　　吴 军、马 晓
编写分工：第一章 佟 薇、邢慧斌
　　　　　第二章 孙庆久、邢慧斌
　　　　　第三章 马 晓、邢慧斌
　　　　　第四章 魏云刚、邢慧斌
　　　　　第五章 吴 军、邢慧斌

《巴蜀传统村落》

编委会主任：刘小方、李小波
编委会成员：纪凤仪、冯祉烨、王晓文
编写分工：第一章 冯祉烨、刘小方、
　　　　　　　　　李小波
　　　　　第二章 冯祉烨
　　　　　第三章 刘小方、冯祉烨
　　　　　第四章 纪凤仪

《藏蒙传统村落》

编委会主任：朱普选
编委会成员：明庆中、梁旺兵、曾　谦、
　　　　　　琼　达、罗簪敏、黄　丽、
　　　　　　尚前浪、先　巴、秦　旭、
　　　　　　李　凡、阿荣娜、肖卫东、
　　　　　　史家铭、达　桑、慈尚普、
　　　　　　蒋其平
编写分工：第一章　朱普选
　　　　　第二章　琼　达、肖卫东、
　　　　　　　　　史家铭、达　桑、
　　　　　　　　　慈尚普、蒋其平
　　　　　第三章　罗簪敏、先　巴
　　　　　第四章　梁旺兵、秦　旭
　　　　　第五章　黄　丽
　　　　　第六章　尚前浪、李　凡、
　　　　　　　　　明庆中
　　　　　第七章　曾　谦、阿荣娜

《东南传统村落》

编委会主任：吴荣华、王国栋、郑庆之、
　　　　　　黄丽华
编委会成员：叶乃齐、冯仕晏、曾健鹏、
　　　　　　陈秋晓、邓冰蓉
编写分工：第一章　王国栋
　　　　　第二章　王国栋
　　　　　第三章　郑庆之
　　　　　第四章　吴荣华
　　　　　第五章　吴荣华、王国栋、
　　　　　　　　　黄丽华
　　　　　第六章　吴荣华、王国栋、
　　　　　　　　　黄丽华

《江淮传统村落》

吴小伟　编著

致谢

林丽琴、姜丽黎、宋尚周、谢冶凤、王梦婷、王定镇、王　琳、周爱清、陈建茂、于小强

序言
PREFACE

　　进入二十一世纪的中国，城市化进程发展十分迅速。城市化脚步之快，快过了这个社会的思考的速度。在这样一种背景下，大量的农业人口进城，大量的乡村"空心化"，伴随着相当长的一个时期内地方发展对土地财政的严重依赖，在村集体所有制的宅基地制度基础上农民对乡村规划建设的弱势地位，以及其他一些社会经济和文化原因，导致了中国传统村落大片大片消失。正如一大批分布于全国各地，从事各行各业，痛惜于传统村落的快速消亡，钟情于怀念美丽田园生活里的梦幻童年，致力于利用各种方式抢救濒于困境的故土，投身于丰富多姿的乡村文化遗产研究领域的人们一样，五六年前我们几个志同道合的小伙伴，清华大学建筑学院的罗德胤副教授，北京大学俞孔坚教授的学生、古村之友发起人汤敏硕士，浙江桐乡乌镇和北京古北水镇主理人陈向宏先生，发起成立了古村镇大会，并分别在浙江乌镇、山东滨州、北京古北水镇和山西碛口古镇，召开了四次古村镇大会。在办会过程中，几位会议创办人提起了组织编辑出版一套古村研究丛书的想法，这一想法得到了深圳海天出版社的支持，申报了"十三五"出版规划，并顺利获得批准立项。

这套丛书的框架相当庞大，初步设想包括文化区系列、物质文化系列和非物质文化系列。这么庞大的系列，组织起来难度可想而知。为了增强组织和编写力量，我们又邀请了复旦大学中国历史地理研究所所长张晓虹教授加盟。目前推出的十五册，仅是其中第一辑文化区系列。

为什么要从文化区视角组织第一辑系列丛书？这主要基于中国传统村落形成发展于中国广袤的国土、悠久的历史、多民族共融的文化视角的考虑。

从自然地理角度看，中国南北横跨热带、亚热带和温带三个气候地带，东西纵盖60多个经度，具有东部滨海平原、中部山地高原盆地、西部干旱沙漠和高寒山地高原等多种地貌形态，海拔高度又具有从海平面以下数百米到世界屋脊最高峰8848.86米的最大高差形成的垂直气候带和植被带。在这么广阔、多样的自然地理条件下形成的村落，必然呈现出世界上最为丰富的聚落景观和文化形态。

此外，动辄数千年的悠久历史和历史上波澜壮阔的人口迁移与融合，又为传统村落打上了深厚文化底蕴和丰富民族特色的烙印。

基于以上几个条件，实际上，文化区系列的传统村落，从一个较为宏观的层面，而非村落本身，更非民居建筑单体，来呈现和传承中国灿烂多姿的乡村文明画卷。

第一辑文化区系列的传统村落板块，除了第一册《中国传统村落概论》综述其概，其余十四册基本上放在特定文化区的概述、物质文化、非物质文化，以及传统村落文化保护与旅游活化这样一个基本结构内阐述。其中绝大多数分册表述的是一个较为连续的地域单元，如中原、江淮、巴蜀、客家等文化区，这些文化区虽然具有基本上一致的身份认同，但具体绘制到地图上时，并非易事。

文化区属于一种人类认知的范畴，不仅难以提出统一准确的判别标准，而且即使有一些参数可供核准，但在不同的审视者眼里得到的评价结果也会存在不同。另外，人口迁移、现代化冲击和民族融合，也客观存在着两种甚至更多的文化融合，出现了一些所谓的文化叠合区域。例如，在讨论青藏高原时，可以把青海与西藏视为一个整体区域，但实际上青海除了藏蒙文化，在接近甘肃和新疆的部分，也还有相当多的西北文化。此外，在中原文化区与黄淮海文化区之间、中原文化区与江淮文化区之间、吴越文化区与徽州文化区之间，也都存在一定程度的文化叠合现象。

一般情况下，文化区应该是连续的地域空间，但也有个别情况比较特殊，一个是藏蒙文化，它是按照藏传佛教的分布特点来组织的，藏传佛教影响区的村落或集镇，都有围绕喇嘛庙而建设的特点，它们在空间上地域非常广大。另一个是滨海文化，它是按照临海居岛的地理特点来组织的，涉及中国一万多公里的海岸线，北面涉及黄渤海，中间是东海，南部是南海，这些绵长的海岸线和有人居住的岛屿上，形成的岛居海厝不仅独具一格，而且同样彰显中国自身的海洋文化。关于这一点，过去的传统村落研究，常常并未加以足够重视。

包括传统村落在内的文化景观具有丰富的多样性，区域多样性是其突出表现之一。这套丛书力图通过对进入官方视野、获得几个部委共同颁布的传统村落体系的乡村聚落为主要探讨对象的分析，来获得社会更加广泛的注意，让更多的机构和社会各阶层关注传统村落的传承和发展，唤起更多的部门和公众研究传统村落传承和发展过程中存在的政策、法规、理念与价值冲突，共同寻求其解决之道，为中国传统村落这一特殊文化景观的保护和长期发展贡献一份自己的力量。

吴必虎

2020 年 12 月 11 日

于北京大学逸夫二楼

目录

第一章 概述 001

第一节　客家文化渊源与客家文化区 / 002
　　一、客家文化渊源 / 002
　　二、客家文化区 / 004

第二节　客家传统村落的内涵与类型 / 010
　　一、村落内涵 / 010
　　二、村落类型 / 011

第二章 客家传统村落的时空分布与变迁 013

第一节　历代客家人迁徙与客家传统村落形成的重要关系 / 014
　　一、客家人走出中原南迁的历史印记 / 014
　　二、历史上客家人大迁徙的形成 / 015

第二节　客家传统村落的历史发展 / 016

第三节　客家传统村落的地理分布 / 018
　　一、总体特征 / 018
　　二、区域差异 / 021

第三章
客家传统村落的"三脉"特征与村貌成因
025

第一节　客家传统村落的文脉特征 / 026
　　一、物质文化 / 026
　　二、非物质文化 / 036

第二节　客家传统村落的地脉特征 / 043
　　一、生活空间 / 043
　　二、生产空间 / 050
　　三、生态空间 / 051
　　四、空间印象 / 054

第三节　客家传统村落的人脉特征 / 058
　　一、肇兴的人物源流 / 058
　　二、转型的历史事件 / 059
　　三、传承的宗族人脉 / 061

第四节　客家传统村落的风貌成因 / 066
　　一、风貌形成的自然环境 / 066
　　二、风貌形成的人文活动 / 069

第四章
客家传统村落的物质文化遗产
073

第一节　客家传统村落的地理环境 / 074
　　一、地形环境特征 / 074
　　二、自然景观特色 / 076

第二节　独具特色的客家传统建筑 / 077
　　一、民居建筑 / 077
　　二、公用建筑 / 104

第五章 客家传统村落的非物质文化遗产 129

第一节　客家传统文化之脉 / 130
　　一、客家人承载中原古文化的南迁 / 130
　　二、中原古文化的"活化石"遗存于相对独立的客家群体中 / 131

第二节　客家传统村落的民俗文化 / 133
　　一、日常习俗 / 133
　　二、人生礼俗 / 145
　　三、节事活动 / 153
　　四、客家方言 / 165
　　五、特色民俗 / 166

第三节　客家传统村落的宗教文化 / 186
　　一、宗教信仰 / 187
　　二、祭祀活动 / 200

第四节　客家传统村落的制度文化 / 205
　　一、宗族制度 / 205
　　二、教育制度 / 212

第五节　客家传统村落的艺术文化 / 226
　　一、地方戏曲 / 226
　　二、民间文学 / 247
　　三、建筑艺术 / 250

第六章 客家传统村落的保护传承与活化利用 259

第一节 物质与非物质文化遗产的保护现状 / 260
一、世界文化遗产的保护现状 / 260
二、各省区物质文化遗产的保护现状 / 263
三、各省区非物质文化遗产的保护现状 / 273

第二节 客家传统村落的保护现状 / 280
一、整体保护现状 / 280
二、保护概况 / 280
三、保护中存在的问题 / 292

第三节 城镇化对客家传统村落的冲击 / 294
一、生存环境 / 294
二、发展现状与趋势 / 294
三、保护面临的压力 / 296
四、特色景观和乡土文化的传承与发展 / 297
五、新时期特色村镇的规划建设 / 298

第四节 客家传统村落的旅游活化 / 301
一、客家传统村落旅游活化的类型 / 301
二、江西典型传统村落的活化案例 / 304
三、福建典型传统村落的活化案例 / 313
四、广东典型传统村落的活化案例 / 324
五、广西典型传统村落的活化案例 / 330

参考文献 / 336

附录：客家传统村落名单 / 338

后记 / 346

第二章

概述

中国传统村落文化抢救与研究 文化区系列

Chinese Traditional Villages

上下五千年，纵横八千里。中华民族自古就是好客之邦，国之地域博大，不同区域间的交往，弥足珍贵。"有朋自远方来，不亦乐乎"成为千古佳话，来往迁移的人就成了"客"，中国自古就有"客居他乡"一词，天南海北，客居者无数，客家人从客居演变至客家，并且逐步壮大演变成一个族群、一个民系，形成一方文化，并产生了深远厚重的影响。客从何处来，客从中原而来，承载着华夏文明而来，背负着历史沧桑而来……

第一节
客家文化渊源与客家文化区

一、客家文化渊源

客家文化历史悠久、源远流长。客家人，又称为"河洛郎"，是一个具有显著特征的汉族民系，也是汉族在世界上分布范围最广阔、影响最深远的民系之一。客家人的祖先源自中原，是汉族在中国南方的一个分支。因为身在异乡，对于故乡河洛地区（以洛阳为中心的洛河流域）有深深的眷恋，自称"河洛郎"。

客家文化是指客家人的物质文化和精神文化的总和，其底蕴十分深厚。特有的民族文化特色，富有传奇色彩的迁徙历史，形成了独具特色的客家语言符号、音乐戏曲、民俗舞蹈、建筑及饮食等方方面面的客家文化，对于我国汉族文化传承具有极高的研究价值。

客家文化将中原文化和南方土著文化巧妙地融汇在一起，形成以保守、稳重、节俭为特色的文化，一方面保留了中原文化的主流特征，另一方面又容纳了所在地民族的文化精华。客家文化在悠长的历史中不断地演变与发展，赢得了"古汉文化活化石"的美誉，客家学也被定义为当今世界的一门显学。客家祖先在迁徙过程中，将先进的中原文化带到落后的客家居住地区，使得中国古代汉族文化在客居环境中发扬并传承至今。

客家文化渊源与客家民系的形成密切相关，二者相伴而生，是一个长期的历史过程。客家民系的形成区域是赣、闽、粤三省交界地区，但是自孕育到定型有个发展过程，三省在不同的时期中各自均发挥了不同作用，从而兴起了客家民系形成阶段论。万陆指出，客家民系的形成是个历史过程，它起于客家先民南迁的西晋末，历经六朝、隋、唐、五代十国时期，至南宋中完颜亮南侵结束而最后完成，大体可概括为孕育于赣南，成熟于闽西，发展于粤东。[1] 杨鹤书则认为："客家人和其他民族、民系的形成和发展一样是一个历史过程。赣州、汀州（长汀）、惠州三州及这三江流域在客家形成发展中各自起着不可取代的作用，赣州和赣江流域是客家人形成的摇篮；汀州与汀江流域是客家先民初步转变为客家人之地；惠州及东江流域是客家人最终形成、完善与兴旺发达之地。"[2] 胡希张等人同样也指出客家民系的形成经历了一个很长的历史过程，客家民系在赣南开始，在闽西进一步发展，在粤东完成。[3]

---

[1] 万陆.客家学概论[M].南昌：江西高校出版社，1995.
[2] 杨鹤书.宁化石壁与客家在闽西形成、发展的若干问题[M]// 张恩庭.宁化石壁与客家世界学术研讨会论文集.北京：中国华侨出版社，1998.
[3] 胡希张，莫日芬，董励，等.客家风华[M].广州：广东人民出版社，1997.

因此，客家民系肇始于赣南，发展形成在闽西，定型成熟在粤东。

二、客家文化区

文化区是指某种文化特征在空间上的分布。根据调查或收集的资料分析评价，以表达某种语言、宗教、艺术和其他文化特征在地理上的分布范围，就可以成为某种文化特征的分布区。

客家文化区是指较为显著的客家文化特征在空间上相对集中的分布范围。客家人创造的客家文化遍布全球约80个国家和地区，集中分布于客家人聚居的地方，如中国的江西、福建、广东、广西、浙江、四川、重庆、湖南、湖北、贵州、香港、台湾等地，以及马来西亚、印度尼西亚、泰国、新加坡、越南、美国、加拿大、毛里求斯、澳大利亚等海外地区。目前，我国是客家文化的重要聚居地和传承地，根据现行的中国行政区划，可以将我国客家文化区分为江西区、福建区、广东区、广西区、台湾区、湘鄂区、川渝贵区、江浙区等八个区。

客家文化江西区的客家人主要分布在赣南地区，赣西地区也有分布，总人口约1250万人。其中，纯客家人居住的县市区有18个，分别是宁都、石城、安远、兴国、瑞金、会昌、赣县、于都、铜鼓、寻乌、定南、龙南、全南、信丰、南康、大余、上犹、崇义等。非纯客家人居住的县市区有20个，分别是广昌、永丰、吉安、吉水、莲花、泰和、万安、遂川、井冈山、宁冈、永新、万载、萍乡、宜丰、奉新、靖安、高安、修水、横峰、武宁等。

客家文化福建区的客家人主要集中分布在闽西地区，闽中也有部分客家人聚居，总人口约 500 万人。纯客家人居住的县市区有 8 个，分别是永定、上杭、长汀、连城、武平、宁化、清流、明溪等。非纯客家人居住的县市区有 18 个，分别是龙岩、漳平、诏安、平和、南靖、云霄、沙县、永安、顺昌、泰宁、将乐、邵武、浦城、建瓯、建阳、福鼎、福安、福州等。

客家文化广东区的客家人主要集中分布在粤东、粤北、粤中地区，粤西也有零散分布，总人口约 2580 万人。纯客家人居住的县市区有 15 个，分别是梅江、梅县、兴宁、大埔、五华、蕉岭、平远、连平、和平、龙川、紫金、新丰、始兴、翁源、英德等。非纯客家人居住的县市区有南雄、曲江、乐昌、乳源、连南、连州、连山、阳山、宝安、惠阳、河源、东莞、仁化、花都、清远、佛冈、从化、惠东、揭西、海丰、陆丰、饶平、潮州、揭阳、丰顺、潮阳、惠来、普宁、珠海、斗门、龙门、深圳、南海、增城、博罗、广州、中山、新会、广宁、三水、高要、云浮、封开、高明、新兴、鹤山、开平、台山、郁南、罗定、德庆、阳春、阳西、阳江、廉江、遂溪、海康、徐闻、电白等。

客家文化广西区的客家人居住比较分散，总人口约 600 万人。主要分布在南宁宾阳、柳州市区、柳城、来宾兴宾、贺州八步、昭平、玉林市区、陆川、博白、北流、贵港市区、桂平、平南、北海合浦、钦州市区、浦北、灵川、防城港等县市区。

客家文化台湾区没有纯客家人居住的县市，现有的客家人总人口约 460 万人。主要分布在桃园、新竹、苗栗、屏东、彰化、高雄、花莲、台中、新北、台南、台北、南投、云林、嘉义、台东、宜兰等县市区。

客家文化湘鄂区主要包括湖南省的郴州、桂东、炎陵、茶陵、攸县、浏阳、平江、江永、新田、江华、隆回等县市，湖北省的红安、麻城等县市，总人口约215万人。

客家文化川渝贵区的客家人，总人口约400万人。主要分布在四川省的成都（市郊）、新都、金堂、广汉、什邡、彭州、温江、双流、新津、简阳、仁寿、乐至、安岳、威远、内江、荣昌、隆昌、资中、宜宾、合江、泸县、仪陇、巴县、通江、广安、西昌、木台、德阳、绵竹、梓潼、会理、华阳、新繁、灌县等县市，重庆市的巴南、合川、涪陵，贵州省的榕江等县市。

客家文化江浙区的客家人聚居区域主要在内陆地区，总人口约105万人。主要分布在浙江省的云和、松阳、青田、丽水（莲都）、宣平（现为莲都、松阳和武义所分辖）、龙泉、遂昌、景宁、缙云、泰顺、苍南、汤溪（金华）、江山、衢州、龙游、常山、开化、建德、淳安、长兴、于潜（临安）、新城、分水（桐庐）、昌化（杭州）、玉环等县市，以及江苏省和安徽省的少部分地区。

客家方言被称为客家语（Hak-kâ-ngî），简称客语（Hak-ngî），在非正式场合被称为客家话，是客家人主要使用的语言，是客家最具显性的文化。"客家话"有些地区称"厓话"或"麻介话"，这两个名称是从客家话的代词来的。举个例子，客家话的第一人称代词"我"，方言字常写成"厓"，因为"我"的说法与其他方言不同，有些地区就管客家话叫"厓话"，"厓"的声调各地不一。

客家话分布于我国的江西、福建、广东、广西、海南、湖南、四川、香港、台湾等地的200多个县市。其中以江西南部地区，福建西部地区，广东东部、中部等地区的客家人最为集中。

谢留文等根据近20年的客家话的调查研究所取得的进展，对客家方言进行了重新分片,把江西、福建、广东、湖南、台湾、香港等地的客家话分为八个片区,涉及110个县市和地区。[①]

八个片区分别为:

(一)宁龙片,共7个县。主要是江西省的宁都县、石城县、全南县、龙南县、定南县、寻乌县和永丰县。

(二)于信片,共11个县市区。主要是江西省的于都县、赣县、南康区、大余县、崇义县、上犹县、兴国县、瑞金市、安远县、会昌县和信丰县(个别乡镇属西南官话除外)。

(三)汀州片,共8个县区。主要是福建省的长汀县、永定区、上杭县、武平县、连城县、宁化县、清流县和明溪县。这些县区都在福建西部地区,和闽西七县客家话连片的还有明溪县的大部分(主要是西部和南部),诏安县的秀篆、官陂、太平,平和县的九峰、长乐,南靖县的曲江,龙岩市的大池、万安等乡镇。此外,在闽中、闽北和闽东还有一些大小不一的客家方言岛。除明溪县外,都不计在内。

(四)粤台片,共40个县市和地区,分为梅惠和龙华两个小片。

梅惠小片,共21个县市和地区。主要有广东省的梅州市(梅江区)、梅县区、兴宁市、蕉岭县、大埔县、平远县、惠州市(惠城区、惠阳区)、惠东县、龙门县、博罗县、东莞市、清远市(清城区)、佛冈县、深圳市(宝安区、龙岗区)和增城区,香港的新界地区,台湾的苗栗县、新竹县、桃园市、屏东县(部分乡村)和高雄市(部分乡镇)。

龙华小片,共19个县市。主要有广东省的五华县、丰顺县、

---

① 谢留文,黄雪贞.客家方言的分区(稿)[J].方言,2007(3):238-249.

河源市（源城区）、紫金县、龙川县、和平县、连平县、东源县、曲江区、乳源瑶族自治县、新丰县、英德市、清新区、连州市、连山壮族瑶族自治县、连南瑶族自治县、广州市（花都区）、从化区、揭西县。

（五）海陆片，共3个县市。主要是广东省的海丰县、陆丰市和陆河县。另外台湾新竹、桃园、花莲、苗栗等县市的一些乡镇也有说"海陆腔"客家话的，不计在内。

（六）粤北片，共6个县市。主要是广东省的乐昌市、仁化县、翁源县、始兴县、南雄市和阳山县。

（七）粤西片，共7个县市。主要是广东省的阳西县（塘口、新墟等镇部分地区）、阳春市（八甲、山坪、三甲、永宁等镇以及双滘、马水、潭水、圭岗部分地区）、化州市（兰山、中垌、新安等镇以及文楼、平定、官桥部分地区）、信宜市（茶山、洪冠、平塘、钱排、合水、新堡等镇以及贵子、砵砂、旺沙、怀乡、白石、思贺、大成等地）、高州市（云潭、马贵、根子、泗水等镇大部分以及新垌、谢鸡、分界、深镇等镇部分地区）、电白区（沙琅、望夫、黄岭、罗坑、那霍等镇以及观珠、大衙、马踏、林头、羊角等镇部分地区）和廉江市（北部的长山、和寮、塘蓬、石颈、石岭、石角等镇以及高桥、青平、雅塘、吉水、河唇等镇的大部分地区）。

（八）铜桂片，共28个县市。主要是江西省的井冈山市、永新县、吉安县、遂川县、万安县、泰和县、宜丰县、万载县、靖安县、铜鼓县、高安市、奉新县、修水县和武宁县，还有湖南省的汝城县、桂东县、安仁县、资兴市、宜章县、江华瑶族自治县、新田县、江永县、炎陵县、茶陵县、攸县、醴陵市、平江县和浏阳市。

除了以上八大客家方言片区外，其他地区的客家话与其他方言共处。这 200 多个有客家话分布的县市，有的在地理上相连，有的比较分散。其中分布比较集中的客家话区，大致按省份依其语言特点分成若干片。分布比较零散的客家话都不分片。

广西壮族自治区的客家话分布在 79 个县市，客家话分布比较集中的地方在东南部的玉林、贵港、钦州，东北部的贺州，中部的柳州等地。

四川省的客家人散居在 60 余个县市，分布范围非常广泛。客家方言点比较集中的地区主要有：成都郊县的东部山区，沱江流域，四川北部的仪陇，还有四川西南的西昌。

海南省使用客家话的居民主要分布在儋州市的南丰镇和兰洋镇以及那大镇的一部分。儋州的东风、番加、侨植等农场以及临高、定安、陵水、三亚等市县的个别村落的村民也讲客家话。琼中的松涛镇也有客家话的方言岛。

还有一些小股移民形成的客家话方言岛，例如浙江松阳、遂昌、衢县、龙游、江山、龙泉、云和的一些乡镇。福建浦城忠信乡、水北乡一些村庄，安徽宁国仙霞乡一些村庄均有来自闽西（上杭、连城、长汀一带）说客家话的移民。江西东北部的贵溪、铅山两县的畲族乡也属客家方言岛。在江西东北部的上饶市所辖县区还分布着其他一些客家方言岛。

在海外，马来西亚、新加坡、印度尼西亚、菲律宾、泰国、加里曼丹岛、南太平洋诸岛国以及欧洲、美洲、非洲等地的华侨、华裔，也有不少是说客家话的。

第二节
客家传统村落的内涵与类型

一、村落内涵

传统村落是古代文化的重要承载,是农耕文化的精粹所在,蕴藏着丰富的历史文化信息与生态景观资源,也是中华传统文化的重要载体和中华民族的精神家园。我国著名学者冯骥才对传统村落下了如下定义:第一,它具有比较悠久的历史;第二,它具有丰富的历史文化遗存,而这些遗存包括物质的与非物质的;第三,它还基本保留着原来的村庄体系,即它不是残余的,只剩小部分的;第四,它有鲜明的地方特色。[①]

客家传统村落是具有浓郁客家文化的村落,是客家人在迁徙、定居的过程中不断发展形成的聚落,保存具有一定规模的客家传统建筑、民风民俗、方言习语等文化遗存,承载了丰富的物质遗存及独特的非物质遗存的重要文化空间,是客家文化的重要载体。客家传统村落的规模大小不一,形式风格各有不同,但都保留有较为完好的村落肌理和客家传统建筑群,且都具有较为悠久的村落发展历史,在历史文化遗存方面也表现出独特性与丰富性,这些共同组成了客家传统村落的风貌。

---

① 冯骥才.亟须加强对古村落文化的保护[J].农村工作通讯,2011(9):34.

二、村落类型

传统村落的形成及发展深受多种因素的影响，如地形、地貌、水文、气候等自然因素和经济、文化、历史、心理等人文社会因素。在古代村落的形成和发展过程中，由于生产力水平较低，对自然界的改造能力弱，因此在所有影响因素中自然因素的影响占主导。徐小明根据山水与村落的关系，将赣南客家传统村落的类型分为交通要道村落、山体村落、河岸村落三种。由于历史的原因，客家传统村落主要分布在低山丘陵、山谷盆地等平原面积较少的山区，地形成为客家传统村落分布的最主要的影响因素。因此，根据地形因素可以将客家传统村落类型划分为盆地块状类、平原临水类、山谷带状类、山坡阶梯类等四大类型。[①]

盆地块状类的客家传统村落主要位于盆地平原，拥有较多的平原区域，耕地面积也较大。村落规模一般较大，人口较多，人均耕地面积较少，村落附近一般都有水系支流分布。这类型村落的整体布局通常经过较为成熟的规划和布局，有些村落充分考虑堪舆之术，依照风水五行说及其他战略阵图进行村落布置。较为典型的如福建连城的培田村，村落整体以中轴线为中心向两边扇开，村庄内保存有30幢华堂、21座宗祠、6所书院、三庵二庙和一条千米古街。传统建筑拥有皇宫式的气势、徽派建筑的形制、江南园林的结构风格。每栋建筑庭院深深却又整整齐齐，每个天井里都有数量不等的房间，周围都有可以自由开关的门通往外面，关起门来一个院子就是一个

[①] 徐小明. 赣南古村落客家风水营造中的现代规划理念研究：以瑞金密溪村为例[D]. 兰州：兰州交通大学，2013.

独立的单元。

平原临水类的客家传统村落主要位于沿河冲积平原，地势平坦，规模较大，村落的人口较多。村落周边有较为丰富和发达的水网，河湖港汊交织纵横，村落皆临水而建，也因地制宜，随河港而布局不同，多数随河流呈带状分布，也有的因河汊交织形成团块状或放射状。村落内部的建筑及耕地布局较为整齐，村落内部紧凑，生产结构以水稻种植为主，兼有淡水鱼养殖等其他产业。典型案例如广东梅州市梅县区丙村镇群丰村。

山谷带状类的客家传统村落主要位于山间谷地，山间平地面积少，可用于建筑的区域较小，因而村落的规模较小，极少数村落所处山谷较为开阔。村庄内的各项建筑布局为线状或条状结构，主要沿河、渠、道路一边排列，呈"一"字形布局。或者沿河流、渠或者道路按行列排成单列或者双列，呈"非"字形布局。典型的山谷带状类村落有福建龙岩市永定区南溪村。

山坡阶梯类的客家传统村落主要位于山坡上，四面环山，古代交通不便，建设成本较大，因而村落规模较小。可耕地面积较少，基本为梯田，山林面积广阔，生产多以林业经济为主。典型的山坡阶梯类村落为福建龙岩市永定区下洋镇初溪村。

第二章 客家传统村落的时空分布与变迁

中国传统村落文化抢救与研究

文化区系列

Chinese Traditional Villages

自秦汉以来，中原社会动荡，大量百姓为躲避战乱四处迁徙，其中不乏名门望族的"衣冠"带着大量氏族"南渡"淮河、长江。这些"衣冠"和随行人员带着大量的财物和族人向南方迁徙，希望寻求世代平安的居所，繁衍生息。"南渡"过程万分艰辛，是多程多站的规模性南迁。经过几百年的迁移和集聚，大部分汇于赣闽粤地区，在此延续、发展和繁荣，并逐渐向周边区域扩散。客家人南迁是一部悲壮的史诗，他们经历了动荡的社会洗礼……

第一节
历代客家人迁徙与客家传统村落形成的重要关系

一、客家人走出中原南迁的历史印记

研究表明，客家人是从北方的中原地区经过长时间的迁徙、辗转到赣闽粤地区而形成的有别于汉族其他人群文化特征的独特民系。据统计，客家先民主要来源于黄河、长江流域，其中黄河流域占绝大多数。著名客家研究学者罗香林曾言，"客家先民多分布于中原旧地，即汉水以东、黄河以南、淮水以西、长江以北的地区"。也有部分学者严格圈定了客家发源地的具体范围为现今的山西长治县、河南灵宝市、安徽寿县、河南新蔡县等。

二、历史上客家人大迁徙的形成

客家文化在悠悠历史的长河中绵延不断，关于客家的起源和南迁的说法有多种。客家文化融合了中华文明所涵盖的各区域文化，其循水系、沿山势由北向南和由东向西逐步推进。南迁行动是多程、多站式的大尺度及大规模迁徙，不是一次性迁徙行动，不是小尺度、小范围的迁徙，它充分展现了中国历史发展演变的过程性，使得客家民系的形成具有深刻的中国历史文化印记。

我国客家学的奠基人罗香林先生认为，历史上客家人曾经历过五次大规模的迁徙运动，并在迁徙的过程中形成了客家民系。第一次：受永嘉之乱的影响，自东晋始，大批中原人举族南迁至长江流域。第二次：唐末的黄巢之乱，迫使客家先民继续南下，到达闽、粤、赣接合部，成为客家的第一批先民。第三次：金人南下，进入中原，宋高宗南渡，更多的移民向闽、粤、赣南迁，与当地的土著和先期迁入的畲族先民交流融合，最终形成客家民系。第四次：明末清初，客家内部人口激增，因资源有限，大批闽、粤客家人从客家大本营向外迁移，最远内迁至川、桂等地区，历史上的"湖广填四川"即发生在此时期。第五次：受清同治年间广东西路事件及太平天国运动影响，部分客家人分迁至广东南部和海南岛等地。

也有其他学者对罗香林的"五次大迁徙"提出不同的看法。万陆认为，在西晋末的永嘉之乱后，部分汉人逐步向南迁徙，最终定居赣闽粤三角地带。南宋末年，蒙古军队向南侵略，造成大批汉民大迁移，就在此时客家民系逐渐形成。这与罗香林提出的"五次大迁徙"中的两次不谋而合，但是前者更加详细具体地叙述了迁徙时间，针对后者记录的第四次、第五次迁徙的观点，万陆则持不同观点。他认为客家先民南迁止于南宋末年蒙古军队向南侵略造成大批汉民大迁移之前。因此，在形成客家民系之后的时期，客家迁徙行动与它的起源没有直接关系。① 也就是说，罗香林提出的第四次迁徙和第五次迁徙，都是在客家民系形成之后发生的。② 两宋时期以后，由于诸多因素，客家先民外迁至广西、云南、贵州、四川乃至港澳台地区或东南亚各国，这部分人属于客家人后裔。

陆梦秋和黄震方则认为还存在客家的"第六次南迁"。"第六次南迁"大约是在19世纪中叶太平天国时期。当时为避战乱，有一部分客家人迁徙到南亚，有的被诱为契约劳工，被押往马来西亚、美国、巴拿马、巴西等地。③

从以上诸多观点可以看出，客家人南迁与社会动荡有着极大的关联。社会动荡不安导致普通百姓集体迁移，去寻求相对安全的地方生活。而在迁徙的过程中不断与土著居民发生肢体上、文化上的冲突和融合，因此形成了有别于汉族其他人群的独特的客家民系。

第二节
客家传统村落的历史发展

客家传统村落的发展历史与客家人的迁徙活动密切相关。北方

---

① 万陆. 客家学论纲[J]. 赣南师范学院学报，1994，15（2）：32-45.
② 罗香林. 客家研究导论[M]. 上海：上海文艺出版社，1992.
③ 陆梦秋，黄震方. 福建客家土楼的文化地理内涵[J]. 亚热带资源与环境学报，2015（3）：72-78.

先民在赣闽粤地区最终形成客家民系后，开始创造属于客家人的物质文化和精神文化。

北来的客家人受故土文化的影响，加之受迁徙经历以及赣闽粤地区逐渐先进的建筑技术影响，故土的建筑形式和建筑技术得到运用与推广，传统意识决定了在村落创建之初，最大限度地保留和延续了原有中原村落的格局和建筑特点。早期客家民居普遍采用了殿堂式的传统建筑形式，房屋有明确的中轴线，在中轴线上设下堂、中堂和上堂，两边对称配有厢房，外有院墙围合，被称为"门堂屋"。随着时间的流逝，客家人与当地人不断融合，建筑在不同时期也受到其他建筑文化的影响，但总的建筑风格始终不变。

客家传统村落由多个建筑单体组成，后逐渐扩大形成古祠、古街区、古村落，大部分传统村落随地形起伏，或依山而筑，或缘水而建。这些依山缘水建造的传统村落，具有鲜明的历史特征和深厚的文化内涵，蕴含了顺应自然天人合一的和谐文化、宗庙为先敬祖秩序的孝道文化、延师劝学厚德载物的重教文化、古朴淳厚丰富多彩的民俗文化等，这些丰富多彩的文化使客家的人文村落与周围的自然风光组成一幅美丽的山水乡村画卷。

第三节
客家传统村落的地理分布

一、总体特征

江西客家传统村落主要分布于赣南地区，在空间上形成以南康区、瑞金市、赣县、信丰县、大余县、上犹县、崇义县、安远县、龙南县、定南县、全南县、兴国县、宁都县、于都县、会昌县、寻乌县、石城县等县市区的江西赣南客家传统村落核心区。周边县市的遂川县、井冈山市、万安县、泰和县、吉安县、永丰县、乐安县、宜黄县、广昌县、南丰县等县市为江西客家传统村落的外围区。江西客家传统村落在空间上呈现出由核心区向外围区逐渐减少的分布特点。

福建客家传统村落主要分布于闽西、闽中、闽南地区，在空间上形成以龙岩市长汀县、上杭县、连城县、武平县、永定区和三明市宁化县、清流县、明溪县等县市区为中心的福建客家传统村落的核心区，该区域保存着浓厚的客家文化。在周边县市如龙岩市的新罗区、漳平市，漳州市的南靖县、华安县、平和县，三明市的三元区、大田县、永安市、尤溪县、沙县、将乐县、泰宁县、建宁县和南平市的邵武市，零星分布着部分客家传统村落，是福建客家传统村落的外围区。福建客家传统村落，其空间分布特点也呈现出由核心区向外围区逐渐减少的特点。

广东客家传统村落主要分布于粤东、粤北、粤中等地区，在空间上形成以梅县、兴宁、大埔、五华、蕉岭、平远、连平、和平、龙川、紫金、新丰、始兴、翁源、英德等县市区为核心的广东客家传统村落核心区。周边县市的南雄、曲江、乐昌、乳源、连南、宝安、惠阳、河源、东莞、惠东、揭西、潮阳、惠来、开平、台山、郁南、罗定、德庆、阳春等县市区均零散分布着一些客家村落。

广西客家传统村落主要分布在桂东南的玉林、博白、陆川、北流、贵港、桂平等地，桂南的北海、合浦、钦州、灵山等地，桂东的贺州、昭平等地，桂中的武宣、柳江等地。其中数量最多、最为集中的是陆川、博白与贵港，其次是合浦、武宣、昭平、柳江、北流、钦州等地。这些地方是广西客家人的主要聚居区，形成了稳定的生活文化圈，是广西客家文化的典型代表。零散分布在桂北、桂西北、桂西、桂西南地区的客家人，大多为小户家庭，被当地的少数民族包围。[1]

客家迁徙至广西的主要原因是战乱与征调。[2] 广西客家迁徙历史按时间阶段可分为以下六大阶段：

（一）公元前 221—879 年

公元前 219 年，秦始皇派军 50 万分五路攻占岭南地区，并于公元前 214 年设置桂林、象、南海三郡，"徙中州之民实之，至此广西为秦所有"。到汉武帝时期，汉武帝发兵平定南越之乱，并将秦设置的三郡改为九郡，其中桂林、苍梧、合浦等在今广西境内。西晋年间，晋惠帝时发生的"八王之乱"以及晋怀帝永嘉五年（311）发生的"永嘉之乱"，直接导致了大量的人口从中原迁往长江中下

---

[1] 梁志敏. 广西客家民居研究[M]. 南宁：广西人民出版社，2017.
[2] 钟文典. 广西客家[M]. 桂林：广西师范大学出版社，2011.

游躲避战乱，史称"衣冠南渡"，由中原迁至鄂豫南部及皖赣沿长江南北岸、赣江上下游；唐代末年，农民战争爆发，再一次引发了人口的变迁。

（二）880—1126 年

200 多年间，由中原迁徙至广西的客家人日益增多，唐末黄巢之乱是直接导致人口向南方迁移的主要原因；其间，客家人主要分布在桂东、桂南，包括全州、灌阳、灵川、富川、恭城、苍梧、陆川、博白等地，并有少量客家人开始向桂北、桂西南等地定居。据《太平寰宇记》：宋代，广西已有住户和客户之分。桂州，"主，一万六千七百一十九，客，七千七百五十九"。客户多从山东、河南、江西、湖南、广东等地而来。

（三）1127—1644 年

自宋高宗南渡之后，受金人南下的影响，各士族百姓被迫奔走四方。在元代近百年的统治时期，百姓不堪压榨，纷纷远走避难，不少客家人选择了广西境内。从迁徙地来看，以江西、福建、广东与湖南居多，包含的姓氏有刘、黄、唐、陈、杨等。

（四）1645—1867 年

明末，满族人入主中原，大量的汉人被迫四处扩散；客家人持续迁徙至广西境内寻求生机。

（五）19 世纪中叶

清代，受广东西路事件影响，许多客家人向南迁徙，特别是以客家人为主体的太平天国运动失败之后，许多客家人改名换姓，四处逃亡，逐渐形成了今天广西客家村落分布的雏形。

（六）19 世纪中叶至今

主要集中在太平天国时期、民国时期，全国客家人基本布局已经定型，从广西境外迁徙而来的客家人数量减少，少量定居广西的客家人也因为生产生活、战争混乱、政府雇佣等而来。

综上所述，客家人传入广西主要通过三条迁徙路线，一条是由中原—湖北—长沙—衡阳—桂林等广西其他地方，依托湘桂走廊入桂；二是由赣州—韶关—广西梧州、桂平及其他地方，通过西江入桂；三是福建或广东客家人通过海域（从南海到钦州、北海、防城港）进入广西。[1]

二、区域差异

江西客家传统村落的区域差异明显，主要分布于赣南地区。其中于都、赣县、南康等地区分布较多，在龙南、寻乌、全南等地区分布较少。赣南地区的客家传统村落深受周边文化区的影响，尤其是徽州文化和赣文化。以江西最南部龙南县为例，位于龙南县境内的关西村，有着一处迄今国内发现并保存最为完整，结构、功能最为齐全的赣南客家围屋——关西新围，位于其北部的西昌围是关西新围的老围，建于明末清初，比关西新围（始建于1798年，于1827年完工）早200余年。老围内的建筑不仅具有客家典型建筑特色，还融入了赣式建筑风格垛子马头墙，垛子马头墙体现了赣文化对客家文化的影响。

---

[1] 余英. 中国东南系建筑区系类型研究[M]. 北京：中国建筑工业出版社，2001.

图 2-1 江西龙南县西昌围内的祠堂垛子马头墙
(图片来源：萧清碧 摄)

福建客家传统村落在核心区和外围区存在明显的差异。主要表现在：核心区范围内客家传统村落的数量分布不均，其中以连城、长汀、武平和上杭等地区分布最多，而在明溪的分布较少。造成这种现象的原因可能是人口数量、经济发展水平、村落保护意识等因素。外围区存在的差异则与相接壤的区域有关，这些区域深受闽东文化、闽南文化的影响，出现文化交融的现象，例如南靖县的梅林乡和书洋乡的大部分居民既会说客家话，又会说闽南话。

广东客家传统村落的区域差异也较为显著，在空间上形成以梅州为中心的客家传统村落集聚区，而在珠三角的广州、深圳、佛山、东莞、惠州、中山、珠海、江门和肇庆等城市密集的地区较少分布客家传统村落。形成这种差异的主要原因是受经济发展与对外交流程度的影响。

广西客家人主要分布在桂东北山区、桂中浔江流域、黔江流域、郁江流域及桂南南流江流域和钦江流域，其中80%以上的客家人集中在桂东南区、桂东区、桂南区和桂中区等。与广东临近的或者水上交通较为便利的地区，如玉林市、贵港市、贺州市、来宾市等，形成了桂东贺州市，桂中贵港市、来宾市、柳州市，桂东南玉林市及桂南北海市、钦州市、防城港市四大客家聚居区。① 因此从整体来看，广西客家人在空间分布上最显著的特点是大分散、小集中。②

从地域分布看，桂东贺州市毗邻广东，广东客家人为躲避战乱大批量地迁徙到贺州，于当地安居乐业，很大程度上保留着广东客家人的传统；桂中则依托浔江、黔江、郁江的水上便捷交通，吸引了大量迁徙的客家人，同时桂中作为广西的中心地带，汇集了广西多个少数民族的族群，其文化相互交融、影响，虽然迁徙到此地的客家人在一定程度上保留了客家传统，但也受到了当地民族文化很大的冲击；而桂东南的玉林市自古就有"岭南都会"之美誉，依托繁华的城市贸易，吸引着众多的客家人到此寻求发展；桂南则依托便利的海上交通条件以及南流江、钦江的输送，带来了大量的客家人口，客家人入乡随俗，既带来了客家传统文化，亦跟当地居民互相交流学习，形成文化的融合。

---

① 熊伟，张继均.广西传统客家民居类型及特点研究[J].南方建筑，2013（1）：78-82.
② 熊守清.略论广西客家的源流、分布及其特点[J].广西师范大学学报（哲学社会科学版），1996（4）：26-100.

中国传统村落文化抢救与研究

文化区系列

Chinese Traditional Villages 村落

第三章

客家传统村落的『三脉』特征与村貌成因

远道而来、历经艰难的客家人在他乡集群谋生，聚落而居。在不断繁衍和扩充中聚落成村，开始形成独具特色的客家村落风貌。在相对平安祥和的村落空间中，客家人逐渐继承并传承了中原的风俗习惯和生产生活方式，将"耕读传家""崇文重教"奉为族人发展的宗旨。但在南方，耕地资源的有限，使客家人与当地的畲族、瑶族等土著人群为生存而发生土地冲突。每一次激烈的争斗和碰撞，都是一次激烈的文化冲突和融合。客家人从中原带来的文明和习俗与当地的文化和生活方式相互接纳和融合，形成了明显区别于当地的独特的客家文脉、地脉和人脉。

第一节
客家传统村落的文脉特征

一、物质文化

物质文化是指人类创造的物质产品，包括生产工具和劳动对象以及创造物质产品的技术。物质文化来源于技术，并与社会经济活动的组织方式直接相关。它通过经济、社会和市场等基础设施显示出来，包括饮食、服饰、建筑、交通、生产工具以及生产的原材料等，是文化要素或者文化景观的物质表现。不同物质文化状况反映不同的经济发展阶段以及人类物质文明的发展水平。客家传统村落保存较好的物质文化主要有建筑文化、服饰文化、饮食文化、农耕文化等。

(一) 建筑文化

客家传统村落保存着大部分的客家传统建筑，以土楼、围龙屋、"九厅十八井"为代表。本部分内容仅对客家传统建筑进行简述，后面第四章第二节将重点讲述客家建筑的内容。

土楼以福建永定的高北土楼群、洪坑土楼群、初溪土楼群和衍香楼、振福楼，漳州南靖县的田螺坑土楼群、河坑土楼群、和贵楼、怀远楼，漳州华安县的大地土楼群为代表。土楼内部数十户、几百人同住一楼，反映客家人聚族而居、和睦相处的家族传统。因此可以说，一部土楼史便是一部乡村家族史，福建土楼于2008年7月被正式列入世界遗产名录。

围屋主要分布于赣南地区和粤东、粤北部分地区，不同区域的叫法不同，有围龙屋、围子、走马楼、四角楼、客家排屋、深圳碉楼等之说，在赣南被称为围屋，在粤北、粤东被称为围龙屋。围屋是古代集祠、家、堡于一体，具有鲜明防卫特征的坚固民居，以江西龙南县关西新围为典型代表。

"九厅十八井"广泛分布在福建、广东、江西等客家地区，是客家人结合北方庭院建筑，适应南方多雨潮湿气候及自然地理特征，采用中轴线对称布局，厅与庭院相结合而构建的大型民居建筑。"九厅十八井"以福建连城芷溪古宗祠、古民居群和连城培田村古民居群，以及广东兴宁市宁新镇的罗氏九厅楼和广西贺州的江氏围屋等为代表。

（二）服饰文化

客家传统服饰是客家人在长期的生产生活中，以中原汉服为基础，吸收了生活所在地少数民族的服饰元素，逐渐适应当地环境而制成的。服饰种类多样，工艺精湛，独具风情和审美情趣，并且文化内涵非常丰富。客家人为适应山地生活的需要，衣裤都明显较短、较合体，衣料也以粗糙的棉、麻布为主，既经济又实用。服饰色彩尚青、蓝色。

（三）饮食文化

客家菜以油重味浓、咸香软糯为特色，用料大都以家禽和野味为主，追求原汁原味，即"饭有饭香，肉有肉味"；注重火功，以蒸、焗、煲、酿见长，尤以砂锅菜闻名；讲求四时节气，有"冬羊、夏狗、春鸡、秋鸭"之说。典型菜有：客家酿豆腐、客家盐焗鸡、客家煎春角、客家红焖肉、客家生鱼脍等。

（四）农耕文化

客家人在继承中原祖先传统文化的同时，也在不断吸收当地土著文化及周边民族习俗，既反映了客家人保本守业、尊祖传家的文化特点，亦从侧面说明了客家人入乡随俗，通过智慧勤劳改变生活的积极态度。特别是在生产物质上，不断地因地制宜，向当地土著学习。根据制作材料分类，主要生产物质大体可分为木制类、竹制类、铁制类、石制类和陶瓷类。

1. 木制类

（1）犁：一种通过牛拉动来进行翻作土地的工具，主要适用于较为平缓的田地，因为牛为动力输出源，故通常耕作的土地较为松软或潮湿。牛拉的犁呈"∫"形，采用木质较为坚韧的木料制成，构件组成有拐柄、犁铧、犁辕、抛杆、犁沿、犁盘、曲轭、耕索、缰绳、撇绳等，其中犁铧、犁辕为熟铁质。广西山地较多，田地里经常有石块，客家人把中原传来的曲辕犁的策额、犁床等部位进行优化，使之更符合当地的耕作环境。

（2）耙：《农政全书·农器》里描述："高可三尺许，广可四尺。上有横柄，下有列齿，

图 3-1 犁（局部）
（图片来源：卢覃晴 摄）

图 3-2 耙
（图片来源：卢覃晴 摄）

以两手按之，前用畜力挽行。耕耙而后用此，泥壤始熟矣。"客家人会根据自己的需求为铁制的耙购买列齿或者为木质的耙制作列齿。

（3）拉箱式鼓风机：结合灶台使用，一般采用圆柱形木材，由匠师凿刻出中空的鼓风机主体，并制作空气室、鼓风轮、吸气孔、排气孔等功能部件，通过手动获取大气压力差形成气流，对着火苗鼓风，达到增长火势的效果。

（4）刨：用来制作传统木质家具的一种木工工具，一般由刨刃和刨床组成，刨刃与刨床形成一定角度，压在木材表面，反复向前推动，即可刨出光滑的木料表面。

（5）锯：一种木工工具，一般由顶立杆、锯齿状铁条、木质手柄、紧力杆构成。小型锯可以单人操作完成，大型锯则需要两侧各站一个人，通过来回拉动，对木材进行切割。

（6）风车（吹谷机）：用来筛选饱满谷粒的木制工具，把收割后的谷粒倒在吹谷机的顶端，控制谷粒流下的速度，并通过手动鼓风对谷粒进行吹选，轻薄的杂质或者中空的稻谷就会被吹走，留下饱满的谷粒，达到筛选目的。

图 3-3
风车
（图片来源：卢覃晴 摄）

（7）晒耙：有两种形式，都呈"T"形。一种是由一块长约40—60厘米、厚1.5—2厘米的长方形木板和一根长约1.8米的木柄构成，通常用来回收晾晒的谷物、花生、玉米等。另一种是在长方形木板上面进行开口，分割成类似梳子的木牙，通常用来翻晒晾晒的农作物，有部分地区用竹子制作。

（8）打谷桶：用木材制作成的木桶，通过人把收割下来的水稻对着桶口进行敲打而达到谷粒脱落的目的。其直径约为60厘米宽，正对人的桶边缘有开口，开口约40厘米宽，低于周边边缘10—15厘米。桶背后有竹席半包围，以防谷粒四处飞散。

2. 竹制类

（1）竹席：用竹篾手工编织的床上生活用品，一般按照床铺的规格大小来制作。竹席清凉透气，便于洗涤，在没有制冷器的时代，

图 3-4　晒耙
（图片来源：卢覃晴　摄）

图 3-5　打谷桶
（图片来源：卢覃晴　摄）

凉席能很好地改善当地人的生活条件。

（2）竹笼：用竹篾编织成的笼子，一般用作运输禽类的装载工具。竹笼一般上窄下宽，底部宽一些能多容纳禽类，顶部收口做窄的设计可以防止禽类在运输过程中逃离出笼子。

（3）簸箕：用竹篾编织的圆形、有边沿的簸米用器具，一般用来晾晒米、花生、豆类等农产品。

（4）竹篮：用竹篾编织而成的篮子，一般为底部有个大的托物台，周边做有提手，便于提携带走。也有部分地区用藤蔓编织而成。

（5）竹担：用竹篾编织的方形竹筐，配置有竹盖，用来挑担物品，通常在节日送礼往

图 3-6 针线篮
（图片来源：卢覃晴 摄）

来时使用。以前农村婚嫁等事宜时通常把米、粑粑、发糕、粽子、面条、猪肉等放在竹担里面,竹盖和周边贴有红纸,预示着送来满满的祝福。

(6)谷磨:与石磨造型原理类似,通过磨石粗糙面对谷粒进行碾磨,使其去掉谷壳,留下米粒。是常见的家庭备用生产工具。

(7)坐篮:用竹子为原材料制作的座椅,椅子底部安装有转轮,方便移动,座位前段有栏板限制儿童行动,以防儿童乱动摔倒受伤,是客家专制的早期儿童座椅。

图 3-7
谷磨
(图片来源:卢覃晴 摄)

图 3-8
坐篮
(图片来源:卢覃晴 摄)

图 3-9
竹蓑
（图片来源：黄宗焕 摄）

（8）竹蓑：客家居民利用竹篾的韧性编织而成的挡雨物件，砍伐新鲜的竹子，破开出竹篾，采用交叉编织的方法，编织成外套的形状，起到遮风挡雨的作用。

3. 铁制类

（1）柴刀：由手把及扁状"7"字形铁条组成，铁片背部厚，刃部薄且锋利，主要用于劈砍东西，为上山劳作的必备工具。

（2）斧头：一种砍削工具，厚的铁头开刃后安装在木柄上，刃口一般与手柄平行，专用于砍木料。

（3）铁铲：一种手动挖掘工具，由长方形的铁片和长约1.6米的木条组成，铁片底端开刃，一般用于挖土耕田。

（4）铁锹：类似铁铲的挖掘工具，铁片更为狭长，除了具备挖掘功能外，由于铁片更修长，容易对松软的土地进行平整。

（5）锄头：耕地时使用的挖掘工具，呈"7"字形，锄板为铁板，上部稍厚，下部薄，半锋利。主要用于除草开沟等。

图 3-10
石磨
（图片来源：卢覃晴 摄）

（6）铁锅：在农村使用的铁锅，呈半球状，锅面最宽处可达半米，全铁构成，经济耐用。

（7）菜刀：用于切菜、切肉等，也分有切刀、砍刀等类型，由刀刃、刀身、刀把组成，刀把多为木制手柄，也有焊接为圆柱形的铁手柄。

4. 石制类

石磨：用大块圆石做成，把米、豆类等磨成粉的石制工具，一般由磨杆、磨子、磨架组成。两广地方多为人力磨，磨子小而轻便，单人可操作完成。虽然现在机械已经普及了，但有些地方打磨谷物或豆类时依然偏向于采用石磨，也许是在打磨过程中加入了情怀，做出来的食品会更受欢迎。

二、非物质文化

非物质文化是人类在社会历史实践过程中所创造的各种精神文化。大体上可分为三个部分：与自然环境相配合和适应而产生的，如自然科学、宗教、艺术、哲学等；与社会环境相配合和适应而产生的，如语言、文字、风俗、道德、法律等；与物质文化相配合和适应而产生的，如使用器具、器械或仪器的方法等。本小节对客家传统村落中的非物质文化遗产进行简要的概述，详细介绍见第五章。

（一）自然环境适应型非物质文化

1. 宗教文化

由于客家迁徙过程的艰辛，宗教信仰对客家人心灵慰藉非常重要。客家人是多神崇拜，其宗教信仰主体是由原始时代"万物有灵，灵魂不灭"的观念为基础的自然崇拜、动植物图腾崇拜、祖先崇拜等原始宗教发展起来，并吸收了道教、佛教的成分，形成了以巫、道、佛三教合一的信仰多神的格局，对人们的思想意识及社会生产生活产生着深刻的影响。客家人的宗教信仰主要有道教信仰，如玉皇大帝、三官大帝、城隍、伯公（土地公）、关帝、神农大帝、真武大帝、门神、财神、灶神、注生娘等，佛教信仰，如观音、如来、普贤文殊等，还有地方信仰，如社公、妈祖、惭愧祖师、义民爷等，还有经西洋传入的基督教、天主教等。客家传统村落的宗教文化的详细内容在第五章第三节进行论述。

图 3-11　福建永定西陂天后宫
（图片来源：萧清碧 摄）

2. 戏曲文化

客家人在迁徙的过程中，将中原地区的传统文化带入了新的定居地，在世代生活中不断传承。与此同时也不断吸收本地的传统文化，相互融合，不同区域形成了具有各自特色的文化。大部分的客家传统村落分布在内陆山区，对外联系相对较少，因此这些文化得以很好地保存下来。戏曲文化作为客家传统文化的重要内容，可以分为传统戏剧、传统舞蹈和传统音乐三种。客家传统村落的戏曲艺术内容在第五章第五节进行论述。

（1）传统戏剧。主要有采茶戏（赣南采茶戏、桂南采茶戏、粤北采茶戏），江西的东河戏，福建的闽西汉剧，广东的五华提线木偶剧和广东汉剧等。

（2）传统舞蹈。主要有傩戏，江西信丰的古陂席狮、梨狮舞，广东的香火龙、狮舞（席狮舞）和埔寨火龙，广西的串花灯等。

（3）传统音乐。主要有江西的兴国山歌和于都的客家古文，福建的闽西客家十番音乐、唢呐吹奏，广东的梅州客家山歌和广东汉乐等。

（二）社会环境适应型非物质文化

1. 客家方言

客家语是客家人使用的主要语言，是汉语七大方言之一。因为地域的区别，各区域带有不同的口音，如福建龙岩长汀县和连城县，地域上相接壤，但长汀的客家话却与连城部分乡镇的客家话不同，两地人们用客家话交流困难；福建武平县中山镇因历史原因通行"军家话"，与周边的客家话也有所不同。

2. 传统习俗

客家传统村落保存着丰富多样的传统习俗，习俗众多且极具特色。主要有生产风俗、家庭风俗、婚嫁风俗、丧葬礼俗、信仰习俗、节日风俗等，具体有元宵游花灯、庙会、"犁春牛"、"抬菩萨"、"走古事"（福建连城）、"妆古史"（江西宁都）、"游扛灯"（江西宁都）、出夜灯、舞狮、踩高跷、舞红龙缠柱、唱客家山歌、奏十番、春社秋社、船灯、游龙、游龙灯（连城大田）、迎球子、武术表演、书画表演舞青龙（广西浦北）、跳岭头（桂东南）等。这些传统习俗具有浓郁的中原古韵。

（三）客家精神

客家精神是指客家人吃苦耐劳、艰苦奋斗、不断拼搏的精神，勇于开拓、不断进取的精神，溯本思源、怀国爱乡的精神；还包括客家人强烈的民族意识、赤子之心和爱国之心，克勤克俭、崇尚文化、聪明好学、精诚团结、互相帮助和孝顺父母的优良传统。客家人不安于现状，自18世纪以来，大量客家人移居海外，分布在世界各地，这其中有不少的商业和政界巨子。近代涌现了一大批革命志士，为新中国的成立做出了不可磨灭的贡献，体现了客家人开拓进取，不安于现状的民系特征。可以这么说，近代中国的客家史就是近代中国革命史的重要组成部分，客家革命精神就是近代中国革命精神的重要组成部分。

1. 客家精神的由来

客家先民来自黄河流域，根在中原，花繁五洲，因避战乱、逃灾荒等原因，他们离开故土，扶老携幼、翻山越岭，辗转南迁。因离乡别井、客居他乡，大部分客家先民扎根在穷乡僻壤、边远山区，面对当时恶劣的自然环境，披荆斩棘、艰苦创业，开辟客家新天地，铸造了坚韧不拔的客家精神。

客家精神是客家人从不断迁徙中长期锤炼出来的，是客家文化的精髓所在。著名客家先贤、南洋侨领、星系报业创始人胡文虎曾指出客家精神具有刻苦耐劳、刚强弘毅、勤劳创业、团结奋斗四个方面。后来又有许多专家学者对此进行总结归纳，指出客家人具有坚忍不拔、勇于进取之性格，勤劳刻苦、男女平等之民风，正直刚毅、不畏强暴之思想等。

当代客家研究学者认为客家精神包括三个层次，贯穿在千年迁徙过程中：首先是客家人刻苦耐劳、白手起家、勇于开创的精神。这是他们从中原故土进入赣闽粤边区，男女老少齐动手，努力奋斗过程中形成的。其次是客家人反压迫、反侵略、爱国爱乡的革命精神。这与他们因外族入侵被迫南下，定居南部山区后又受一些当地人欺凌所养成的为正义而敢斗争，为自由和独立不怕牺牲、无所畏惧的性格相关。近代以来，诸多仁人志士为了祖国、为了正义，挺身而出，视死如归，正义凛然，这种光荣传统是客家精神的突出表现。最后是客家人四海为家，以他乡为故乡，仁德待人，广交朋友，团结互助，自强不息，努力拼搏，每到一处都要建功立业的精神。客家精神是中华民族优秀品格、良好道德、伟大气魄的体现，它是客家人对中华传统美德的继承和发扬。

2. 客家精神的形成与发展

客家精神的形成与发展，与客家历史文化的发展演变关系密切。客家人来源于中原汉族，北方人粗犷豪爽的性格特征，锻造出客家人的乐观上进、刚强弘毅、勇敢豁达的品格，可以说客家人是"北方强者的血统与遗传"。

客家人经历数次大迁徙，颠沛流离、世事多艰使客家人养成坚忍卓绝、刻苦耐劳、团结奋进的特性，他们是自然环境和人为环境影响或选择下的适者。经过历代长期艰苦奋斗使民族性格得到考验和磨炼，客家人自始至终带有一种浩然正气的民族节操，崇尚忠义，反抗压迫，义不帝秦，同仇敌忾，爱国爱乡，最终成为民族心理发展中的一群勇者。

客家先民是中原华胄,具有较高的文化素养,虽经辗转流徙,但其文化气质不变,讲礼节、重伦理、好学问、尚教育、敦亲族、敬祖先、隆师道。

客家民系最值得称道的可贵之处在于妇女的地位不同一般。客家妇女无缠足怯弱之习,她们能躬操耕作,主持农计;她们朴素节俭,勤劳洁净,崇敬丈夫,热爱儿女,任劳任怨,牺牲自我,维护家庭。客家妇女的特性充分体现出客家精神的精髓所在。

3. 客家精神的内涵

(1) 硬颈精神

硬颈精神指客家人不屈不挠的精神。在客家地区,硬颈一度被认为是"脖子硬硬、不会转弯"的负面字眼。但其实硬颈含有执着、不怕死的意味,当然这种不怕死,不是贪财好色式的不怕死,也不是权迷心窍式的不怕死,而是对民族气节的认同和坚守,客家人将它延续到近现代的中国革命史上。

(2) 吃苦耐劳

"逢山必有客,有客必住山",客家先民在扎根山区、艰苦创业中,历尽千辛万苦,锻炼了吃苦耐劳、艰苦奋斗的精神并世代传承。在改革开放中,一批客家精英勇闯特区或战商海,拓展国际市场,成为新一代优秀的企业家。

(3) 勇于开拓

客家人千百年来多次大迁徙,发展到江西、福建、广东、广西、四川、湖南、台湾等地,18世纪末又远渡南洋、美洲,之后又辐射到世界80多个国家和地区,全球繁衍了一亿多客家人及其后裔。海外客家人多半是"扎条裤带出远门"，漂洋过海勇创业。

（4）抗争意识

翻开近二百年来的中国近代史，许多革命运动和客家人密切相关。客家人洪秀全领导了太平天国运动，撼动了清廷的统治根基；在新民主主义和社会主义革命中，一批客家人如叶剑英、杨成武、萧华等成为革命中坚、驰名将帅。

（5）溯本思源

许多海外客家人虽身在异邦，但始终不忘自己是中华儿女，教导子女溯本思源、寻根问祖，永远不忘祖国与列祖列宗。抗战时不少爱国华侨捐巨款支持抗日斗争，"四化"建设中，又投资国内办实业，热心乡梓，乐善好施，善举频繁。

（6）克勤克俭

客家地区多半是文化之乡，名人辈出，这与客家人崇尚文化、重教兴学有关。不少客家父母再穷也要克勤克俭，供子女读书。儿女成才后，出门闯天下，报答父母。

（7）精诚团结

客家人是汉族的支系，在长期辗转、艰苦开拓的过程中，互助互爱，形成了精诚团结的优良传统。世界各地都有客家公会、客家同乡会、崇正会等。五洲四海客家乡贤，通过大团聚、大联谊，增进了亲情、乡谊，促进了客属团结，增强了凝聚力、向心力，加强了海内外信息交流，促进了经济繁荣。

（8）崇文重教

客家人是中国最重视子女品德和文化教育的族群之一。新中国成立初期全国识字率不高，客家人虽然在当时也有重男轻女的意识，但是出于对子女文化教育的高度重视，几乎所有客家女孩在当时也跟男孩一样读书识字，接受较高水平的文化教育，这在当时的中国实属一种较为罕见的现象。

第二节
客家传统村落的地脉特征

一、生活空间

客家人是典型的聚族而居的群体，通常是同族人居住在一起或者相邻而居。在传统的家庭居住空间之外，还有与族人共同使用的祭祀空间、活动空间、教育空间和社交空间等。

以福建土楼为例，一座土楼就是一个小社会，客家人为了自身的生存和发展，需要最大限度地自给自足，因此建造了独特的土楼，

图 3-12
福建永定振成楼
内部空间
（图片来源：萧清碧 摄）

土楼充分满足了客家人的生活需要。土楼内水井、厨房、卧室、粮食加工房、柴火间、猪牛舍、厕所等设施一应俱全。同时还具有完善的防御功能，抗震能力强，全族人既得到共享的生活配套设施和基本的生活保障，又尽享几代同堂、合家团圆的天伦之乐。

赣南客家围屋是赣南客家人的主要生活空间，其功能具有多样性。围屋几乎将客家人所有生活生产活动围在了巍峨的高墙之内，但围内族人的生活生产活动空间却是另一个世外桃源。

不管围屋的建筑体征或大或小，每座围子的正前方总有一方水塘，赣南客家围屋多是方围，为保持与建筑的平面形制一致，屋前水塘也多是方形的。客家人溯水而来，逐水而居，凭水而生，依水而行，因气候、地理及历史文化不同，客家村落中的池塘表现出不同的意味，由于水能生气，在有生气的地方修建城镇房屋，意为顺乘生气，水塘正对围屋，暗喻财源滚滚之意。

村落内部的禾坪一般位于水塘与围屋前的公共场所，但是也有的禾坪在其他位置。例如位于江西安远县镇岗乡老围村的东生围，这座围屋的禾坪位于围内入口处。客家人尊崇传统礼制，注重宗族关系，宗族利益高于个人利益，即使围屋落户万家，禾坪仍是宗族的共有空间。

禾坪是水塘与围屋正门的过渡空间，是一块由三合土夯实而成的呈长方形的开阔空地，主要用于晾晒谷物。勤俭持家的客家人，擅以日晒、腌制的方式储存食物，客家传统菜肴当中广泛使用的酸菜、梅干菜等，能够长期保存。兵荒马乱的战争年代和突如其来的匪寇横行使得客家人被困在围屋之中，囤积足够的粮食是客家人生存的首要内需条件。这种经过腌制的食材不仅可以补给从生产劳动者变成捍卫家园战士的客家人更多的盐分，而且它的贮藏时间可以达到一年之久，成为长期作战的有利条件。而大面积的晾晒食材的过程需要大面积的加工场地——禾坪。

　　历经战乱困苦之久的客家人，珍视宗族血缘，中原礼制观念根深蒂固，客家人在维系宗族内人与人之间的亲属关系、宗族与宗族之间的社会关系，维护宗族关系平和稳定，凝聚宗族力量，传承客家文化传统等方面，需要与外部环境和谐交融。落户在围屋里的客家人并不是自娱自乐的居家模式，人都有一定的社会属性，禾坪是宗族的共享空间，不仅是生产劳动的重要场地，还是维系人际交往、沿袭客家

图3-13　广东和平县林寨村永贞楼前水塘
（图片来源：蓝雨 摄）

文化传统的物质载体，是客家人重要的社交场所。平日里，围内族人在这里完成一般的社交活动，在逢年过节之时客家人于禾坪处共欢聚，此时的禾坪便是可以用于舞狮耍龙灯的场所，节日庆典之时可设置宴席，婚丧嫁娶、新屋选址等还可以做道场，有利于宗族之间的文化交流、信息共享，同时能够维系宗族关系的稳定，促进客家文化的和谐发展。

水塘与禾坪承载着客家人的生活方式、宗族观念及交往方式，是叙述客家文化特征的重要媒介。两者的设计运用契合，体现了客家人的世俗观念和生活智慧。

沿着围屋中轴线的基本走向，祖祠的周围是围内族人的居室、厨房、卫生间、牲口棚、仓库等，每一间房屋坐落成排，簇拥祖祠，形成丰富的空间序列，空间布局主次分明，结构路线同样有明确的尊卑之分，礼制观念鲜明。在重要的正式场合当中，围屋主人、宾客及仆人还有着各自不同的行走路线。靠近祖祠两侧的房间一般作为辈分最高的宗族权威族人的起居室，次一级辈分的族人再向外侧，这种强调中轴对称和主次分明的布局观念延续了汉族文化传统的儒家思想，这种布局方式的沿袭便是客家人对中原文化的传承。

客家人在建造围屋时对排水系统的设计相当科学，排水的沟渠分为明沟和暗沟，明沟流入暗沟，暗沟通过步步递减的地势流入前天井，前天井的水是前天井承接的水与流经后天井的水的汇合，由此层层汇合，所有水流入前水塘，体现俗话说的"肥水不流外人田"，每个天井的排水口和汇入水塘的注入口都是在设计围屋之前就规划好的。这种处理方法表现出客家人十分注重地表水的处理和利用，既满足了实用价值和审美需求，又不会造成排水直泄。在这一点上客家人做得十分到位，每座天井终年无积水。由于暗沟较为隐蔽，为防止排水等一般日用功能在污水由明沟排入暗沟时带入种种异物，可能造成暗沟堵塞，甚至导致排水系统瘫痪，客家人会在沟渠里养殖喜好栖息于阴暗潮湿之地的金钱龟，这种龟类具有食性广、抗病力强、耐饥力强、生命力强等特点，能够合理有效地将隐藏在暗沟之中的异物食用或是带出。

客家人这种"得水为上"的民俗心理诉求在此生活空间的细节中皆可看得出来，不仅为自身创造了适宜居住的空间环境，而且获得一种契合心理需求的精神满足，进而巧妙地营造了一个有较高空间环境舒适度的平衡生态环境，体现了客家人"天人合一"的造物观、审美情趣和生活智慧。

图 3-14　广东英德市横石水白楼围屋前的水塘

图 3-15
江西龙南县
关西新围内的戏台
（图片来源：林可 摄）

　　还有的围屋内会单独设置一个小花厅，这种小花厅是独具魅力、富有生活情趣的舒适空间，小花厅里四季花木婆娑，宛若古诗词中所云"曲径通幽处，禅房花木深"的意境。前面落有一张隔扇门，两旁开有几扇隔扇窗，可于天朗气清、惠风和畅之时读书、赏花，还可在雨季观看细雨若轻尘。位于江西龙南的关西新围，在围屋内还建有一座戏台，这也是满足围屋主人看戏的喜好和招待宾客的功能需求。

　　陆元鼎先生在《广东民居》中将客家民居由小至大分为门楼屋、堂横屋、杠屋、围龙屋、围屋、城堡式围屋等多种类型。广西现存的客家传统民居主要是最为基本的堂横屋式，围龙屋式和城堡式围屋也有少量遗存。

　　尊祖传家的家族观念让客家人有着"大公小私"的生存哲学，"祠居合一"的模式一直在客家建筑中保留着，祠堂始终都在围屋的核心位置，其余房屋基本围绕祠堂拓展。在建房时坚持"明堂暗屋"。堂横屋有着明显的中轴线，位于中轴线上的厅堂分为"上厅""中厅""下厅"，这三个厅堂为家族公用区域，明亮通透，面积宽敞，以三个厅堂为中轴线，两侧对称布置回廊、南北间、横屋等，其中横屋为家族的生活居住区，或为卧室或为杂物间等，家族人平均分配这些空间，一个围屋就是一个聚落，等同于一个村寨。

以贺州莲塘镇江式围屋为例，主屋前面设置宽广的禾坪，禾坪被围墙包围起来，在

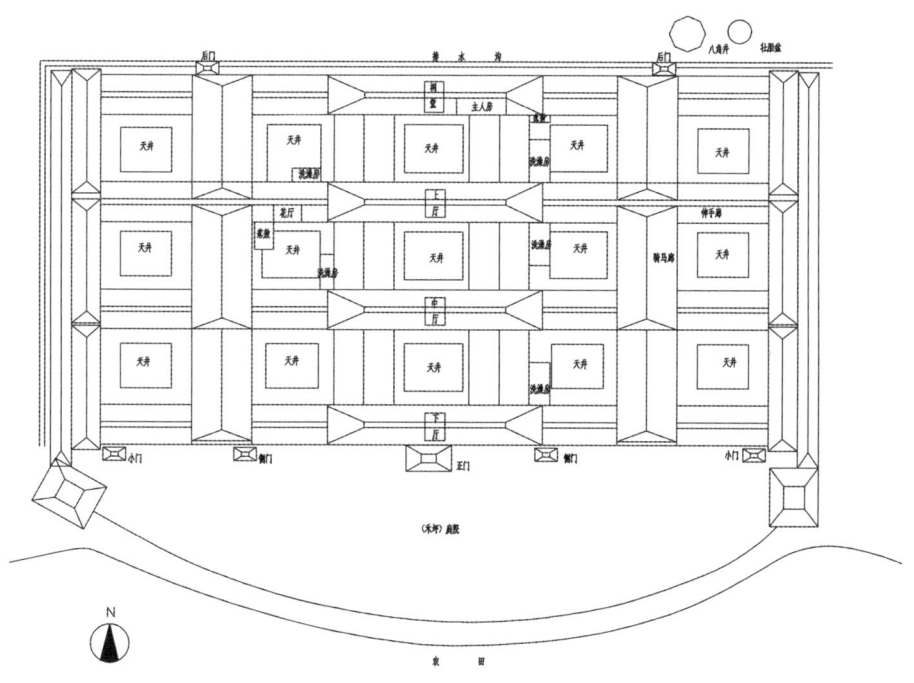

图 3-16　广西贺州市莲塘镇仁冲村江氏围屋平面图
（图片来源：卢覃晴 绘制）

南北两侧各设有一门，其中南侧的门为主门。禾坪用来晾晒谷物等，白天满足农耕的生产需求，晚间客家人可汇聚在此交流。主屋群内由三个天井分隔四进堂，整体构成四暗三明的空间序列，堂屋从入口门厅开始由南向北逐步提高，直至祖堂，从空间上烘托出祖堂的重要性。横屋位于堂屋两侧，通过三条横向轴线联系空间，横屋为主要的起居空间，通过天井的设置，使得横屋即使房屋密集依然有着良好的采光通风，客家人居住于此，并不会感到压抑拥挤。由于天井、厅堂的设置，通过轴线的作用，连廊纵横交错，空间层次丰富。

二、生产空间

生活在边远山区的客家人以农耕为主，土地是最重要的生产资源。客家人勤劳实干，农耕文化浓厚，但客家人拥有的水田并不多，大部分是租种别人的土地。新中国成立前家中能有几分水田就很了不起，因为有水田种水稻，自然有粥吃，总比吃杂粮强多了，是令待嫁姑娘羡慕的家庭。除田地之外，部分客家人在农闲时也会做手工，如纺织、编织等，家也可作为生产空间使用。

迁徙而来的客家人，对于当地土著而言是外来人员，两者之间的矛盾冲突常有发生，所以客家人能分配的生产空间受到一定的限制。但是客家人勤劳耐苦，通过自己的辛勤双手开荒生产，其生产空间一般集中于住所周边，水田多种植水稻，广西一年可种植两季水稻，中间穿插种植时蔬等，依托围屋周边的环山，种植果树、经济林等，充分发挥每一寸土地的价值，利用植被的季节性进行轮作，

图 3-17
江西遂川县珠溪梯田
（图片来源：萧清碧 摄）

在有限的土地上尽最大的可能提升经济效益。同时，由于粤桂交界地域属于丘陵地带，有着"八山一水一分田"之称，缺乏广阔的耕作用地，客家人会根据地形开拓出梯田，来解决土地与产出粮食的矛盾，通过开荒种植，引水灌溉，积累肥料，良性种植，有别于中原平地耕作文化。梯田耕作是迁徙而来的客家人通过智慧与条件开创出来的产物，充分结合了南方丘陵地带与气候多雨的特点，是人与自然和谐相处的结果。

三、生态空间

客家人的生活世界里，人与自然是和谐统一的，但是其内在价值取向却是对自然的敬畏。这一敬畏引导客家人对待自然的方式是顺应性和依循性。

客家传统村落中最典型的生态空间，莫过于客家的风水林。客家人在路口、庭院、寺庙以及坟墓周围等地培育风水林，在客家文化视野中，风水林具有神圣的意蕴，绝不能去破坏和砍伐，倘若发生破坏风水林或其他禁忌的行为，将遭到极为严厉的惩罚，重则驱赶离村，轻则经济赔偿。同时，客家人对保持生态空间的可持续发展也有禁忌文化，如有些地方的客家人不到开山的时候不能摘油茶，渔民在农历初三、初五不能开船捕鱼等。

图 3-18　广西贺州市莲塘镇仁冲村江氏围屋天井绿化
（图片来源：卢覃晴 摄）

客家注重生态空间的营造，一般会在村口孤植大树，寄托客家人的美好心愿，主要种植树种有：油茶树（意为添丁）、榕树（意为旺盛的生命力）、柚子（意为有子）等。在客家围屋里，天井处都会设置一些园林绿化，种植紫薇（象征幸福美满）、苏铁（象征长长久久）、桂花（象征富贵吉祥）、芭蕉（象征兴盛发达）等，不仅寄托了客家人的美好心愿，亦能在环境空间中形成点缀，缓解视觉疲劳，丰富围屋空间。

在江西、广东、广西等地的客家围屋前一般都有一池水塘，有的水塘是人工挖制出来的，挖制出来的泥土可用于建筑房屋。赣南地区的客家人多称围屋为"土围子"，建筑围屋的主要材料便是三合土——"泥、砂、灰"，围屋的外墙为承重的夯土墙或是卵石墙，就近取材，减少了运送泥土的工作量。水塘还可作为消防补给用水，同时还能够改善并调节山区内小气候。围屋多位于山区，河水流经较少，且距离河流较远，这种人工挖制的水塘对预防、救助火灾很有实际意义。《袁氏世范·治家》中有云："居宅不可无邻家，虑有火烛无人救应。宅之四围若无溪流，当为池井，虑有火烛无水救应。"有的地方围屋水塘尤其大，在每年的五月初五端午佳节之际，围内族人会在自家水域里赛龙舟，节日气氛浓厚。赣南地区的水塘多养有鱼群，培以河草，且鱼有"年年有余"的美满吉祥之意，如此之作，鱼与草的配置结合还是一套完整的生态系统。客家人种植的田地、果园等一般位于水塘周围，所以水塘之水还可作灌溉良田之用，并且养有鱼群的水塘底部的淤泥是肥沃的有机物，这样一物多用，形成了一条完整互动的生态链。水本身就是建筑中营造意境的造型要素之一，河草、鱼群、良田、果树，满满一派饶有情趣的生态景观。

客 家 传 统 村 落

图 3-19
江西龙南县武当镇
岗下围屋旁的水塘
（图片来源：萧清碧 摄）

四、空间印象

客家传统村落的空间是村民在长期的生存活动中，将生产方式、生活方式、哲学观念融合在一起的结果，其外部空间、内部空间、院落空间形态等方面蕴藏了古人将自然条件、文化精神、哲学观念巧妙融合的思想。不同学者对客家地区传统村落的空间格局进行了研究，如陈永林等人认为赣南客家传统村落的空间格局具有以下特征[1]：

第一，缓坡低地地区集中分布，高山地区零散分布。赣南地处江南丘陵地区，地貌类型以山地、丘陵为主，兼有50多个大小不等的红壤盆地，有"七山一水一分田，还有半分道路和庄园"之称。

---

[1] 陈永林，周炳喜，孙巍巍. 城镇化中传统乡村聚落空间演化及其区域效应：以赣南客家乡村聚落为例 [J]. 江西科学，2012（5）：625-629.

赣南地处中亚热带南缘，属亚热带丘陵山区湿润季风气候。受地形和气候的影响，河流冲积平原、山间盆地及缓坡地等低海拔和低坡度地区的人口和聚落分布较密集，而区内海拔较高的山地地区因交通不便，气候寒冷，不利于农业生产，人口和聚落分布较稀少。因此，赣南客家传统村落具有典型的缓坡低地指向性。

第二，山环水抱，择吉而居。择吉而居思想在客家村落的建筑学里运用最广，讲究"寻龙、察砂、观水、点穴、立向"等方法，通常选取"左青龙、右白虎、前朱雀、后玄武"等"宝地"作为聚落的理想选址。所谓"宝地"往往是"坐北朝南、向阳避风、山环水抱"的适合族人居住的整体环境。赣南以丘陵山区为主，其间溪河密布，群山环抱，到处可见理想的"宝地"。因此，在聚落的选址与空间布局上，赣南客家人并不完全遵循现代城市规划和建筑学的理念，而是择吉而居。

第三，传统村落规模较大，聚族而居，建筑单体风格独特。客家人从中原向南迁徙，姓氏和家族成为迁徙过程中的精神纽带，儒家思想和宗族观念是主要道德准则和行为规范。从自然条件来看，赣南地区的客家人往往选择相对封闭和独立的山间盆地作为聚落选址，受传统家族观念和自然条件的影响，同姓氏族往往聚族而居。在赣南客家传统村落中，围屋、"九厅十八井"、祠堂等家族式的建筑形式随处可见，且规模较大，有的村落规模甚至可以达到上千人，大部分是同一姓氏的家族成员。此外，赣南地区气候温暖湿润，人多地少，受自然条件的影响，传统的建筑单体借鉴了北方四合院的平面布局方式，注重透气通风、排水采光，形成"四水归堂"式传统村落。这种村落建筑单体以传统的"间"为基本单元，房屋开间多为奇数，一般3间或5间。各单体建筑之间以廊相连，和院墙一起，围成封闭式院落，为了利于通风，多在院墙上开漏窗，房屋也前后开窗。这种适应地形地势，合理使用材料和充分利用空间的聚落单体建筑，是人地关系和谐相处的传统民居典范。

第四，聚落分布密度县域分异明显。村落密度受地形地貌的影响较大，海拔较低、低山丘陵较多的县域往往村落分布较密集。因各县域的地貌格局不同，赣南客家传统村落的分布密度也不同。按客家传统村落的分布密度，可以将赣南客家传统村落分为密集型、中等型和分散型三大类。密集型的赣州市中心城区、南康、于都；中等型的兴国、赣县、上犹、信丰、定南、会昌、瑞金、石城；分散型的崇义、大余、全南、龙南、安远、寻乌、宁都。

从整体空间来看，广西大部分的客家聚落选址都在山陵或山丘前面，坐北朝南、背山面水、向阳避风、临水近路成为选址的优先条件。依山傍水，村庄有山，即有靠山，自古以来的人类族群冲突频繁发生，背有靠山能解决后顾之忧，能专心对付正面侵犯者，同时山体岿然不动，给人安稳的心理暗示；人类的生存发展离不开水域，有水才能存活，同时水是流动的，具有灌溉、洗涤、防火、养殖、消化污染物等各种用途。客家传统村落通常位于丘陵地带，其村落建筑朝向除了"坐北朝南"的普遍性之外，依然有不同的设置方位，并加入了防御等特殊要求，从而具备了不同的朝向。以贵港市港南区木格镇云垌村（史上曾称为"君子垌"）为例，其地理位置得天独厚，背靠环山，前面良田无垠。同一片围屋群里，拥有不同的朝向，整个围屋群为背山面水，向阳开敞，在每个单独围屋前均设有"明月池"。环山拥抱，良田错落，绿水绕流，这是广西客家传统村落分布空间的基本要素。

林兆武等人认为福建客家传统村落的空间印象具有两个明显的

图 3-20
福建连城县
培田村久公祠
（图片来源：萧清碧 摄）

特点。第一是向心性与礼制秩序。闽西地区崇山峻岭，沟壑纵横，远离政治中心，呈现相对的封闭状态，聚族而居有利于在恶劣的自然环境以及激烈的社会环境中取得有利的发展空间。因此，传统村落的空间首先体现向心的空间形态。向心空间主要通过宗祠来表达，宗祠位于院落中心时，院落向心趋势大，村落向心趋势弱；宗祠位于村落中心时，院落向心趋势小，村落向心趋势强。如南靖的田螺坑，位于汀州与漳州的交界处，是氏族竞争较为激烈的地带，防御是村落的主要功能。宗祠设于土楼建筑群的中心位置，具有强烈的中心性。第二是对称性与等级秩序。对于村落层面的空间，"对称"始终是不同功能空间、不同尺度空间组合的重要手段，同时也是构建礼制秩序的主要方式。客家传统村落的轴线则依据山形地势而定，闽西客家地区，由于复杂的山地形态、水流走向以及小型盆地的限制，村落的对称受到天然的制约。轴线走向不拘一格，对称形式无须严格中矩。一般说来，村落以宗祠为核心构建中轴线，将院落空间串接成一体，各实体空间根据与轴线的关系亲疏、距离远近，体现其等级尊卑关系。①

第三节
客家传统村落的人脉特征

一、肇兴的人物源流

客家起源于西晋末的北方先民南迁，历经六朝、隋、唐、五代十国，至南宋中完颜亮南侵结束而最后完成迁徙，也最终形成客家民系。

福建客家人物在中国历史上有着重要地位，如宋神宗朝官至莱州防御使的彭孙，明成祖朝交趾左布政使，追赠工部尚书的张显宗等。

广西客家人有着强烈的抗争意识和爱国思想，在中国近代史上，书写了众多客家儿女斗争的篇章。

太平天国时代，洪秀全、冯云山、杨秀清、萧朝贵、韦昌辉、石达开六人被称为"客家六王"，他们作为太平天国革命起义的核心人物，在广西率领了一大批客家儿女，成为太平天国的中坚力量。

---

① 林兆武，刘淑虎，林从华.闽西客家传统村落空间营建模式初探[J].建筑与文化，2015（4）：119-120.

从金田起义到天京陷落的14年间，以广西客家儿女为主力的太平军，先后转战于清代版图内的18个行省，攻占大小城池600余座（次），在推翻腐朽的清王朝封建统治、抵抗外国侵略的过程中起到了很大作用，但同时也对其他地区，如吴越文化区和徽州文化区的社会经济产生了较大的破坏。

在援越抗法和抗日保台抗争中，刘永福多次从钦州、博白、上思等广西客家人聚居区召集客家儿女参加斗争。据调查，仅博白一县参加黑旗军的客家青壮年就达1200余人。

1885年2月，两广总督张之洞起用年近70岁的冯子材与广西提督苏元春联合友军，在镇南关共同抗击法国大军。同年3月，冯子材亲自担任主帅带军重创法军于关前隘，取得我国近代史上"中西战争第一大捷"。

1895年《马关条约》签订后，刘永福被推举为抗日军民首领，亲自率军前往台湾，与台湾民众甘苦与共，生死与共，合力"剿除倭人，光复台疆"。同年8月，刘永福指挥吴彭年率黑旗军北上与徐骧所部义军重创日军。后因清政府叛卖孤立无援，束手无策，被迫乘船回厦门，晚年定居钦州。

在辛亥革命与护国战争中，更有一大批的客家人响应孙中山的号召，积极参与反封建斗争。林虎、李德山、刘古香、徐启祥、卢殿林等客家人不断地参与斗争，为推翻封建制度贡献出自己的力量。

二、转型的历史事件

福建的客家村落从初步形成到发展壮大，再到衰落主要经历了三次重大的历史事件：

第一次是清初"移湖广、填四川"的移民运动。福建客家人经过长时间的发展，人口大增，而客家人生活的地方山多田少，耕殖所获不足供应，遂思向外发展。适逢清政府于康熙年间发起"移湖广、填四川"的移民运动。

第二次是清末太平天国运动。洪秀全领导的太平天国运动，以客家人为基本队伍，辗转征战十余年。天京陷落后，起义军受到剿杀，百姓纷纷逃匿。在此期间，福建客家地区发生了土客械斗，造成大批人员的伤亡。

第三次是现代城镇化的推动。现代社会的发展，尤其是城镇化的强力推进，使得客家传统村落受到城乡文化、教育、医疗等公共资源分配不均衡、矛盾加剧的影响，致使越来越多的农民选择离开农村，到城镇谋生并开始新的生活。19世纪中叶，广西原住居民与新移民之间冲突不断，究其原因终究是抢占生存资源。随着客家迁徙人口的增加，占领土地面积逐步扩大，引发了当地原住居民的不满，在日积月累的过程中，土客矛盾激化爆发，不仅仅是广西，广东、江西、湖南、浙江、苏北等地都爆发了强烈冲突，其中以广东地区的"四邑地区"的土客械斗最为惨烈。在长期的土客冲突中，客家人虽然骁勇善战，但是人口数量较少，且根基薄弱，损伤较为惨重，常常被迫流离失所。清朝政府为了解决土客械斗问题，往往安顿客家人到偏僻地区居住，造成了早期客家人的生活困顿。随着土客械斗尘埃落定，客家人凭借自己勤劳的双手及积极进取的精神，不断开拓出自己的地盘，逐渐安居乐业，慢慢发展为今天的形态。

三、传承的宗族人脉

客家族系发展已久,后代子孙千千万万,以本家为起点,发展到一定阶段之后分有房系,房系发展壮大之后又分有支系。其宗族人脉不仅仅依靠口头相传,还代代登录在族谱里,把家族的发展人口全部登记在册,以便后辈查询。族谱的内容主要包括三部分:第一部分是世系图,即某人的世系所承,属于何代、其父何人;第二部分为家谱正文,按照所列各人的先后次序,谱写各人的名号、父讳、时代、享年、卒日、婚配等;第三部分为附录,记载宗族史上比较著名的事件及一些传统习俗。客家传统村落发展历史悠久,人丁兴旺,从传统村落中走出了众多对国家和社会做出重大贡献的人。

表 3-1 江西客家代表人物

姓名	时间	籍贯	主要介绍
郑獬	1022—1072	宁都	少负俊材,词章豪伟峭整,流辈莫敢望。进士第一。通判陈州,入直集贤院、度支判官、修起居注、知制诰
张鸣冈	1535—1616	赣南万安	万历八年(1580)进士,官御史,因疏劾中官专权,被贬广德州判官。万历三十八年至四十二年(1610—1614)以兵部右侍郎、右佥都御史兼任两广总督,力抑税监,为民请命
魏禧	1624—1680	宁都	明末清初著名的散文家。与侯朝宗、汪琬合称"明末清初散文三大家"
陈宝箴	1831—1900	九江修水	1851年乡试中举人而出仕,文才、韬略和办事能力深为两江总督曾国藩所赏识。先后任浙江及湖北按察使、直隶布政使、兵部侍郎、湖南巡抚等职
陈三立	1852—1937	九江修水	陈三立生前曾刊行《散原精舍诗》及其《续集》《别集》,世后有《散原精舍文集》十七卷出版

续表

姓名	时间	籍贯	主要介绍
陈衡恪	1876—1923	九江修水	著名美术家、艺术教育家，著有《中国绘画史》《中国文人画之研究》
陈寅恪	1890—1969	九江修水	中国现代最负盛名的集历史学家、古典文学研究家、语言学家、诗人于一身的百年难见的人物，与叶企孙、潘光旦、梅贻琦一起被列为清华大学百年历史上四大哲人，与吕思勉、陈垣、钱穆并称为"前辈史学四大家"
袁文才	1898—1930	井冈山	历任工农革命军第一军第一师第二团团长，红军第四军第三十二团团长、第四军参谋长、中共湘赣边界特委委员、湘赣边界工农兵政府主席。在永新被错杀，新中国成立后被平反
王佐	1898—1930	井冈山市下庄	曾任第四军第五纵队司令等职，率部在井冈山坚持游击战争。1930年2月，在永新被错杀，新中国成立后被平反
赖远明	1962—	龙南	中国寒区工程、土木工程专家。中国科学院寒区旱区环境与工程研究所研究员，中国科学院院士
黄路生	1964—	上犹	教授，动物遗传育种学家，中国科学院院士
罗晋	1981—	宜春铜鼓	演员

表3-2 福建客家代表人物

姓名	时间	籍贯	主要介绍
彭孙	生卒年不详	连城	宋神宗朝官至莱州防御使，封陇西郡侯，食邑1600户
张显宗	1363—1408	宁化	明成祖朝交趾左布政使，积劳成疾，病逝于任上，追赠工部尚书
黎士宏	1618—1697	长汀	清康熙年间以文章吏治称名一时，被誉为"海内名士"
刘国轩	1629—约1693	长汀	清康熙朝天津总兵，逝后追赠光禄大夫、太子少保
蓝理	1648—1720	漳浦	畲族。接授宣化府总兵、浙江定海总兵，升福建陆路提督
蓝廷珍	1663—1729	漳浦	清代治台名将

续表

姓名	时间	籍贯	主要介绍
上官周	1665—1752	长汀	清代著名画家。《晚笑堂画传》为传世之作
蓝鼎元	1680—1733	漳浦	蓝廷珍族弟，1721年随蓝廷珍出师入台，他出入军府，筹划军机，处理政务，提出了很多治理台湾的策略，被誉为"筹台之宗匠"
华嵒	1682—1756	上杭	清代知名学者和经世之才，著述主要有《鹿洲初集》《女学》《东征集》《平台纪略》《鹿洲公案》等。清代杰出绘画大家。扬州画派的代表人物之一
黄慎	1687—1768	宁化	清代画家。以人物画成就最大
蓝元枚	1736—1787	漳浦	提督蓝廷珍孙，清代将领
伊秉绶	1754—1815	宁化	清代书画家，其绘画、篆刻、诗文均为世人所重，尤长于书法
丁锦堂	1846—1901	上杭	有"过江武状元"的美誉
张起南	1878—1924	永定	人称"将门虎子"，曾任厦门水师提督，福建水师提督，一生制谜万则以上，被誉为现代"谜圣""谜语大师"
胡文虎	1882—1954	永定	南洋著名华侨企业家、报业家和慈善家，被称为南洋华侨传奇人物
卢衍豪	1913—2000	永定	地质学家、古生物学家、地层学家，中国科学院院士
林默涵	1913—2008	武平	中国文艺理论家，艺术教育家，中国文联原党组书记、执行副主席
江一真	1915—1994	连城	中华人民共和国第四任卫生部部长
郑小瑛	1929—	永定	中国著名女指挥家，新中国成立后第一位女指挥家
游宁丰	1945—	上杭	广东省人大常委会原副主任
杨东明	1949—	长汀	杨振武之子。2005年12月任中国人民解放军空军副司令员
姜成康	1950—	永定	高级经济师。国家烟草专卖局原党组书记、局长
朱大可	1957—	武平	在中国文化界享有盛名，被认为是中国最优秀的批评家之一
谢颖颖	1978—	长汀	中央电视台主持人
林丹	1983—	上杭	羽毛球运动员。羽毛球全满贯选手
何雯娜	1989—	梅州	蹦床奥运冠军

表 3-3　广东客家代表人物

籍贯	主要名人
梅州	张慎、张天赋、盛端明、李士淳、林朝曦、何南凤、吴六奇、杨缵绪、蓝钦奎、杨黼时、杨演时、李威光、赖鹏翀、罗芳伯、黄香铁、颜鸣汉、丁日昌、温生才、何如璋、胡曦、潘祥初、温仲和、黄遵宪、宋湘、何天炯、刁作谦、姚雨平、黄慕松、丘哲、罗福星、罗卓英、张文、何贯中、罗翼群、吴奇伟、罗策群、李振球、范汉杰、缪培南、古大存、叶剑英、黄梅兴、黄琪翔、黄镇球、黄延桢、赵公武、黄涛、钟彬、李振、李洁之、罗明、肖隽英、郭翘然、杨士达、罗雄才、王越、李伯球、李铁军、谢晋元、刁沼芬、连贯、曾天节、朱云卿、温鸣剑、张中、李坚真、邓文钊、黄友谋、肖向荣、曾国华、陈坦、伍晋南、何宝松、李伟、邓逸凡、饶彰风、陈伊林、陈明绍、徐明、吕志先、刘复之、罗范群、王维、兰天民、刘兆伦、郑群、杨应彬、杨奎章、黄甘英、杨泰芳、杨资元、肖耀堂、何访拔、李世济、黄浩、邬梦兆、曾庆申、杨伟光、邓浦东、钟启权、汤维英、叶澄海、黄华华、谢强华、郑德涛、黄龙云、何立峰等
河源	颜检、颜伯焘、阮啸仙、肖扬、钟阳胜等
惠州	廖仲恺、邓仲元、邓演达、叶挺、廖承志、廖似光、邓秀芳、田华贵、廖晖、李东生等
汕尾	彭光涵、谢非、黄旭华等
韶关	陈璘、廖燕、薛岳、张发奎、谭甫仁等
深圳	赖恩爵、陈郁、曾生、袁庚、钟明、李容根等
潮州	詹安泰、詹伯慧、张伟烈等
广州	洪秀全、洪仁玕、冯云山、黄国梁、古应芬等
清远	张鸿、邓洵美、黄鸿猷、缪胜、李及兰、薛广、陈见田、郑士超等
东莞	杨官璘、张松鹤、邓丽欣等
揭阳	刘公显、曾定石、曾近义、张汉青、张伟超等
茂名	凌十八等
江门	杨善深等
汕头	张展霞等
中山	古润金等

表3-4　广西客家代表人物

姓名	时间	籍贯	主要介绍
冯子材	1818—1903	钦州	清末名将，在中法战争中取得镇南关大捷
杨秀清	约1820—1856	桂平	太平天国主要领导人之一
萧朝贵	约1820—1852	武宣	太平天国主要领导人之一
韦昌辉	1826—1856	桂平	太平天国主要领导人之一
石达开	1831—1863	贵县	太平天国主要领导人之一
刘永福	1837—1917	钦州	清末名将，领导援越抗法战争，并率军赴台抗日。三宣提督
徐启祥	1865—1936	桂平	同盟会成员，革命党人，在平南、桂平、贺县等地发动武装起义
李德山	1868—1911	罗城	同盟会成员，黄花岗七十二烈士之一
刘古香	1869—1913	柳州	同盟会成员，清末举人
卢殿林	1879—1948	平南	同盟会成员，革命党人，制定作战方案，在平南发动起义。后办学育人、针医治世
朱锡昂	1887—1929	博白	同盟会成员，参与黄花岗起义
林虎	1887—1960	陆川	同盟会成员，参与辛亥革命和护国战争
李光前	1889—1945	博白	著名华侨，在华侨中大力宣传抗日救国，并捐赠物资支援东北抗日义勇军和坚持淞沪抗战的十九路军
邓无畏	1900—1931	三江	无产阶级革命斗士，在广西东兰、都安等地培养了大批农民运动骨干
宁培英	1901—1928	陆川	中共党员，组织并领导"广西留穗学生会""广西革命青年社""陆川青年社"等爱国团体
周钢鸣	1909—1981	罗城	中共党员，在广州协助郭沫若、夏衍创办《救亡日报》。创作的《救亡进行曲》响遍大江南北

客家人由中原迁徙而来，带有浓厚的寻根情结，每个姓氏宗族都有自己的族谱，真实地记载了始祖所繁衍的世系。每个姓的族谱会预先定好字辈，谁都无权修改，宗族的每个人出生后，必须以字

辈里面的字作为名字的一部分，这个字一般位于中间或者后面。每个辈分的名字字数不仅相同，而且都有各自的讲究。随着现代文明的冲击，很多客家人新起的名字已经不含有字辈的字了。但是族谱依然不断地登录下去。

第四节
客家传统村落的风貌成因

一、风貌形成的自然环境

古代劳动人民在自然条件不同的地区因地制宜、因材施用，建造出风格各异的建筑，在石料丰富的山区常用石块、石条和石板建造房屋，在森林地区则往往使用井干式壁体。在中国广袤的大地上，各地建筑因自然条件的不同而产生了各种各样的特点。自然环境中的物质主要由固态的岩石、液态的水、气态的空气等构成，影响和改变着人类的生存发展，并且为人类提供生命的保障，使人们不断创新和开发新的生存技能。人类在应对冲突和挑战中生存和适应，不断地调适自身，提高生存技能，积累生存智慧，传承生存策略，创造各种灿烂的文化。从客家传统建筑的形式和发展可以看出：人类为了适应环境而进行选择创造，发展了顺应自然和时代的各种建筑形式来解决居住问题。

中国传统文化的自然观是将自然看作是包含人类自身的物我一

体的观念，人类与自然界的一草、一木、一物等从属于物质世界的体系。在这种概念下，中国古人在进行营建活动时，以合于事物原来的特性和规律为准则，使建造物看起来非常"自然"，想要达到"虽由人作，宛如天成"的境界。这种物我一体的自然观，造就了中国古人在处理问题时，以适应自然为主旨，结合利用自然特性，将建造物与自然形成一个整体，达到和谐共生的生态效应。

客家传统村落的形成也遵循因地制宜、因材施用的原则，土楼、围屋、"九厅十八井"是客家人几百年来适应环境的智慧结晶之一。在物我一体的自然观下，客家人营建土楼时充分认识自然、利用自然，以最佳的方式迎合自然环境的先决条件，土楼营建时第一道工序就是选址方位。土楼分布地区多是重峦叠嶂的山区，河系岸线曲折多变，村落整体布局不是一次完成，而是经过一代代客家人逐渐完善，基地形式也变化不一，这些条件造就了土楼基址的复杂多变。所以物我一体的自然观必然要求客家人在营建时以适应自然环境为准则，这就不能实现客家人的完形理想——"完形土楼"，土楼的围合形态因此变化多端，形成了复杂的形态。

以福建的永定土楼建造为例，刘梅琴分析了自然环境因素对永定客家土楼围合形态的影响，从而得出土楼具有以下特点：与地形的完美结合；水文环境的灵活处理；基地的多变处理方式；适应气候环境的衍变。永定客家土楼区域地貌复杂，主要是山地、平地建设面积少；水文环境多样，水系网络复杂交织，呈网状分布；再加上地多人少，先后建造的原因，造成后面建设的土楼基址大小、形状各不同，最终导致土楼围合形态的异同。

客家人在营建土楼时，面对山体主要有两种适应方式：一是因山而建，顺坡而下，从而产生了高低不同的土楼，整体上形成一个相互交织又分离的复杂的围合形态；二是借山而围合成一个特殊的类封闭的土楼，这样的土楼在外面看是一个普通的土楼，但进入内庭院后，别有一番人工和自然相统一的感觉。沿溪而建的土楼，大多顺着河岸线而形成一个富有动态曲线美的围合形态，或者面对河岸的一侧开放性极强（一般建成U形平面土楼或河岸一侧土楼楼层低矮），把沿河景观尽收楼内。在顺应场地条件上，基本原则是形成一个独立的土楼，且最大限度地利用现有地形，而不是一味地建造规整的土楼。气候、采光等其他要素也对土楼围合形态的形成有一定的影响。整体上，客家人的建筑处理方式适应环境，脱离"完形土楼"理想原型的限制，从而产生了许许多多多样衍变的土楼围合形态，由此体现了客家人在营建时重视适应自然环境的智慧。[①]

江西赣南客家传统村落的分布及建筑也受自然环境的影响。其中多山和多水的自然地理特征是孕育客家传统村落风貌的重要因素。

（1）多山。山首先是一道屏障，多山的地势使得外敌难以入侵，在历史上少数民族入侵中原、众多农民起义、天灾人祸等因素引起了客家先祖南下迁入此地。因此，饱受战乱之苦的客家先祖历经艰苦卓绝的长途跋涉为的就是寸土安宁。但是当时的赣南地区自然环境比较恶劣，再加上与当地人迸发的种种矛盾、盗贼匪寇肆虐猖狂，客家先祖筑起高墙，城堡式的围楼有高高的围墙、炮楼，筑起的高墙上有小小的炮眼，大门为防止进攻就筑有三层，并且设有孔槽可以注水以防火攻。客家先祖在历史变迁之下一步一步完善，将家守护得像一座小小城池，固若金汤。

（2）水资源丰富。赣南属长江水系，秀润、曲透的赣南地区是

---

① 刘梅琴.永定客家土楼围合形态的环境适应性衍变研究[D].泉州：华侨大学，2014.

筑家佳地，并且亚热带季风气候带来充沛的雨水。每座赣南客家围屋的屋前必会有一个半月形池塘，即使选址的屋前没有这样的自然条件，也会修造出一块人工池塘。这对独立自主的生产生活、调节小气候有重要作用。

二、风貌形成的人文活动

客家传统村落的形成除了受自然环境的影响外，宗族关系、邻里关系、观念意识、战乱、民俗信仰、礼制、教育、资金等因素也影响着村落的形成。以福建永定的客家传统村落为例，客家人因战乱、灾害等从中原来到南方聚集地，一路与当地文化融合最终衍生出新的客家文化，在宋以后中原儒家文化自上而下的统治下，中原礼制文化是客家文化的根本，而客家人在与地域文化的融合中又产生了多元文化。自给自足的生产方式、明清以后商业贸易的发展、客家区域间的交往、独楼而居的家族观念、施工工艺、生产活动以及外界政治武力战争等原因，对土楼围合形态的形成有很大影响，或是直接生成新的异形土楼，或是破坏已有土楼，新建或衍变新的土楼。这些影响不是相互独立的，而是复杂互动的，最终产生了大量形状异同的土楼。

儒家文化深深扎根于客家人心中，而其中关于邻里和睦的重视，在土楼的形成过程中也有一定的体现，例如为了邻里间的和睦，后建的主人一般为不影响邻居住房的利益，而对自家的土楼有一定的改动，如屋顶排水、大门朝向、门前广场等相关问题。我国封建社会虽一直是以自耕自足的农业生产方式为主，但从最初的物物交换，到后来的贸易，商业活动一直存在，可见商品交换是人类发展进程中必不可少的一项活动。商业贸易的往来对土楼建筑有一定的需求，开放性大大增强，再结合山地的特殊地势，形成了一些非常特殊的土楼，如永定高北村顺祐楼。风水观念一直影响着客家住宅的营建，在土楼建设中，为满足房屋在风水上的要求，往往会对已设计好的土楼进行一定的修正，比如四角楼的拐角部分被切掉，形成八角楼或是抹圆。由于建造工程浩大、周期长、需要资金多等原因，多数土楼不是一次性建成的，后期建设很可能受到当时的社会条件的影响，从而未能按照最初的设计建造，或者部分人放弃建造，从而产生一些形状奇特的土楼，或是不闭合的土楼。战争对土楼的破坏非常大，尤其是近代，永定地区一直处于动荡不安的状态，因战火被毁的土楼非常多，当然因为土墙的坚固，完全烧毁土楼也比较难，大多数土楼是部分遭到破坏。而后对土楼的修复和重建在不同社会环境下，衍生了新的围合形态。民俗文化信仰也在土楼营建中扮演了一个重要角色，一些象形的土楼（"富"字土楼、鲤鱼形土楼）的存在就是这类文化的形象化的表达。礼制文化中长幼有序、尊老爱幼的传统美德，在土楼围合形态的生成上亦有体现，在一些土楼中，长者居住空间的后置、长子用房的东置，以及次子用房的西置，充分表明了在内部团结平等的客家人心中，礼制文化的重要性。重礼好学，崇尚儒家文化，直接导致客家人对教育的重视，土楼聚落中私塾是很重要的建筑，有的设在居住性土楼内，有的则另寻佳地建造私塾。而私塾对建筑空间的需求直接导致了这一类型土楼的存在。同时生产生活相对应的辅助用房和仆人用房也产生一些异化的土楼。

客家人对于当地土著而言属于中原迁徙人口，在历史发展过程中，为了争夺生存生产资源，土客难免会发生争斗，而且在特定的历史时期，动乱的社会容易对客家族人造成严重的伤害。于是，为了抵御外敌，保卫自己的家园，发展壮大自己的宗族队伍，客家人发明了围屋这一建筑，通过围屋的修建，把居住空间凝聚在一起，并且修建有防御性围墙、炮楼、逃生通道等功能的围屋，有效地减少了外来侵害，从最大程度上保证了族人的安全，可以说，围屋在客家人的传承发展历史上功不可没。

第四章 客家传统村落的物质文化遗产

Chinese Traditional Villages

中国传统村落文化抢救与研究 文化区系列

聚族而居的客家人从北方带来大量的财物和族人，将先进的生产工具、生产方式和建造技艺应用于村落的建设。客家人用相对先进的工具和方式改造土地，以便于族人耕种，从而使客家人逐步"立业"。从中原地区南迁而来的衣冠士族在一定财力的支持下，通过优秀的建造工艺、聚族而居的思想和天人合一的境界来建设前无古人的大型民居建筑，无论是土楼、围屋、围龙屋、土堡等建筑都是集居住、防御、祭祀、族会等功能于一体的大型特色民居，创造了绝无仅有的独具遗产价值的客家传统村落民居。

第一节
客家传统村落的地理环境

一、地形环境特征

历史上，赣闽粤边区的耕地少且贫瘠，旱涝灾害频发，交通运输不便，人们的生存环境并不优越。由于历史原因，客家传统村落主要集中于我国东南地区，大部分分布于山地、山谷、山麓、河谷等较偏远的地区。这些地区地形复杂，以低矮的丘陵和山地为主，地形起伏落差较大。在现今赣闽粤交界处的客家传统村落聚集区，地形均以丘陵和山地为主，客家人在开发过程中注重对植被和生态的保护，才使得客家群体不断地发展和壮大。

赣南客家地区的地形以丘陵和山地为主，面积约占赣南总体面积的80%。赣南群山交错、丘陵起伏、沟壑纵横，形成大大小小、规模不一的盆地。这些地势平坦、土壤肥沃的盆地，成为赣南客家人世世代代的聚居地。这种群山环抱，溪、河、江水川流而过的环境，在地理上具有很高的封闭性，这与客家民系固有的属性有密切的联系。这种环境清幽、怡情山水，避免受到外界干扰的"风水宝地"，再加上客家人耕读传家的特性，为村落的繁衍发展奠定了良好的基础。

闽西客家地区的自然环境更为偏僻，交通更为险阻，宋人胡太初在《临汀志》中描述道，"地处西南徼，崇岗复岭，深溪窈谷。山联脉于章贡，水趋赴于潮阳。千山腾陵余五百里，然后融结为卧龙山；四水渊汇几数百折，然后环绕而流丁"。境内有武夷山、博平岭、玳瑁山、松毛岭、彩眉岭等山脉，整体地势东高西低，北高南低。全境山峦绵延，大多数平地沿河谷分布。全境地质构造复杂、地貌多样。钟秋艳分析道：闽西除了山多以外，水系也多且如网状分布，主要水系有汀江水系、九龙江北溪干流和闽江沙溪等三大水系，其中最大的河流汀江和九龙江北溪的集水面积都超过5000平方千米。客家居民多半是依山傍水而居，山势水系的格局在很大程度上影响了客家村落格局的形成。[①]

广东客家地区的传统村落主要分布于粤东和粤北地区，这些地区在历史上是无平原广陌，其田多在山谷间，高原恒苦旱，下者恒苦涝，凡膏腴之地，先为土著占据，故客家所居地多贫瘠。由此可见广东客家地区的地形复杂，以山地、丘陵为主，伴有较多的平原和台地，生存条件比较差。这些地区也是广东省地势较高的地区，

---

① 钟秋艳. 福建客家古村落景观元素及其修复研究[D]. 福州：福建农林大学，2014.

图 4-1
广东和平县林寨村

分布有莲花山、罗浮山、青云山、滑石山、大东山等山脉。山地地形影响了客家传统村落的分布、建筑构造、生产生活等各个方面。

广西客家传统村落是在特殊的地理条件和生态环境下，客家人民在长期生产生活中，通过认知、实验和利用自然条件和人文环境得以形成和发展，是对自然探索的认知，是人与自然和谐相处的方式。客家传统村落的地形环境特征主要表现为：背山面水，地势逐渐抬高，两侧各有护山，为青龙白虎。

二、自然景观特色

客家传统村落大部分位于偏远的山区，对外联系较困难，这也帮助村落躲过了大规模的工业化，但仍无法改变现代建筑对传统村落的侵袭，仅有极少部分保留了原有古朴的村落风貌和格局，如福建连城培田古村落、江西赣县白鹭村、广东和平县林寨村等。群山环绕的客家传统村落，特别注重对村落内外部自然植被的保护和营造，客家传统村落的自然景观具有明显的特色：村落的周边自然条件好，植被覆盖率高；人地关系和谐，人为改造活动不突兀；农业为主，环境污染小，空气清新。但在现代化和社会结构变迁中，客家传统村落的自然景观特色也在悄悄地发生变化。

客家建筑讲究人居与环境的协调，以满足人的需求为出发点，对环境进行改良提升，在客家传统民居中，无论是堂横屋还是广式围屋，其最终讲究的是天人合一、和谐共处的模式。故此，对客家民居进行环境整治改造。如广西博白新田镇八进厅堂客家民居在后山坡上广植竹木，叫风围，在后面最高点种植红椎木，叫龙神树。广东客家围屋习惯在天井中种植具有寓意的植被，如枇杷、桂花、芭蕉等，既能点缀绿化空间，又能为民居带来盎然的生机。

第二节
独具特色的客家传统建筑

一、民居建筑

客家的民居建筑极具特色，主要以福建土楼、客家围屋、"九厅十八井"为代表。

（一）福建土楼

土楼作为福建客家人引为自豪的建筑形式，糅进了人文因素，堪称"天地人"三方结合的缩影，是福建民居中的瑰宝。数十户、几百人同住一楼，反映客家人聚族而居、和睦相处的家族传统。因此，一部土楼史，便是一部乡村家族史，子孙往往无须族谱便能侃侃道出家族的源流。2008年7月6日在加拿大魁北克城举行的第32届世界遗产大会上，由福建永定的高北土楼群、洪坑土楼群、初溪土楼群和衍香楼、振福楼，南靖的田螺坑土楼群、河坑土楼群和和贵楼、怀远楼，华安的大地土楼群共同组成的"福建土楼"被正式列入世界遗产名录。

福建土楼主要分布于龙岩新罗区、永定、上杭和漳州南靖、华安、平和、诏安、漳浦等区域，其中永定和南靖的土楼分布最为密集。

永定是拥有最多土楼的县，现存总共23000余座。土楼历史悠久、风格独特、规模宏大、结构精巧，分方形、圆形、五角形、八角形、日字形、回字形、吊脚楼等多种类型。永定形成高北土楼群、万安土楼群、洪坑土楼群、南溪土楼群、初溪土楼群、中川土楼群、岩太土楼群、中溪园土楼群、大洋垻土楼群、石城坑土楼群等10个大型的土楼群楼。最著名的土楼有：福建土楼王——承启楼，土楼王子——振成楼，土楼公主——振福楼。其中，承启楼是福建土楼当中建筑规模最大的，2010年进入世界吉尼斯最大土楼纪录。南靖土楼是遍布漳州市南靖、华安、平和、诏安、云霄、漳浦等县山区的土楼，以历史悠久、数量众多、规模宏大、造型奇异、风格独特而闻名于世，被誉为"神话般的山区建筑"。福建龙岩新罗区适中镇附近的土楼以方形为主要特色，现存较为完好的土楼主要建于明清时期，共有228座，其中方形土楼227座。主要分布在中心、中溪、仁和等几个村落。

1. 土楼的主要建造工序

（1）材料。土楼的建筑材料主要是沙质黏土、杉木、石料，是整座土楼最基本的材料，用量大，其他材料如沙、石灰、竹片、青砖、瓦等，用量相对较少。

用于夯筑承重墙的沙质黏土，指沙质黄土与黏土按一定比例拌成的泥土。纯沙质黄土含沙质过多，无法结团，缺乏坚固性；纯黏土虽然容易结团，但是如果缺沙，则如同未掺沙的水泥一样，干燥后会裂开，缺乏韧性，唯有两者按一定比例拌合才能用于夯筑土墙。杉木不但比重比松木、杂木小得多，富于弹性，而且在地面干燥的环境中不容易腐烂。石料主要用于砌墙基，其次用于铺设廊道、天井、门坪、道路等，还用于制作门框、台阶、柱座等，均为花岗石或青石，取自溪河之中或山上。用于砌墙基的石料大者需数人才抬得动。花岗石占绝大多数，青石不多见，一般用于制作门框。较小的鹅卵石主要用于铺设通廊、道路、门坪、天井，当然砌墙也少不了它。

（2）布局。土楼的建筑布局，最显著的特点是：单体布局规整，中轴线鲜明，主次分明，与中原古代传统的民居、宫殿的建筑布局一脉相承；群体布局依山就势，沿溪（河、涧）落成，面向溪（河、涧），背向青山。还注重选择向阳避风的地方作为楼址。楼址忌逆势、忌正对山坳。若楼址后山较高，建的楼一般较高大，且与高山有适当距离，使楼、山配置和谐。土楼的建筑布局既采用了古代宫殿、坛庙、官府等建筑整齐对称和严谨均衡的布局形式，又创造性地"因天材、就地利"，按照山川形势、地理环境、气候风向、日照雨量等自然条件以及风俗习惯等进行灵活布局。除了结构上的独特外，土楼内部窗台、门廊、檐角等也极尽华丽精巧，实为中国民居建筑中的奇葩。

（3）结构。土楼的建筑结构，最显著的特点表现在主体建筑为土木结构，非主体建筑即楼内被围合的其他建筑，大多数为砖木结构，或以土坯代替青砖。楼外的附属建筑也是如此。另外穿斗、抬梁混合式构架结构也是土楼建筑结构中常见的一种，它的特点是，建筑物内部空间可按需要而扩大，按用途灵活安排。

（4）工序。土楼建造的工序包括选址、设计、施工。在选址上一般严格遵守以下几条原则：从实际需要出发，风水要好，尽可能靠近同宗同族的居住地，并且依山傍水，避风向阳，还要考虑所建

图 4-2
福建永定衍香楼内部
（图片来源：萧清碧 摄）

土楼离族人开垦的土地是否太远，耕作是否方便等。在设计上，建造土楼的能工巧匠们对布局结构、尺寸比例都烂熟于心，他们因地制宜，建造风格上因人因地而异，因经济条件而异，居住功能突出，中轴线鲜明。施工通常分为备料、择时、挖基、砌石基、夯墙、分层、封顶、装修这几个步骤来完成，是确保工程质量的关键阶段。

2. 典型的福建土楼

（1）振成楼——土楼王子

振成楼是客家土楼中的土楼王子，坐落在福建龙岩市永定区的湖坑镇洪坑村中南部，

图 4-3　福建永定振成楼
（图片来源：萧清碧　摄）

由洪坑林氏 21 世林鸿超兄弟等人于民国元年（1912）建造。振成楼俗称八卦楼，以内部空间设计富丽堂皇、精致多变而著称。其局部建筑风格及大门、内墙、祖堂、花墙等所用的颜色，大胆采用了西方建筑美学所强调的多样统一原则，达到了极高的审美境界，堪称中西合璧的生土民居建筑的杰作。该楼坐北朝南，占地约 5000 平方米，由两环同心圆楼组合而成。外环土木结构，高 4 层，直径 57.2 米，内通廊式。

振成楼的建筑结构奇特，圆楼外左右有对称的半月形馆相辅，外观建筑恰似一顶封建官吏的乌纱帽，主体是以我国神奇的八卦楼所布局，是楼中有楼的二环楼。外环楼是架梁式的土木结构，内环楼是砖木结构，有"外土内洋"之称。楼的两面坡瓦屋顶采用穿斗、抬梁混合式木构架。楼内按中国传统《易经》八卦原理布局，以青砖防火墙分隔成 8 个单元，楼房呈辐射状 8 等分，寓意乾、兑、坤、离、巽、震、艮、坎八卦，每等分 6 间起脚为一卦。每卦关起门户自成院落，打开门户全楼贯通。每层 2 个厅，共有 208 个房间。底层每单元各自与内环天井围合成一个院落。每个单元的青砖隔墙均有拱门，使各层的内通廊畅通无阻。底层和二层不开窗，底层为厨房、餐厅，二层为粮仓，三层、四层为卧室。底层的内通廊以三合土铺面，二层以上每层楼以较薄的青砖铺地板，有隔音、防火功能。三层、四层内通廊的屋檐下设精美的园林风格的木质靠背栏杆。外环共有 4 道楼梯，东、西两侧分别开一双扇边门出入，两门对称，可直通楼外东、西两边的耳房。边门为花岗石门框，门扇以铁板封面。楼大门、门厅位于中轴线上，楼门为花岗石门框，门扇以铁板封面，门楣镌刻楼名，两边镌刻楹联：振纲立纪，成德达材。

（2）承启楼——土楼王

承启楼位于福建龙岩市永定区高头乡高北村，据传从明崇祯年间破土奠基，至清康熙年间竣工，历经3代，越时半个世纪，其规模巨大，造型奇特，古色古香，充满浓郁的乡土气息。"高四层，楼四圈，上上下下四百间；圆中圆，圈套圈，历经沧桑三百年"。

全楼为三圈一中心。外圈4层，高16.4米，每层设72个房间；第二圈二层，每层设40个房间；第三圈为单层，设32个房间，中心为祖堂，全楼共有400个房间，3个大门，

图 4-4　承启楼
（图片来源：萧清碧　摄）

2口水井。全楼住着60余户，400余人。三环主楼层层叠套，中心位置耸立着一座祖堂。

承启楼里保存着当年国民政府主席林森等人的题匾数十个，最珍贵的莫过于楠木寿屏了。这件稀世奇珍是清乾隆十九年（1754），承启楼创建者江集成次子江建镛七旬寿辰时，朝中尚书、京城太学士们合赠的。寿屏由12扇楠木板连接而成，雕刻面积达15.03平方米。正面中间雕刻一幅特大的《郭子仪拜寿图》，上下两边分别为《二十四孝图》和《四季图》，雕刻着从三公九卿、文武百官到凡夫俗子、平民百姓，凡187个人物，个个栩栩如生，呼之欲出。

（3）二宜楼——最大土楼

二宜楼位于福建漳州市华安县仙都镇大地村，建于清乾隆五年（1740），为"乡饮大宾"蒋氏十四世祖蒋士熊所建，占地面积9300平方米，坐东南朝西北，外环高4层、通高16米，外墙厚达2.53米，外径73.4米。整座楼为双环圆形土楼，分成16单元，共有房间213间。楼内空地中还有两口名为"阴泉"和"阳泉"组成太极阵型的井。

图4-5
二宜楼

二宜楼的文化内涵丰富，共存有壁画593平方米、226幅，彩绘99平方米、228幅，木雕349件，楹联163副，在福建众多土楼中是独有的，在中国古民居中亦属罕见，堪称民间艺术珍品。在3、6、10单元的墙上和天花板上张贴着许多1931年的美国《纽约时报》、1932年的美国《纽约晚报》，墙面上还绘有西洋钟、西洋美女并标注译文的壁画，为中西文化交流的见证。

二宜楼是单元式与通廊式有机结合的典范，建筑平面与空间布局井然有序，防卫系统科学严谨，装饰华丽精巧，文化内涵丰富多彩，融历史、地理、建筑、美学为一体，追求"天地人"的和谐统一。有"圆土楼之王""神州第一圆楼"的美誉。

（4）集庆楼——结构最特殊

集庆楼坐落在福建龙岩市永定区下洋镇初溪村北面溪边，为圆形土楼，建于明永乐年间（1403—1424），坐南朝北，占地2826平方米。该楼中轴线上自北而南依次为门坪、楼门、门厅、天井、内环及内外环通道、天井、祖堂、后院。楼门为石质门框，阴刻楹联：集益都从谦处爱，庆余只在善中求。横批：物华天宝。厚实的门扇

图4-6
集庆楼

封铁板，上方设防火水槽，可有效防止火攻。

集庆楼是永定现存圆楼中年代久远又结构特殊的一座。各层通道用木板隔开，72道楼梯把全楼分割成72个独立的单元。房间、楼梯、隔墙全用杉木材料构建，全靠榫头衔接，不用一枚铁钉。

（二）客家围屋

1. 围屋的类型及特点

客家围屋是客家民居经典的三大样式之一，也是现存的客家民居中最常见、保存最多的一种。客家围屋的样式多样，不同时期和不同地区的名称也有很多不同，有赣南围屋、围龙屋、客家排屋、走马楼、四角楼、深圳碉楼等。

（1）赣南围屋

客家围屋是赣南客家的鲜明标志，是其特定历史、文化、经济条件下的必然产物，是赣南客家文化高度浓缩和抽象的符号。赣南现存客家围屋500余座，其中有375座在龙南县，其余分布在大余、定南、全南、信丰、安远、寻乌等县。龙南是典型的客家县，又因保存客家围屋数量之多、风格之全、保存之完好而被誉为"客家围屋之乡"。

赣南客家围屋具有鲜明的特点，学术界普遍认为：①占地面积大，一般不少于500平方米，大者可达10000平方米左右。平面布局以方形或矩形为主，仅有少部分平面为半圆形或多边形，还有极个别为圆形，在围屋的转角处，建有向外突出的角楼。②外立面是高大厚实的墙，厚度一般在0.5米以上，最厚可达1.5米。立面不少于两层，高度在5米以上，立面最高可达6层，高17米以上。绝大多数的角楼较外墙高出一层，外墙通常不开窗户，只留下对外瞭望和进行射击的孔眼。围屋对外仅有一至两道门（各围屋外墙所用的建筑材料不尽相同，有三合土，有夯土，还有的是青砖、土砖、条石、石块等）。③整座建筑物利用外墙进行封闭，外立面墙除了具有极强的防御功能外，同时还是内部住房的隔墙，上部覆盖有瓦，从而形成一座空间体量硕大的天井式民居。④在建筑的中轴线上，必定建有一栋（或一间）祠堂。一般情况下，祠堂位于建筑物正中，作为祭拜祖先或进行公共聚会的场所。⑤一座围屋内部的居民，必定是一个父系大家庭的直系血缘后代。换而言之，同围屋内的居民，必然是同姓、同宗，甚至同一开基祖的直系血缘后代，他们之间有着十分密切的血缘关系。⑥每座围屋都有名称，如东升围、振兴围、燕翼围等。⑦围屋具有极强的防御性，具备祭祖场所，并能容纳大量人生活起居。①

（2）围龙屋

围龙屋是一种富有特色的典型的客家民居建筑，围龙屋的客家文化内涵十分丰富，从建筑风格到民风民俗，处处展示了客家的人文历史，是客家文化的重要象征，被众多国内外专家誉为"东方璀璨的明珠""世界上的民居建筑奇葩""一部读不完的百科全书"。围龙屋一般建筑在依山傍水的丘陵上，以堂屋"祖祠"为主体，横屋与围屋错落围合，其屋脊与瓦片好似龙脊龙鳞，层层叠叠，宛若盘缠的巨龙俯卧在山坡上，因而有了"围龙"之称。目前，相关部门已经启动客家围龙屋申报世界文化遗产工作。围龙屋分布区域广，主要分布于广东北部和东部、福建西南部及广西北部，主要集

---

① 汤翔燕.赣南客家乡土建筑：围屋的建筑型制及其室内研究[D].南昌：南昌大学，2007.

中遍布于梅州地区（梅江区、梅县区、兴宁市、五华县、丰顺县、大埔县、蕉岭县、平远县等县市区），围龙屋一般都有二三百年乃至五六百年历史。典型代表有广东南华又庐、大万世居、环水楼等，福建涂坊围屋、超坊围屋、麻子坝屋等。

围龙屋不管是几横几围，它的核心都是中心的"堂"，"堂"至少有二堂，一般为三堂。堂与堂之间以天井相隔，上堂为祖公堂，中堂为议事堂，下堂进深相对较小，呈长方形，为门厅。上、中、下堂平时以木制屏风隔开，每逢家族祭祀、婚丧喜庆时，便可拆开变成通堂大院。左右两边的"横屋"为住房，而后面半圆形的围屋多为附属用房。围屋和堂屋之间的半圆形空地，当地人将其称为"化胎"，含胎息之意。围龙屋前面还设有晒坪和半圆形水塘，与后面半圆形的围屋形成独特的整体呈圆形的建筑平面，犹如阴阳两仪的太极图，陆上屋为阳，屋前水为阴，典型的如福建上杭的麻子坝屋。

广东的客家围龙屋经过了多个时期的发展。初期，客家人均用竹木搭建简易的竹木茅草房居住，有人称为"竹寮"或"木寮"。中期，客家人的民宿多为泥土房或泥砖房，平原地多为夯筑墙体，或用泥砖墙。在后期，山区的客家人开始使用青砖与泥砖混合，俗称"金包银"。而在平原地多用"三合土"构成的瓦房或用红砂岩石条砌墙基、青砖砌墙体的瓦房和"金包银"构筑的民居。围龙屋占地面积数千甚至数万平方米不等，其布局具有围合性、向心性、中轴性和凝聚力等空间形态特性。广东客家民居类型多样，叫法各不相同，主要有围龙屋、枕头屋、杠楼、方楼、圆楼、四角楼、城堡楼和碉楼等。

2. 典型的客家围屋

（1）关西新围

关西新围位于江西赣州市龙南县关西镇，距县城约 15 千米。围屋始建于清嘉庆三年（1798），于道光七年（1827）完工，历时近 30 年，是关西名绅徐名钧所建，后人为与其居老围区别，故称之为"新围"。据专家考证，关西新围是迄今国内发现保存最为完整、结构功能最为齐全的一处有代表性的赣南客家围屋。

围屋呈长方形，长边 94.75 米，短边 83.36 米，占地总面积 7000 多平方米，围墙高约 9 米，墙厚 2 米，围屋四角各建有一座 15 米高的炮楼。俯瞰关西新围，其整体结构像个巨大的"回"字，依山傍水，绿竹、池塘、农田、蓝天交相辉映。

祠堂是围屋居民的"圣殿"，是围内建筑档次最高、装饰最华丽的地方，以其作为中轴线，围内建筑对称布局。祠堂，分上、中、下三厅，主房结构将客家民居在"三进三开"基础上扩大为"三进六开"，而形成九厅十八井的典型建筑，共有主房 124 间。高大的

图 4-7
关西新围
（图片来源：江西省龙南县旅游局）

空间和华丽的装饰营造出一种庄严的氛围，围屋工艺精细考究，并有大量的木雕石刻，是围内人们过年节、赶集、祭祀等举行各项集体活动的公共场所。

围屋建筑材料多为土、泥、砖、石、木材，墙脚为块石干砌，外墙为夯土墙或泥砖，不管是夯土或预制好的泥砖都在里面掺进纸浆、黄糖、柔秆等，以增强其牵引力。木材多用于屋架门窗，采用散热快的瓦片在屋顶重叠，以达到遮风挡雨、躲避阳光的功能。这些材料就地取材，天然、透气性好，对人体和周围环境都不会产生危害，从而创造了与自然融合的原生态环境。围屋内的房梁雕饰别具一格，大致利用谐音造型和形象寓意手法，表达多子、多福、富贵、如意、繁衍昌盛一类内容，主要造型有蝙蝠、龙、凤、石榴、牡丹、桃子等，另有一些房梁上直接写上文字配以纹样，如百子千孙、平安富贵、财丁兴旺等。色彩多以红色、赭石色、黄色为主，给人以富丽堂皇之感。在从每一装饰的立意取向和造型结构概括中

图 4-8
关西新围上厅木雕
（图片来源：萧清碧 摄）

显示出继承中原传统文化的同时，又对本地文化及异域文化兼容并蓄，其高雅精美，堪称民居建筑的奇观。围屋的魅力不仅在于其建筑宏伟、雕刻精美、风格独特、寓意讲究，还在于与周边环境的和谐。围屋一般建在依山傍水之地，坐北朝南，冬暖夏凉。围屋屋顶构成的线条与一些现代建筑顶部的流线型有异曲同工之妙。

围屋主体建筑五组排列，对称分置十八厅，"三进"即从大门进来为下厅，往上走则依次为中厅、上厅，层层递进，层层增高；而"六开"则是以正厅为中轴线往左右均衡延伸，两边院落、房屋对称，门窗对称。而以中轴线往左右延伸的结构又使正厅成为整座围屋的核心，体现着一种极强的向心力和凝聚力。其间以廊、墙、甬道相连，交通复杂，但序列分明，空间、院落组织非常丰富。

围内通道贯穿各列建筑，百余间房屋布局科学严谨，采光、通风、排污等都考虑十分周到。围屋不仅处处体现着巧妙构思的建筑美，而且绘画、装饰之美也令人赞叹不已。其正厅大门前有一对雕刻精美、栩栩如生的石狮，左边的公狮昂首张口凶猛威武，右边的母狮雍容大方端庄肃穆，显示出工匠精湛的雕刻技艺；大门框上刻有八卦中乾、坤两卦的圆柱形石雕，厅内十多根大木柱下的石墩上都雕刻着各种各样的图案或文字。厅堂偏院以及厢房都镶嵌有许多龙、虎、麒麟、凤凰等动物木雕，造型生动，雕刻精美。整座围屋不仅具有安全防卫、防风抗震、调节阴阳、冬暖夏凉等功能，而且具有丰富的文化内涵，客家人传颂的"九厅十八井"宫廷式民居在此可得到充分的印证。

图 4-9
关西新围窗花木雕
（图片来源：萧清碧 摄）

（2）栗园围

栗园围坐落在江西省赣州市龙南县里仁镇的中部，是龙南县保存最完整且面积最大的一座类似村围形态的围屋。始建于明弘治辛酉年（1501），为明代五品大员李清公所建，是龙南县最大的客家围。本名栗树围，因于古时这里栽有百亩板栗树林而得名。现居有190余户，约1100人，为李氏宗族聚落。

栗园围周长789米，占地面积4万多平方米，墙厚0.6米，两层，设有东西南北四门，但是并非严格方位，除了北门朝北开外，东门和南门设置在村围东面，西门设置在南面，据说是出于风水考虑，故在东面迎流方向开设二门，便于引财进村。四周角落遍布有多个炮楼，围内有围中围。围内主要建筑布局以"一祠三厅"为核心。历经500多年的纪缙祖祠气势甚为恢宏，堂内雕梁画栋，镂刻斗拱。大堂顶部清晰可见的历史故事彩画见证了其浓厚的文化气息和悠久的人文历史。栗园围不仅具有客家围屋普遍具备的防御功能，而且依风水原理布局建宅，增强了生产、休闲、文教功能。橘瑞堂门前有鱼塘，体现了客家人一脉相承的勤生产、重文教、图发展的人文特色。栗园围是客家围屋中罕见的八卦形围屋，恢宏的建筑规模和厚重的人文历史使其成为赣南客家围屋中一颗璀璨的明珠。栗园围不同于一般的赣南客家围屋，没有采用厚重的墙体来抵御外敌，而是用兼具防护围墙和内部错乱复杂的巷道来达到防御的目的，是一种反思维设计的客家防御建筑，具有极高的代表性。

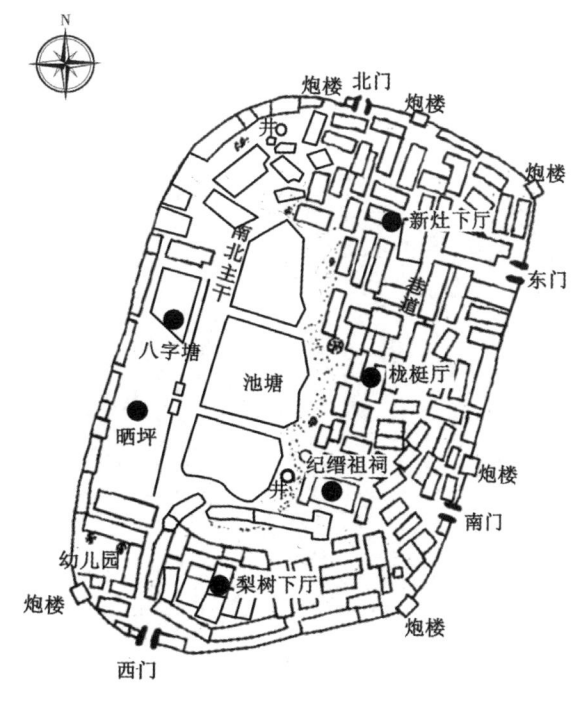

图 4-10
栗园围平面图
（图片来源：萧清碧 绘制）

图 4-11　栗园围的晒坪
（图片来源：萧清碧 摄）

图 4-12　栗园围内部的水塘
（图片来源：萧清碧 摄）

栗园围内部的建筑规模宏大，风格迥异，生活设施布局科学合理，在围内分设居民住宅区和渔耕休闲区。靠围周边共建了8处民宅区，即梨树下、上灶、下灶、新灶下、下院、书房、武馆、大围仔等。围内巷道虽然弯弯曲曲，但水沟相连，水流通畅，排水干净，就算是暴雨天气也不容易造成水灾。围内道路纵横交错，四通八达，其中有一条主干道，从北门至西门，纵贯南北。若从东门或南门而入，则有一条宽1米多的鹅卵石铺就的石阶路延伸至围的中央。主干道东侧，"纪缙祖祠"前面有相连着的三口池塘，面积为2000多平方米。塘堤中间建有两座拱桥连接。塘四周栽有各种花草和树木，特别是柳树和竹，环境十分优美。池塘具有养鱼、灌溉、消防、洗涤等多种功能。此外，围内古时曾挖掘了三口水井，呈"品"字形，遥相呼应，寓"一品当朝"之意，水质纯净，清凉可口，数百年从未枯竭，是村民过去用水的主要供水设施。在偌大的渔耕休闲地内有水田、旱土、菜园、果园、放牧草坪等。从围的西门入内不远，有一块大型晒坪，这是村民

图 4-13
栗园围的纪缙祖祠
（图片来源：萧清碧 摄）

集会、娱乐、休闲、晒物的场所。围内历来办有学堂，设有小型蔬菜、杂货、食品等交易网点，方便栗园围内居民的日常生活。栗园围虽不是赣南客家围屋中防卫设施最坚固完善者，却是居住环境最理想者。

（3）道韵楼

道韵楼位于广东省潮州市饶平县三饶镇南联村，经历三代人建设，于明万历十五年（1587）建成，是目前为止中国发现的最大的八角形土楼。在正中门楼上书有"道韵楼"3个大字。道韵楼为正八角形古堡式楼寨，有72套三进堂屋，每套进深29米，前二进为平房，后进为三层楼房，通高11.5米。寨内有

图 4-14　道韵楼

饮水井 32 口。墙体由黄土夯筑而成，墙基仅垫二层青砖，虽历经多次大地震却完好如初。瓦砖是经土布包好，再经火烧而制成，现尚可分辨出瓦棱上的布纹。道韵楼具有八防的功能，如防水、防火、防兽、防震、防贼、防旱等。道韵楼的特色在于整座楼处处与八卦相关，所有建筑的数目都是八的倍数，土楼中厅有左右两口水井，若八卦两仪。建筑形式特殊，历史悠久，保存尚好，仍作民居。

（4）鹤湖新居

鹤湖新居位于广东省深圳市龙岗区龙岗街道，为广东梅州兴宁客家人罗瑞凤于清乾隆年间兴建，历经罗家三代人数十年的努力而建

图 4-15 鹤湖新居

成，距今已有200多年的历史。鹤湖新居是深圳现存300多座客家围中保存最完整、最具代表性的一座。

鹤湖新居坐西南朝东北，原为依山面水，地势前低后高，取"步步高升"之意。它由内外两围环套而成，内呈方形，外呈梯形，内外围各有四角楼一望楼，倒座东北面三开门，中心为府第式三堂两横，前有禾坪、月池。该围屋（含月池、禾坪等）总占地面积约2.5万平方米，楼内有300多间居室，最多的时候容纳了1000余人。鹤湖新居集生产、生活、防御等多种功能于一体，被誉为"客家建筑的活化石""客家建筑艺术的结晶"。它集中了广东各地客家围屋的精华，是深港地区城堡式围楼的典型代表。

（5）仁厚温公祠

仁厚温公祠位于广东省梅州市梅县区丙村镇群丰村，公祠始建于明弘治三年（1490），距今已有500多年的历史。

仁厚温公祠由堂屋、横屋、围屋、化胎、池塘五部分科学地组合而成，各部分功用不同。整座屋宇南北长87米，东西宽120多米，有四进三堂八横三围，中间的堂屋有上、中、下三个厅堂和48间住房，上厅最高，中厅最大，中厅高5.65米，宽9.3米，深7.37米，光中厅就可摆20桌宴席。堂屋的两边各有四行横屋共"八横"，共有240间房。整座建筑宽阔庞大，气势宏伟。堂屋和横屋的后面是三层弧形的围屋，又有房102间。围屋形似长龙，气魄雄伟，美如彩虹。在堂屋和围屋之间，长着两株400多年的华南苏铁树。堂屋、横屋的前面是一口半月形的池塘。

整座建筑有一条中轴线，两边对称，由前至后渐次升高。中间部分是正堂，是族人祭祖、庆典、宴客之处。八行横屋整齐对称，三重弧形的围屋形似长龙，如此庞大精巧的客家围龙屋，既有中原传统民居之遗风，又有新环境、新条件下的创新。

（三）九厅十八井

1. 概述

"九厅十八井"是客家民居的三种典型代表之一，主要分布于福建连城芷溪、培田、长汀和上杭部分地区，是客家人结合北方庭院建筑，适应南方多雨潮湿气候及自然地理特征，采用中轴线对称布局，厅与庭院相结合而构建的大型民居建筑。严格来讲，它应归类于赣闽粤一带的"三合天井式"民居建筑。特殊的聚居模式和强烈的家族观念使客家人形成"大公小私"的生存哲学，"明堂暗屋"的建房理念深入客家人心，因此客家人非常重视厅堂的建设。一般九厅即为门楼厅、下厅、中厅、上厅、楼下厅、楼上厅、左花厅、右花厅、天厅等九个正向大厅；十八井则指五进厅共五个天井，横屋每边五个天井，共十个天井，楼背厅还有三个天井。其厅、井布局科学合理，各有功用。

然而九和十八，其实只是一个概数，不一定就只是九个厅十八个天井，"九厅十八井"是客家民居的一种平面布局模式，可以根据实际需求跟建设用地来进行合理的布局，往往很多已经建成的民居都有超过或者达不到九个厅十八个天井的情况。在客家民居布局中，厅、井、堂的功能明确，在空间分配上面，除了满足采光、集散等功能外，同时也寄托了客家人的使用和精神需求。如上厅供祭祀和族长议事，中厅接官议政，偏厅接客会友，楼厅藏书课子，厢房横屋起居炊沐……集政、经、居、教于一体。

"九厅十八井"设计构思秉承"先后有序、主次有别"的传统观念，纵主横次，厅、厢配套，主体、附房分离，通风、采光、排水、卫生，连同子孙的发展都纳入规划之中。另外，它能够使各种人才施展在建筑技术方面的艺术才能，造出飞檐翘角、雕梁刻柱。它继承了中原的宗族府第式的建筑风格，沿中轴线两边展开，层层递进，左右对称，布局严谨。

客家地区比较有代表性的"九厅十八井"的古民居主要有：福建连城县芷溪古宗祠、古民居群（以集鳣堂、怡庆堂、永裕堂、万斯堂、立纲堂、裕德堂、永建堂、春熙堂等为代表），连城县培田村古民居群（以双灼堂、继述堂、官厅等为代表）；江西上犹县营前镇下湾村九厅自然村的黄氏祖屋和兴国县高兴镇新圩上李家祠；广东兴宁市宁新镇东风的罗氏九厅楼、陆河县河田镇桐树下的彭氏大屋、蕉岭县广福镇乐干村的钟姓大屋、揭西县五云镇龙江村的进士第、揭西县良田乡领下村的九厅十八井、清远市清城区石角镇马头村的翰林院等。

2. 典型建筑

（1）连城双灼堂

双灼堂是福建连城培田古民居中建筑最精湛、集科技与艺术为一体的"九厅十八井"式的合院建筑。它是四进三开间带横屋对称布局，又因前方后圆的"围龙屋式"平面而别具一格。门庐横批"华屋万年"，藏主人吴华年名字于头尾，对联"屋润小康迎瑞气，万金广厦庇欢颜"，体现了客家人祈望安居、追求小康的纯朴愿望。过了门庐，进入一个中型庭院，庭院两侧对称设有一对侧厅堂，它自成一厅两房带小天井布局，分别有小门与庭院和横屋联系。过了前厅、中厅、后厅之后进入一个横向庭院，即围龙屋的后龙，后龙设一厅十房,为家庭放杂物的小院。

双灼堂装饰的主要特色有两点。一是建筑装饰精细。厅堂的屏风、窗扇、梁头、雀替等部位都精雕细刻,惟妙惟肖、含义深刻。堂前窗扇上每扇浮雕一个字,连起来为"礼、义、廉、耻、孝、悌、忠、信",突出四维八德,训化以德治村,以德持家。二是屋脊装饰考究。双灼堂的屋脊飞檐高挑,陶饰精细,明墙叠檐三折的曲线,左右对称雕刻昂首吞云的双龙,技艺精湛,令人叹服。

(2)广西贺州江氏围屋

位于广西贺州市莲塘镇仁冲村的江氏围屋,是目前广西保存最完整、规模最大、历

图4-16 双灼堂

史最悠久的一处客家古建筑聚落。始建于清光绪十一年（1885），距今已有130多年历史。江氏围屋有南北两座，共占地30多亩。南座三横六纵，有厅堂8个，天井18处，厢房94间；北座共四横六纵，有厅堂9个，天井18处，厢房132间。两座围屋均为方形对称结构，仿中原官邸而建造，中轴线上设上、中、下三大厅，主次分明。厅与厅之间设天井，左右对称设厢房。屋宇、厅堂、房井布局合理，厅与廊通，廊与房连，纵横交错，迂回转折，错落有致。既保持了传统围屋的特征，又与当地环境及气候相结合，形成富有地域特色的围屋风貌。

图 4-17　江氏围屋
（图片来源：杨林　摄）

（3）广东南华又庐

潘氏南华又庐位于广东梅州市梅县区南口镇侨乡村，为十六世祖潘祥初所建，清光绪三十年（1904）竣工。堂内悬有"南华又庐"匾额，门联为"南华节度，华国文章"，在南华又庐对面先建有南华庐，所以此处叫"又庐"。

南华又庐占地面积10000多平方米，外观宏伟，气派不凡，巧夺天工，目之所至皆是精美绝伦的壁画和雕刻，花鸟鱼虫、天地人畜无不栩栩如生。房屋的中轴线上分别是上中下堂，中堂供奉着此房创建人潘祥初先生的灵位，两边各有四堂，是潘祥初为8个儿子安排好的套间。其实每一堂就已经是一座独立的围屋，而且面积很大，也是采用轴线两侧盖房子的形式。在围屋的后面是枕房，各堂的厨房都集中到这里。枕房上面有炮楼，是防御工事。后面还有一座大果园。房子的左右两侧分别是花园和畜舍。围屋里面到处雕梁画栋，华丽非凡，连墙脚都是由一平方米见方的淡雅壁画组成，屋

图4-18
南华又庐

内还建有"鱼乐"（通"娱乐"）戏台，据说是当年看戏打牌的地方。整座住宅内设有合理分布的"自来水"设施，原设计是从山上引水，水分几路从后屋进入室内，经各用水区域流到排水系统的集水渠，然后汇集到屋前的集水总渠，再进入河流。主人说这水常年不断，清澈可直接饮用。可惜现在水的源头处盖了水库，水源断了，那些设施蓄着的水不再流动。

二、公用建筑

（一）祠堂

客家人的居所大多处于偏僻而封闭的山区，思乡情切的客家人对祭拜先祖相较于本地的其他民系更为强烈，因此大部分的客家民居都将宗祠设于居住区域的核心位置，称为祠堂。

祠堂，是宗庙制度向民间的扩展和延伸，是宗族祭祀祖先的首要重地，也是中原汉文化观念见之于建筑的具象反映。寻根觅祖是客家文化的传统命题，客家祠堂完整地保留了这种精神。宗祠是家族祖先的象征，具有很强的威慑力，祖先牌位是客家人的精神支柱。传统客家民居中的血缘、亲缘以及宗族关系是维系其建筑建设的基础，有客家人的地方必有祠堂。以宗祠为核心的平面构成关系形成了空间的向心性，因此，一组建筑内往往存在着两套性质完全不同的系列空间，一套以祠堂为主体，具有礼制的特征；另一套以住宅为主体，具有居住的特征。居住空间围绕礼制空间而布置，在客家传统村落中，祠堂是整个村落的核心。而在客家个体建筑中，祠堂是建筑的核心，也是其面对天地、祖先、文化的地方。客家人的崇祖观念集中地体现在客家祠堂的堂号、楹联、建筑格局等方面。客家祠堂堂号的命名方式不一，有的以祖先的号命名，有些以祖先的尊称命名，有的直接以祖先的姓名命名，有些以祖先的封号命名等。

客家祠堂的建筑格局，一般有一殿、两殿及三殿三种，其中以两殿式建筑较为常见。前殿多为门厅，其立面形式多为三开间，开三

图4-19　位于衍香楼中心的祠堂
（图片来源：萧清碧 摄）

门或一门；正堂及正殿，即祠堂最中央也是最重要的地方，又称祖先厅或正厅，为安放祖先牌位之处，有的牌位前或正殿两侧还会张挂祖宗像。从客家祠堂的建筑格局可以看出，客家人认为祠堂最重要的功能还是供奉祖先。"慎终追远"的观念在客家人心目中根深蒂固，对祖宗的追忆崇拜使得祠堂在住宅中的位置神圣不可侵犯。议事、祭祀等重大活动都在祠堂进行，通过祠联、祖宗牌位、节日祭祀活动等召集逐渐壮大的小体系，明确祖辈分层，维持客家宗族制度。

　　客家祠堂的数量反映着其宗族发展历史的时间长短及宗族人丁的多寡，祠堂数量往往会随着宗族的大小而不同，有些宗族会建立数个祠堂，有的会建立十几个甚至更多的祠堂，而且祠堂并非完全独立的，同一宗族内的所有祠堂都有着从属的关系，构成树状网络，形成一个系统的组织。其中"总祠"为全族为祭祀始迁祖而设立的宗祠，其族下人人"有份"，既是宗族祭祀祖先的核心，也是宗族议事、执行宗族决策的中心，其规模是宗族里所有祠堂中最大的；"分祠"为宗族分支——"房"建立的祠堂，用来奉祀该房直系祖先。然而并非所有的"房"都会建立祠堂，这不仅仅取决于其财力多少，还取决于人丁的多寡，在许多客家聚居区里面有个约定俗成的标准：当房下男丁数量超过100人时，方能建立分祠。"支祠"为"房"下面的分支，最开始的"房"为大房，在发展过程中分化出支房或者小房，这些分支建立起来的祠堂就称为"支祠"。

　　以江西宁都县洛口镇南岭村卢氏祠堂的兴建情况为例，来说明客家祠堂的一般组织。

表 4-1　客家公明公祠及分支

总祠	分祠	支祠
公明公祠	叔雅公祠	
	政凯公祠	汉冲祠
		匪谷祠
	政瀚公祠	
	政器公祠	

（1）祠堂类型

客家人分布范围广，人口繁多，拥有众多的姓氏。从功能上划分，祠堂主要有四种类型：第一类为专门纪念客家祖先的祠堂，用来感念客家祖先给后人带来的福荫，如福建宁化石壁的客家祖祠。第二类为专门纪念客家名人而设立的祠堂，为感念其为客家带来的荣耀而专门设立的祠堂，如广西钦州刘永福故居、贵港市李氏客家山庄等。第三类以先祖之道德文章、功业科第及家族史上的重要事件、掌故为堂号，称为典故堂号，典故堂号反映了客家人对祖先的崇拜意识与扬名显亲的社会心理，如广东梅州市梅县东郊张氏宗族现存有67座祠堂，其堂号均为典故堂号，如文种堂，即张氏宗族的祖堂。典故堂号包含着生动的文化意义，是中国传统文化的价值理念在民间文化中的具体显现。第四类为某一姓氏宗族的祠堂，客家人发展到指定代数以上之后，人员数量日益增长，也会为祖先开设开基祖祠。倘若时代更久远，则会出现开房开支，其房支都会设立各自的祠堂，主要为同一姓氏或同一个支系的客家人集中参拜的场所，大部分会在祠堂门牌处写清楚什么姓氏的祠堂，如黄氏宗祠、谢氏宗祠等，此类祠堂数量最多。调查发现，明崇祯年间至1949年的300多年间，梅州市梅县东郊张氏宗族，先后建造的祠屋有67座，其中围内的有18座，围外的有49座。

（2）祠堂建筑

客家祠堂建筑是崇祖观念的表达，也是族权意识的集中体现，更是光宗耀祖的彰显。祠堂的设立，有利于增强宗族荣誉感，凝聚宗族人心，并对外显示族威，提高宗族地位。

客家祠堂建筑多分为上下两厅结构，三堂两厅两横。位于中轴线上距门最远处的为祖公房（有些地方也叫一座），祖公房前的天井为上厅，面积宽广，便于族人聚集祭拜议事。二座沿着中轴线紧临上厅，为客家人休闲游憩之处，同时二座从风水上有能为祖公房遮风挡雨之意，故很多地方都会设置有二座，厅的两侧设置厢房，一般占地面积较小，多为100—300平方米。有的客家分支家族较为庞大，其财力人力雄厚，会设置有三厅结构，建筑布局在两厅结构的基础上增加门楼，如江西赣县戚氏宗祠、宁都郭氏宗祠等，其建筑规模很大，占地1000平方米左右。占地五六亩的客家祠堂也不在少数，如福建连城杨氏宗族建于康熙末年以纪念其先祖杨渔溪的渔溪公祠，建筑占地达5000多平方米，内设厅堂9个、房101间，规模之大，蔚为壮观。祠堂比一般住宅建筑精美，内部雕饰比一般住宅更为精致讲究，用色更为丰富，要求房屋建设工艺更为精湛，表现出人们对祖先的特殊崇敬之情。另外，根据客家"陆上屋为阳，屋前水为阴"的风水理论，阴阳必定调和，故客家祖祠前必有禾坪、池塘。

客家祠堂造型庄重，其门面造型较为讲究，一般可分为牌坊式跟庙宇式两种。古时牌坊为统治者赏赐而立，是用以表彰高官旺族、忠门烈士、贞洁烈妇的一种荣誉建筑，一般为独立建筑，立于被表彰者住宅门前或者通往被表彰者家的唯一道路上。客家部分祠堂采用这种形式，显出庄重而气势不凡。另一种庙宇式则是客家人根据

第四章 客家传统村落的物质文化遗产

图 4-20
福建平和县
九峰镇霞西村祠堂神像
（图片来源：曾镇兴 摄）

庙宇祭拜模式，把佛、道、神换成自家祖先来建造，其建筑造型往往与庙宇有一定的相似性，肃穆并颇具气势。

祠堂在建筑用材及装饰上都十分讲究，砖混结构的祠堂，砖必定是上好的青砖，材料选用粗直、结实的木材，例如松木、杉木等。倘若宗族的厅堂采用石柱子，则需要尽可能采用坚实、完整的石材。如江西赣县戚氏宗祠大厅中的20根石柱子，其直径均超过60厘米，高达8米，全是采用完整的石料制成。在施工方面，祠堂的建设必定要求技术经验丰富的施工人员来进行，保障建设的质量。讲究的用材及过硬的施工技术，使得客家祠堂整体保留百年以上的比比皆是。在装饰上，大家族的祠堂装饰富丽堂皇，在檩条梁枋、斗拱等部位做上彩画，有的做旋子彩画，有的做苏式彩画，画上各种花草、鸟兽、仙桃、石榴等吉祥物，显得富丽堂皇，同时，又不失庄重、高雅、肃穆。

（3）堂联文化

所谓客家堂联，是指客家人祭祀祖宗时张贴于祠堂大门两侧的固定的对联，堂联有通用祠联与专用祠联之分。

通用祠联即各姓祠堂皆可通用之楹联，内容多为反映对祖先的崇拜及寻根溯源的意识。一副完整的客家姓氏堂联，往往和该姓的郡望、堂号有着密切的关系。如卜姓的堂联是"文宗世泽、学绍家声"，堂号是西河堂，郡望是西河郡。客家几乎所有的姓氏堂联都有这方面的"寻根联"。

与通用祠联不同，专用祠联只能用于某一特定姓氏家族的祠堂，其内容与该姓氏的历史渊源，家族名人的成就（道德文章、文治武功等）密切相关。这类堂联，亦可称为"史迹联"。如广东梅州市梅县区丘姓堂联"水源木本须念同气同根能和睦一堂斯得天伦之乐，祖德宗功当思善继善述惟忠孝两字始生子姓之光""木本水源须念同气同根尽天伦乐趣，慎终追远当思列祖列宗沾先德荣光""肖溪祖功德流芳远，营运昌隆，运筹帷幄建居业；众子孙贤孝泽源长，乔发千枝，效当竭力创繁荣"均属"史迹联"。

（4）祭祀文化

祖先牌位，置于祠堂的神案上，一块牌位代表一位祖先，客家发展历史已久，在大的宗祠里往往陈列着几十甚至上百块牌位，其牌上一般记录着祖先的名讳、生卒时间、荣誉等，牌位呈倒转反过来的"T"形，多为木制，表面涂饰油漆，制作精心，有红底黑字、黑底金字等，既可以长期保存，又显庄重。客家祠堂祖先的牌位摆放是有自己的规矩的，一般牌位放于祠堂的正中央，其老祖宗的牌位必定放于最高位置最中间,如有多个牌位,则按照顺序往左右和前面摆放。

客家人举行奉祀的时间并非千篇一律的,较为普遍的是奉行春、秋二祭。春祭时间也不固定,有的家族定在年初二,有的定于春分,有的是春分后三日,有的是清明,有的是自己看日子而定;秋祭也不尽相同,有的选于秋分,有的选于重阳节,有的选于霜降前三日,还有的家族选择冬至日。祭祀内容也不尽相同,除去传统祭祀节日外,婚丧嫁娶等红白事,搬迁、高就、学业深造等,四时之内,大小事件都可以通过祭祀方式向祖宗汇报,让祖宗赐福庇佑。虽然祭祀的时间不一致,但是祭祀活动有着较为严格的规矩,一般参与祭祀的人为家族中的子孙后代,包括嫁入者,若宗族过于庞大,则分派"房、支"代表出席,祭祖仪式多为族长主持,安排有司礼执事。祭礼举行之前,族众依长幼尊卑次序排列在厅堂,要求"位卑让尊,阶同序长,次第昭然",如"敢有越位乱阶,欺尊凌长",则"屏之祠外,决不少宽"。祠堂祭祖仪式隆重而烦琐。大致过程是:第一步摆放美食,有全猪、羊、兔、鸡、鸭、鱼等,多要求品相俱佳,色香味俱全,并配有五果(指五种水果,有香梨、苹果、橙子、甘蔗、吊梨子等,种类必须为单数),倒好三杯茶水、五杯酒水,摆放好筷子、米饭或者粽子、发糕等;第二步迎神,烧香烛,插好放在神案上,由宗族里负责与祖先交流的神婆唱着祖先的名字,诵念经文,把祖先的神灵请来;第三步敬酒,向祖先神灵敬奉香醇的美酒,边诵经边烧纸钱边把美酒从左向右洒在神案前;第四步念祭文,由司仪朗读,内容主要是颂扬祖先功德,表示后代对祖先的仰慕、怀念之情;第五步焚烧祭文,在堂中焚烧祭文,使其化为灰烬,让祖先神灵皆能收到祭文,并焚烧纸质金银财宝,燃放鞭炮;

第六步结束，众人依序退下。在祭祖过程中的每一个程序，都有鼓、唢呐等乐器进行奏乐，主祭人都要向祖先的神主牌位跪下叩头，然后，全体与祭者跪下叩头，气氛庄严、肃穆。

祠祭结束之后，参加祭礼的全体人员可在祠堂或者天井厅堂等地用餐，宴席由祠堂出资，酒、菜非常丰盛。族人们相聚在宗祠，饮水思源，缅怀祖先业绩，颂扬祖先恩德，思祖之情融于佳酿，崇祖观念进一步地得到强化。

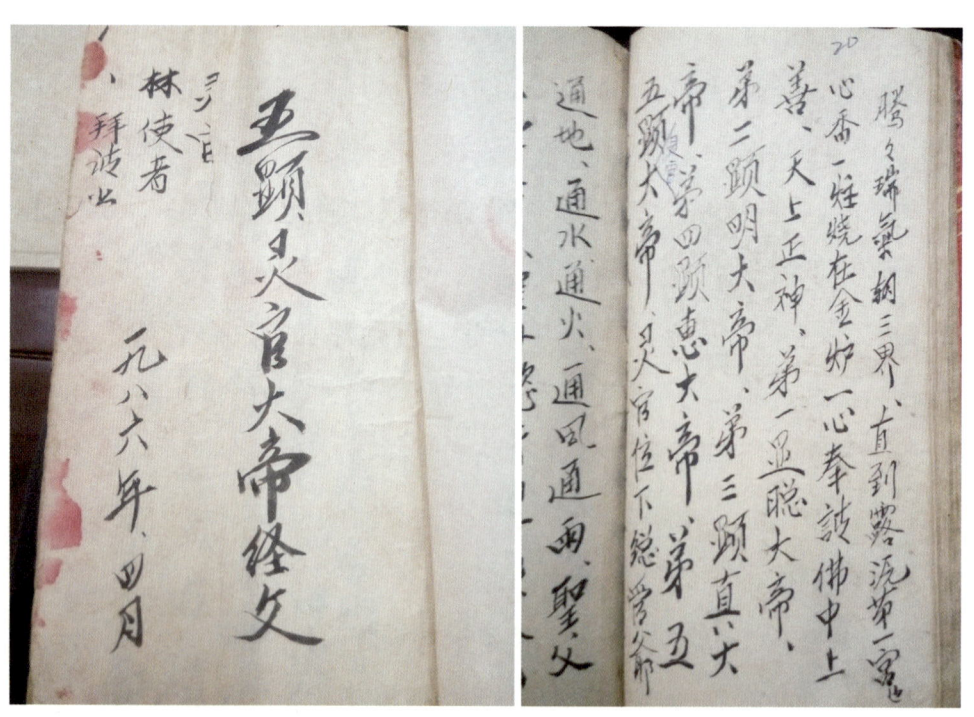

图 4-21　福建平和县九峰镇霞西村祭祀经文扉页（五显大帝）
（图片来源：曾镇兴 摄）

图 4-22　福建平和县九峰镇霞西村祭祀经文内页（五显大帝）
（图片来源：曾镇兴 摄）

图 4-23　福建平和县九峰镇霞西村祭祀全猪
（图片来源：曾镇兴 摄）

图 4-24　福建平和县九峰镇霞西村祭祀食物
（图片来源：曾镇兴 摄）

每一座客家祠堂，都是一个客家小社会的缩影。客家祠堂历经了沧桑和风雨，其每一块瓦砾，每一件物什，都有深刻的文化内涵。它们既是客家人勤劳和智慧的结晶，又是报本反始、不忘祖先的客家精神的体现。

（二）书院

在客家传统村落中，书院充当着重要的角色，是客家耕读文化的载体，是重要的教育场所。以福建连城培田村落中的南山书院为例，书院前身为石头丘草堂，始建于明成化年间，清乾隆三十年（1765）改建，面积8000多平方米。书院傍山而筑，圆石铺阶，院门秀雅,透出浓浓的书卷气。围檐边一株宋人植下的罗汉树枝干遒劲、冠盖如云,见证书院的数百年风雨。书院内庭院深深,读书处围建着可坐可倚的回廊。穿过回廊,是书院侧廊的正堂,那是昔日先生授课之所。数百年来,这里走出了一批批文武英才,仅明清时期培养出的进士、秀才就有150余人,其中官至五品以上的就有7人。清乾隆二十八年(1763),纪晓岚巡视汀州府,听闻培田村以"文墨之乡"饮誉汀连,怀疑是否徒有虚名,就以县教谕装扮暗访培田。几经探访,终被"业继治平""斗山并峙"等气贯长虹的楹联牌匾及培田人深厚的文化涵养震撼,遂留下"渤水蜚英"的传世名匾,此牌匾至今仍保存完好。民国时期,培田有4名留学生赴日、法求学,有3人上了黄埔军校。时至今日,这里仍然传承客家先祖遗训,耕读为本,崇文重教。1949年后,书院改为培田小学,由此培养出的大中专毕业学生逾500人,其中不乏教授、工程师、书画家、作家。南山书院书香绵延、文风鼎盛,一如书院门前明代尚书裴应章的题联:"距汀城廓虽百里,入孔门墙第一家",印证了客家人耕读文化的丰厚积淀。

"耕读传家"是客家人的优良传统,客家人不仅仅对宗祠文化有着深厚的情缘,也十分重视宗族教育,客家办学教育的宗旨是为提高宗族子弟文化教育水平,培育人才,光宗耀祖。因此客家人通常利用空间宽敞、采光良好、文化氛围浓重的祠堂进行办学,达到教书育人的目的,特别是清代后期及民国初期,客家祠堂办学达到了最高峰。法国神父赖嘉禄在其《客法词典》中描述嘉应州:"我们可以看到随处都是学校。一个不到三万人的城市,便有十余间中学和数十间小学,学校人数几乎超过城内居民的一半。在乡下每一个村落,尽管那里只有三五百人,至多也不过三五千人,便有一个以上的学校，因为客家人每一个村落都有祠堂，而那个祠堂也就是学校。全境有六七百个村落，都有祠堂，也就是六七百个学校，这真是一个骇人听闻的事实。"虽然上述描写的只是嘉应州祠堂办学情况，但在客家人广泛分布的其他地域祠堂办学随处可见，江西崇义关田的甘氏宗祠、瑞金叶坪的曾氏宗祠、宁都东山坝的李氏宗祠、兴国枫边的夏氏宗祠、上犹李氏的"五福堂"、南康龙华的陈氏宗祠，福建连城新泉的张氏宗祠，广东韶关始兴隘子的官氏宗祠等，曾经成为办学场所的客家祠堂有数千座之多。由于客家祠堂的建筑质量优越、空间

图 4-25　广西浦北县大朗书院
（图片来源：黄宗焕 摄）

宽敞，因此甚至在现在，仍有少量的客家祠堂作为村级小学的教学场所。有些地方的祠堂不适合教学，客家人也会动用全族力量兴建教学书院，一般书院为"三进二横"的布局结构，与祠堂相似。并且客家人办学理念先进，在以男子为主流的旧中国，嘉应州便率先创立了各种新式学堂，一位客家富商出资在大埔县茶山村建立云汉女子学堂，接收该村的女子进行学习，为男女提供平等的学习机会。

除了办设学校之外，客家人族内往往每年捐献出一部分收入作为集体教育资金，以此帮助有培养前途却经济困难的子弟继续深造。良好的教学理念，充裕的教学平台，极为有效地提高了客家人的教育文化水平。

时至今日，依然有不少客家人办学的旧址被重新开发成"书院旅游"产品，还在进一步影响着下一代的教育。

（三）客家廊桥

1. 赣南客家廊桥

赣南地处亚热带气候，春夏季多雨，山沟坑道纵横交错，河水奔流，一座座廊桥就架在这河沟之上，为乡民们提供便利的休憩与娱乐的场合。随着赣州的铁路、高速公路的开通，廊桥的作用慢慢被削弱了，大多已隐遁山中，成为一个地方的象征，其原始的交通功能都在渐渐褪去。但这些桥梁所承载的精神和理念，都早已成为客家人的精神财富。赵利敏研究了赣南客家廊桥的艺术特征，概括介绍了江西信丰的玉带桥、安远的永镇桥、南康的永安桥、石城的永宁桥、龙南的太平桥等五大廊桥①。

（1）信丰玉带桥

玉带桥，又名"凤歧桥"，位于距信丰县城 40 千米外，建于清乾隆五年（1740），是当地富翁余凤歧募资建成的。桥横跨于虎山河上，因为它的外形就像玉带而得名。玉带桥以气势雄伟、结构奇特而闻名于赣、粤等地，它曾是信丰通往广东兴宁、和平的交通要道。

玉带桥为二墩三孔层楼式拱桥，两墩立于水流湍急的河流之中，其中一边紧靠河岸，护住河堤，另一边形如驳船，高出水面 5.7 米，拱跨 14.3 米，墩拱全部用青条石砌成，桥面宽 3.8 米，桥身呈弧形，弧长 81.45 米，弦长 74.44 米，其弧弦最大距离为 10.84 米。玉带桥桥面用小乱石铺设而成，桥面上建有高 3.2 米的廊屋，廊屋为木石结构，分为 23 段（间），廊屋两端各建有 4.2 米高的瓦房桥头堡。中间还建有 4.6 米高的亭庙，长为 5.1 米，宽为 3.8 米，里面还分了前厅和后殿，可供人们休息和祭祀。亭内左右两根石柱上分别刻有"功高德大固桥是赖圣偕神，海阔江深登岸不须舟与楫"的对联，这是对当年募资造桥者的称颂。东西上方还分别写了"神泽汪洋""龙驾远波"八个大字。玉带桥以结构独特、气势雄伟而闻名赣粤，为信丰县通往广东兴宁、和平的交通要道，有诗赞曰："远近闻名玉带桥，两岸峻峰入云霄。奔腾河水泻千里，玉带飞锁两山腰。"

---

① 赵利敏.赣南客家廊桥艺术探析[D].赣州：赣南师范学院，2014.

图 4-26　玉带桥

玉带桥历经近 300 年依然坚固，古时玉带桥为江西赣南信丰县通往广东兴宁、和平的交通要道。后来玉带桥风光不再，桥楼已经破损，驿道的卵石也都残缺不全。余福光先生于 1932 年和 1954 年两次集资，对桥楼进行了修复。

（2）龙南太平桥

太平桥位于龙南县杨村街北面的太平江上，是一座建造雄伟的两孔三墩、四拱双层重叠组合的石拱桥，紧邻岚岭嶂和水口岭，是龙南县重点文物保护单位之一。

太平桥从古至今有两座，古桥在今太平桥的上游百余米处，如今仅存桥址。现在的太平桥在清嘉庆至道光年间重建，如今主体桥身完好。

太平桥古桥建立于明正德元年（1506），当时在粤赣边境还有一支农民起义队伍，驻营于距离杨村大约有40里的地方。在它的影响下，正德七年（1512），龙南县境内有农民起义事件发生，皇上号令官军进剿多次，但难以扑灭。正德十二年（1517）三月，都察院左佥都御史王守仁奉旨任南赣巡抚，调兵遣将，在龙南等地指挥进剿，到次年正月，终于连破上中下三浰，斩首两千多级，于是在此地建立和平县。王守仁为了纪念"胜利"，在太平江水口处建太平桥。

重建的太平桥，桥长50米，桥面宽4米，通身高17.2米，由砖木和砖石双层结构组合而成。下层两孔三墩，是以精磨花岗石为原材料，用桐油、石灰、红糖、糯米浆作为灰浆，精工砌筑而成。廊桥拱跨分别为11.9米和12.9米，拱高为6.2米。上层的凉亭是以砖木筑建而成，可供行人览胜和憩息。

太平桥的建成，方便了过往的行人，也为杨村增添了一处美景，它以其动听的传说，壮美的雄姿声名远扬，吸引了游客前来瞻仰游玩，既能领略古人的才智风骚，又能激励后人的学习热情。1983年太平桥被列为龙南县重点保护文物，竖立石碑。

（3）南康永安桥

永安桥位于南康区北部山区坪市乡的莲花河上，始建于清光绪年间。当地村民习惯称之为"暗桥"，据《钟氏族谱》记载，"永安"是取"永以为好，既安且吉"的意思，它是南康境内唯一的古代廊桥。

永安桥属于罕见的石木结构叠梁式廊桥，跨度约13.2米，宽约4米。桥墩为船形，前尖后方，它和桥身均用数十根长短不一的麻石条构建而成。在桥身上面，盖有走廊式的楼阁，两侧则架着简易的木凳和护栏，并均匀地竖着4根方形石柱。整座古桥坚固耐用，到今天仍然起着供村民通行和小憩的作用。

永安桥桥身两边的4根石柱上面，分别刻有7个字，合起来是两副对联："永留司马题斯柱，安得重阳卧此桥""永怀冀免寒裳者，安坐何须纳履人"，都巧妙地把"永安"两字嵌入其中。

（4）安远永镇桥

永镇桥坐落于安远县西部的新龙乡江头村，建于清顺治九年（1652），为江西省重点文物保护单位。永镇桥长38.5米，桥面宽4.33

图4-27 永镇桥

米，桥面上架有房屋，与桥身融为一体，它在石质桥墩上架杉木条，多层横跨桥孔不同于一般的石拱桥，是我国古建木作技术在石拱桥中的巧妙应用。

永镇桥属于长廊式的木构瓦桥，桥面距正常水位8米，2台2墩3孔式廊桥，其墩、台是用花岗岩条石、石灰砂浆修葺而成。墩的平面呈现船形，迎水面砌成分水尖。墩上用三排杉木纵横交错组成悬臂梁。桥面用杉木条纵向平铺而成。悬山顶二坡双重檐长廊，前墙设圆形天窗，长廊两侧设杉条板栏杆。桥两端建方形砖木门斗，门斗内台背部建9级石阶。

（5）石城永宁桥

永宁桥位于石城县高田镇岩岭区上柏村，始建于清乾隆三年（1738），迄今已有近300年的历史。该桥建筑风格独特，是一座楼阁式廊桥，廊桥全长32.75米，桥面宽5.4米，桥拱跨度达10.3米。楼阁分为5间，有倒板彩绘，中段最高并建有寺庙，两边逐级降低，呈对称状态。廊桥两边专门设有靠栏栅木凳，供行人憩息倚坐。廊顶盖有特制青瓦，可遮风挡雨。整座廊桥与桥身浑然一体，坚实牢

图4-28
永宁桥

固，古朴大方，为南方山区客家人特有的桥梁建筑风格，对研究我国客家桥梁建筑文化历史具有极大的价值。

由于年代久远，石城永宁客家古桥风化剥蚀现象较为严重，该县文化部门按照"修旧如旧"的文物维修原则，对腐烂的部分进行复原，重新矫正楼阁、廊桥的木架结构，并对桥墩和引桥进行了全面修复，使永宁客家古桥恢复了古朴大方之神韵，重现了昔日之光彩。

2. 连城客家廊桥

位于闽西的连城廊桥，建筑形式具有丰富文化内涵和地方特色。古朴而又典雅的造型，实用而又科学的结构，粗犷但不失细腻的风格，折射出连城客家人的文化观念、审美情趣，并且表现出了令人惊叹的超凡技艺。以下重点介绍三座福建的客家廊桥：莒溪的永隆桥、四堡的玉沙桥和罗坊的云龙桥。

（1）永隆桥

永隆桥位于连城县莒溪镇璧洲村口，为福建省级文物保护单位。据《福建通志》记载，永隆桥系明洪武十年（1377）所建，距今已600多年，是闽西尚存的古屋桥中最古老的一座。桥长85米，宽6米，高7.5米，4墩5孔，桥面分设24槛穿枋架构，屋面筑有3个两层杰阁。不远处是建于清康熙三十一年（1692）的文昌阁和天后宫，三者共同构成颇具特色的璧洲士庶古建筑群。

永隆桥依山而建，横跨莒溪，为南北向四孔等跨的风雨桥（俗称屋桥）。桥墩用花岗岩条石砌成。桥身用优质圆枕木堆叠成倒三角形，分七层纵横叠铺。桥面遍铺鹅卵石，桥上建桥屋，桥头建重檐歇山式顶阁楼，桥中和桥尾各突起一座歇山式较矮阁楼。为了保

图 4-29　永隆桥

护桥墩不致被水冲坏,桥以下约 30 米处,另筑砌有坚固的石陂拦洪坝,以缓解水势,虽经几百年风雨冲蚀,至今未受损毁;桥下的枕木,经历几百年负荷,一直没调换,仍不腐朽。永隆桥结构科学,造型美观,古朴雅致。桥身侧于溪中,山光水色,相映生辉。

（2）玉沙桥

玉沙桥,位于连城县四堡乡马屋村口,始建于清康熙二十三年（1684）,民国十年（1921）重修,距今 300 多年,是连城县著名古桥之一。玉沙桥坐落于花溪河上,相传昔日花

客家传统村落

图 4-30　玉沙桥

溪河之沙石，晶莹闪烁若玉石，故名玉沙桥。

玉沙桥全长 30 米，宽 5 米，高约 10 米，桥面砌以大小如一的鹅卵石，两旁加以栏杆，上张伞篷，廊分九楹，首尾中间均有小阁，高低错落，精致美观。桥基为水成岩石鳌墩，上架有斗拱式枕木托住桥身，桥两端古树参天，景致清幽。在清代，常有文人墨客在此飞觞邀月，吟诗作画，为马屋村扶风十二景之一。前人《虹跨玉沙》诗云："沙浦玉屑跨长虹，锁却山川千万重。"

第二次国内革命战争时期,工农红军在马屋建立区苏维埃政府,政令、告示都在此桥张贴。红十二军军长罗炳辉、政委谭震林等人公余之暇,常在此游览。1961年,该桥雨篷等部件被运往北京军事博物馆,作为文物收藏。

（3）云龙桥

云龙桥,位于连城县罗坊乡下罗村口,为福建省级文物保护单位,是连城五座有名的古廊桥之一。云龙桥始建于明崇祯七年（1634）,清乾隆三十七年（1772）重修,距今已经有380多年的历史。桥呈东西走向,凌

图4-31　云龙桥

空飞架在青岩河上，宛如一条蛟龙。加上西面背靠石壁，常有云雾缭绕，故称"云龙桥"。

云龙桥设计独具匠心，造型别具一格。桥长81米，宽5米，高30米，有6墩7孔。桥的一端建在悬岩上，桥墩均用坚硬的花岗岩条石砌筑，桥身用圆杉木分7层纵横叠铺，形成下窄上宽的桥托，桥面采用鹅卵石砌铺。桥屋为穿斗式木结构，由128根木柱分4排撑起卷棚屋顶。桥面中间为车马道，两边为走廊。桥沿两边设木栏杆，上覆盖双重薄木板雨披，既能延伸桥屋面，又不影响桥上采光，即使人们坐在桥廊上，也不至于被大雨打湿。桥中偏西处建有双层六角小阁楼，称为魁星阁，内供奉魁星。桥的正中还建有庑殿式屋顶的桥亭。桥两端各置一座斗拱牌楼，上挂"云龙桥"横匾。牌楼上原装有一对大铜铃，10个小铜铃，微风吹拂，叮当作响。

云龙桥不仅仅是一座公共建筑，同时还扮演着一个非常重要的角色，那就是与当地的民俗（走古事）息息相关。每年元宵佳节，连城的北团、罗坊、隔川盛行走古事，尤以罗坊最为壮观，走古事民俗详见第五章第二节。

（四）其他建筑

1. 寺庙与神坛

寺庙在客家传统村落中的地位仅次于宗祠，是客家人的精神寄托。寺庙规模可大可小，供奉的神灵也是多种多样。以福建武平县武北村为例，村落中寺庙、神坛的布局大致分为三种情况：一是在村中溪岸较开阔地带建立妈祖庙，妈祖庙的旁边设立文庙和武庙；二是定光古佛寺、观音庙等寺庙通常建在离村落中心有一定距离的地方，如在村落的边缘或离村几里路的地方，甚至离村有三五里路的山上；三是神坛大多建在村落的水口处。

2. 戏台

一般建于祠堂前，主要是村民娱乐活动的场所。福建连城培田村的戏台位于衍庆堂前，是培田村民重要的活动场所。在主要的节庆时节，在戏台上演出当地传统戏剧，增添节庆的欢乐气氛。

图 4-32　培田古戏台

第五章

客家传统村落的非物质文化遗产

中国传统村落文化抢救与研究
文化区系列

Chinese Traditional Villages

从中原而来的客家人不仅带来了先进的生产工具和技艺，还带来了中原地区丰富多样的文化艺术。客家人在"聚落成村""立业立家"的过程中不断创造属于客家人的非物质文化。聚族而居的居住习性和相对封闭的自然环境，不仅让客家村落能够保存原有的中原古朴文化，而且由于客家人口众多，居住地域广大，各个客家村落各自发展形成了"十里不同风，百里不同俗"的民俗特点。中原的历代战乱使中华文明屡遭劫难，中原的文明传承倍加珍贵。原脉传承的客家民俗文化、宗教文化、耕读文化和艺术文化……是中华文明的活化石。因此，客家传统村落的保护在中华文明的传承和弘扬中有着不可替代的作用。

第一节
客家传统文化之脉

一、客家人承载中原古文化的南迁

客家是一个具有显著特征的汉族分支族群，作为汉族民系之一，自西晋永嘉之乱开始，大举南迁，抵达赣闽粤三地交界处，与当地土著居民杂处，互通婚姻，经过近千年的发展演化，最终形成现在相对稳定的客家民系。虽已客居他乡千年之久，并受当地土著居民的影响，但其中原风俗习惯在南迁过程中得到延续，基本保持着汉唐时中原汉族的特色。但因为吸收融合了东越后裔的习俗，并深受赣闽粤等地区土著文化的影响，客家也形成其特有的风俗习惯，不仅形成独特的方言和建筑形式，也形成了独特的客家传统文化。

客家人也被称为"东方吉卜赛人""丘陵上的民族"，其文化特色为勤劳、内敛、稳重、节俭。客家传统文化独树一帜，是汉族文化中光彩夺目的一页。客家文化作为一种特定的地域性文化，唐宋以后，由于北方及长江中下游一带的移民一次又一次地大批进入赣闽粤三角地区，形成独具风采的客家文化。而在客家文化的孕育、成长及向外播迁中，客家文化内部也经过一次又一次的整合，并在其整合过程中，不断地吸取周边文化的营养，不断地发展与壮大自己。

二、中原古文化的"活化石"遗存于相对独立的客家群体中

由于经济、文化、地理环境等诸多因素，在客家地区至今还遗存有许多成百上千年历史的古老村落，走进这些保存着古老的文化和建筑原貌的村落，宛如走进了客家历史，走进了中原故里。

自秦汉以后，客家人的祖先从中原南迁，跋山涉水，几经辗转，定居南方。这个民系懂得和平之贵，懂得安居之贵，更懂得传承之贵。客家人在社会生产和生活中，凭借智慧和勤劳的双手，在南方秀美的大地，建造了土楼、土堡、围龙屋、围屋、四角楼等众多著名的民居建筑。客家传统村落承载着客家人久远的历史记忆，是客家人千年辗转迁徙中艰辛而辉煌的见证，是客家文化的重要组成部分，是客家历史的重要载体。

传统村落是客家最大的文化遗产之一，也是我们民族文化的根。中原古文化的"活化石"遗存于独立的客家传统村落之中，如广东梅州市梅县区水车镇茶山村、南口镇南华又庐，有"民间故宫"之美誉的福建连城县培田古民居、旧市古街等。有"中国客家民俗文化之乡"的江西宁都县仍保留着许多传统的客家民俗文化。多姿多彩的客家民俗活动在客家传统村落中代代相传，虽历经千年风雨，却把剽悍的中原古风演绎得更加淋漓尽致。广东梅州是客家人的聚集地，素有"文化之乡""华侨之乡"的美誉，这里客家文化底蕴丰厚，保留了许多以"围龙屋"为代表的传统民居，从建筑风格到民风民俗处处展示了客家的人文历史，是客家文化的重要象征，见证了千百年来客家村落的传承印记。

　　传统村落不老，是历史；传统村落不残，是考古；传统村落不旧，是文化。传统村落是我国宝贵的文化遗产，蕴含着深厚的历史文化信息，被誉为经典的民间文化生态"博物馆"、乡村历史文化"活化石"，是中华民族优秀传统文化的重要载体和象征。客家非物质文化遗产，它是活的文化，靠人的传承延续，是传统中最脆弱的部分。

第二节
客家传统村落的民俗文化

一、日常习俗

民俗文化，即民间民众的风俗生活文化之统称，泛指一个地区聚居的民众所创造、共享、传承的风俗生活习惯，是人民群众在生产生活过程中所形成的一系列非物质的东西。客家传统村落保存有较多的沿袭自中原的传统习俗，丰富多彩，包罗万象。客家习俗既传承了中原汉文化，又融合了一些土著民族的风俗，加上客家人口众多，居住地域广，因此形成了"十里不同风，百里不同俗"的特点。

（一）客家人开门四件事"衣食住行"民俗

1. 客家服饰习俗

客家服饰流传至今已有 1000 多年，最初起源于中原，后流传到福建、江西、广东、湖南、广西等地。穿着客家传统服饰盛装的客家人，往往会被误以为是南方的某个少数民族。之所以造成这种错觉，是因为客家传统服饰既保留了中原汉服传统古风，又融入了畲族、瑶族等少数民族服饰文化因子。客家传统服饰形制古朴、色调幽古、纹饰精美，成为汉族服饰艺术百花园中的一朵奇葩。

（1）客家服饰的种类

客家服饰主要由上衣、裤子、内衣、帽子、鞋袜、饰物等几部分组成，客家妇女的服饰还有夏季遮日的凉笠、秋冬挡风的冬头帕和用于劳动时的围裙。

①衫。客家人称衣服为"衫裤"。"衫"指上衣，"裤"指下衣。"上穿大襟衫，下着大裆裤"是客家人最常见的衣着装束。

大襟衫。大襟衫是客家男女老少最常穿的上衣。分为长衫、中衫和短衫三类。长衫又名长袍，多为老大爷秋冬天冷时穿；短衫劳作时穿着方便；中衫只在逢年过节、走亲访友、喜庆之时穿着贺喜之用。一般来说，年轻妇女的大襟衫装饰较多，美观亮丽，中老年妇女的则较为朴素、庄重。

对襟衫。对襟衫类似唐装，把前襟在中间对开两半，称为"对襟"。对襟衫多为短装，短小精悍，客家男子劳作时喜穿；女子则作为睡衣或内衣，穿着贴身清爽。大襟衫及对襟衫，都有夏、冬之分，夏装制作为单层，凉爽、透气是为单衫；冬装为了御寒，则用双层，是为夹衫；极冷天中间铺以棉絮，成为棉袄。一衫三变，极为中用。

②裤。大裆裤。是客家人最为常见的下衣，特点是裤腰、裤腿均宽松肥大，裤腿直筒裁剪，通风透气，便于上捋下放，适应客家人田间劳作的需要。

水裤。是客家男人在夏天穿的便裤。这种裤子用较薄的软布做成，长者可及膝盖，短者仅遮臀部，类似现在男子夏天穿的大裤衩，不过要宽松得多。

③围裙。客家人的围裙简单地说犹如小儿的肚兜样式，故又称围兜，这是汉服文化的一个传统，电视剧《水浒传》中店小二胸前戴着的那块布就是围裙的一种。不过客家人的围裙专属女装，男不围戴。而且围裙并不算衣服，不可单用，常围于衣衫之外，为劳作时防止弄脏衣服而穿戴的附属服饰。现在农村女子普遍系着的一种

图 5-1
客家服饰

围裙叫"掩腹",其实可以上掩胸,下至膝,上端缝花刺绣,还可以添加"颈链""腰链"和"牙牌""手镯"等饰品,很是美观。

④帽子。客家人最有特色的帽子,要数女人夏天戴的"凉帽"(凉笠)和秋冬时期戴的"冬头帕"。"头戴凉帽,身穿大襟衫,背着小孩,手扶犁耙,赤足耕种在田野",是传统的客家妇女形象。客家妇女戴凉帽的习俗始于宋末。当时,客家先民从中原南迁,为了生存,妇女亦和男人一样参加耕作劳动。但妇女走出深闺,抛头露面有失体统,于是头戴竹笠,并罩上一块开有两个小孔的黑布遮面。后来,在实际使用中感到这样不方便,便把布剪短,并缝在帽檐的四周,成为既实用又好看的凉帽。再后来,索性连布帘都除掉,只戴竹笠,这就是如今客家女子戴的凉帽。凉帽下方中空处左右各有一根系带,从系带的颜色可区分未婚已婚。未婚少女用白色系带,已婚少妇多用红色系带,中老年妇女用的是青色或黑色系带。过去系带多是妇女自己编织,花样极为讲究,系带编织是客家妇女世代

相传的一种技术，现在已基本失传。

⑤鞋袜。鞋袜方面，客家人在清代时多穿布鞋，雨天多打赤脚，或穿木屐底布鞋，或布鞋底加厚并涂以桐油。出远门或上山割草砍柴，穿稻草编的草鞋。到了民国，外地运进来的胶鞋、雨鞋、皮鞋，只少数人穿用，一双雨鞋，往往全家人使用。袜子旧时用布缝制，清末开始有了纱织袜子。

布鞋都是自制的。男式叫"阿公鞋"，女式叫"阿婆鞋"，鞋面颜色多为黑色。鞋式是宽口船形，不用鞋带，俗称"一脚蹬"。这种鞋至今仍然流行，市场有售，只是已换成胶底或塑料底，用机器制成。旧时，女装鞋还有"绣花鞋"，用绸缎或绒布为面，鞋面绣花或鞋头部镶花。

棉鞋。又称"老人鞋""过冬鞋"，形款与"阿婆鞋"一样，里面用棉花为絮，供老人冬天穿着。旧时有钱人或有官职的人还穿靴，俗称"官鞋"。

草鞋。有两种，一种是用干稻草编织的，俗称"秆草鞋"，用麻绳为"经"、草索为"纬"，编成"脚底形"，前头两边及后边"鞋跟"用绳带串起即可穿着，制作经济简便，一面穿旧了还可以"反底"再穿。这是劳动用鞋，几天穿一双。另一种鞋是"布泊"底，后来改用"车轮胶底"，前头一个"鞋鼻"，左右各两个布"耳"，后边"布跟"，都留有"眼"，用布带串起，即可穿着。男女鞋样相同。旧时，多为劳动、挑担、走路时穿着。这种草鞋比"秆草鞋"耐穿，客家妇女大多都会制作。现在，上述两种草鞋都已绝迹，被胶鞋、皮鞋所代替。

（2）客家服饰的色调

客家服饰以蓝黑白素色为主色调。在中原汉文化观念习俗中，服饰的颜色，作为一种阶层象征的符号，有它自身的一套规矩，在古代是有着严格的等级区分的。为避嫌客家服装中便无金黄色、深紫色，黑、白、玄、青、红、蓝色成了客家平民的常用色。在客家习俗中，红色象征喜庆，大红大绿搭配象征吉祥富贵，黑色蓝色象征严肃庄重，白色青色象征素雅高洁。

客家成年人的服装基本上以蓝、靛青和黑色为主色调。这几种颜色耐脏耐洗而又不张扬，这是客家人长年劳作，出入山野田园的最好选择，也是客家人外柔内刚、勤劳节俭的性格特征的外在表现。男装是正面开缝，用布作纽扣，女衫开襟由领口斜向右腋，沿侧缝直至下摆。女子内衣多为白色，其外装为蓝色或黑色，但冬头帕和围裙又是由红、绿、蓝、白、黑几种颜色的线交织成条状彩纹的，为客家服饰添上了亮丽的一笔。

（3）客家服饰的材质

服饰质地多为粗布，漂蓝缎乌成衣，自织夏布做帐。

客家传统服饰原料主要是麻布、葛布。赣闽粤等地盛产麻、葛，而低产棉、丝。客家人就地取材，多以纯麻、纯葛布为料制作衣衫。客家男性衣服所用布料，多数是家中女性织染的土布，俗称"十丈乌"，颜色为蓝、黑、乌青、暗红等，虽易脱颜色，但可多次重染，仍如新衣。

（4）客家服饰的图案

多为中原传统吉祥文化图案，如大花牡丹图案象征富贵，鲤鱼图案象征鱼跃龙门，元宝图案象征金玉满堂。

（5）客家服饰的式样

传承了自"黄帝垂衣裳而天下治"传下来的宽博裹带式样，宽博右衽，短窄为上。

（6）客家首饰

客家妇女喜爱各种首饰。有条件的人家，当少女出嫁时，做母亲的都会准备一对银质手镯和耳环，待女儿出嫁"梳头"时为女儿戴上。

（7）发式

未婚少女多数把长发梳成大辫子，新中国成立后流行梳成双辫，已婚妇女都要梳髻。姑娘梳辫，已婚盘髻伴随终生。

客家服饰是客家文化的表象特征，也是折射其历史的一面镜子。客家服饰的款式结构、首饰佩件、装饰图案，都有一定的意义、一定的来源，形象而含蓄地承载着本民族的历史。客家服饰以朴素、方便、实用、耐穿为原则。客家民风淳朴，崇尚节俭，不尚奢华。因此，客家人在用简朴、自然、经济、实用的服装装扮自身的同时，也用一些简单的佩饰加以点缀，使男女老少在质朴中透出真诚、清新、朝气和活力。

2. 客家餐饮习俗

（1）客家美食概况

客家的饮食文化丰富多彩，特点是麻麻达达、咸咸辣辣。过去广大客家村落里一年到头家家户户都酿有醇美的糯米酒。一入冬月，便腌制板鸭、香肠、猪肝、鸭五件、牛肉巴、酒糟鱼等。招待贵客用酒酿蛋、擂茶；宴请和逢年过节吃四盘八碗，即分别用四个大盘和八个大碗盛菜，共十二道大菜。特色菜肴有荷包胙、鱼饼、白切鸡、蛋皮、菜干扣肉、粉蒸鱼、捶鱼丝、三杯鸡、酿豆腐、炒东坡、小炒鱼等。地方风味小吃有嗦粉子、烫皮丝、凉粉、艾米果、芋包子、薯粉饺子等。特色食品则有丁香李、酸枣糕、生姜、花生巴、柿饼、南康辣椒酱、兴国红薯干、会昌豆腐干、信丰萝卜脆等。客家饮食文化内涵丰富，乡土味浓，有些菜肴和食品已饮誉海内外。

客家菜与潮菜、粤菜并称广东三大菜系，粤菜高档，潮菜讲究，客家菜实惠可口。客家菜是地道的阡陌百姓人家菜，朴实丰盛的乡土风味，最接地气，侨商富豪多感叹尝尽山珍海味，喝遍玉液琼浆，都不如客家的家乡菜好。常见的客家美食可分为客家大盆菜和客家小吃两大类。

客家菜常见的烹饪方法是煎、炒、蒸、炖、酿、焖、煮。菜品讲究原汁原味，粗料精作，咸肥香浓。

南迁的客家人，居住在荒郊山野，处境贫困，为垦荒图存，体力劳动大，佐餐的副食盐分多，干活有劲，因而菜味喜咸；客家先人生活清贫，肚里缺油水，为空腹减少饥饿感，故菜味喜肥腻；为便于逃亡和迁徙时携带，开发了肉干、菜干之类晾干易保存的食物，为使这些干货保持口感，在精制时，用香辣原料调烹入味故而香；沿途颠沛流离，三餐做两顿，饥寒交迫，饥肠辘辘，难免嘴馋，故菜味喜浓。客家名菜梅菜扣肉、东江圆蹄、盐焗鸡、酿豆腐即是咸肥香浓的代表菜肴。

客家菜蕴含着中州传统的习俗特色，食材多为家常禽畜和山间野味，故有"无鸡不清，无肉不鲜，无鸭不香，无肘不浓"的说法，历经岁月演变，客家菜自成一派。"莫笑农家腊酒浑，丰年留客足鸡豚"，阔别家乡多年的海外游子，一回到故土就醉心于客家味道。

（2）客家风味经典菜肴

客家菜肴美味可口，网上曾评选出最受欢迎的客家十大经典名菜，结果如下：

第一名：客家酿豆腐

图 5-2
客家酿豆腐

客家菜的代表，鲜嫩滑香，营养丰富。一家煮，十家香，是客家逢年过节的看家菜式。

第二名：客家盐焗鸡

香是客家菜的特色，而盐焗鸡最好地体现了这一点。皮爽肉滑骨出味，故有"天下第一鸡"的美誉。

第三名：客家煎春角

煎春角就是煎蛋角，即客家蛋角煲，客家传统家常菜，符合客家人"好食捞大角"的习惯。

第四名：客家红焖肉

红焖肉油润柔糯，味美异常，红红旺旺，是办喜事的必备菜。以前是用来压碗底的菜，就是怕菜食得太光，主人没面子。

第五名：客家生鱼脍

客家人吃鱼生已经有很长的历史，在宁化、兴宁、五华等地都有吃鱼生的习惯。现在生鱼脍花样更多，有河鱼生、海鱼生、虾生等。

第六名：客家凤投胎

就是客家人最爱吃的猪肚包鸡，名好，料好，味道好。猪肚吸收鸡的鲜美和营养，十分温补，老少皆宜。

第七名：客家酿苦瓜

酿苦瓜、酿辣椒、酿茄子为客家"酿三宝"。其中，酿苦瓜为经典中的经典，甘香可口，回味绵长。

第八名：客家搏丸烩

搏丸是客家肉丸的统称，常见的搏丸烩有牛肉搏丸捞猪肉搏丸，即把打好的肉丸加配料用滚汤烩，爽口味浓。客家话丸音同圆，象征幸福团圆，搏丸烩寓意着好彩头。

第九名：客家鱼丸煲

食鱼丸，客家话取兆意，谐音"食唔完"。该菜用鱼头汤做底，放发好的鱿鱼一起用瓦煲，撒一点葱花，汤浓味鲜。

第十名：客家炒大肠

炒大肠味道佳、兆头好。主要有姜丝炒大肠、黄豆炒大肠、酸笋炒大肠等。

以上菜式仅是网民投票选出的，其实还有很多虽没上榜，但实则色香味更胜一筹的客家佳肴，如：

客家水蒸鸡。整只鸡放在锅里用水蒸熟，用手撕或刀切成六大块趁热吃，十分鲜甜滑嫩。

全猪套餐。主要有选用猪最"精华"的八个部位的肉煲成的全猪汤，蒸猪红、猪杂，红烧肉等，吃时配上一些青菜和家腌酸菜。

全牛套餐。以吃牛肚、牛百叶、牛心顶和牛栓肉为主，和其他地方不同，这里吃的牛百叶没有去掉上面的黑膜，据说主要是为了健胃。

豆腐套餐。客家人酿豆腐源于居于中原时包饺子的习惯,因迁徙到岭南无面粉可包饺子,于是想出了酿豆腐的吃法。豆腐套餐包括了餐前吃的豆腐花,主菜煎酿豆腐、豆腐煲、豆腐丸、糯米酿豆腐、炸豆腐皮等,还有小吃豆腐乳等。

新港湖鲜。选用万绿湖野生的桂花鱼、鳝鱼和石鲶鱼,肉坚滑、味清甜,不带泥腥,或蒸或炖或煎都很可口。

盆菜。广东和香港一带客家人节庆日吃的传统杂烩菜,传统的盆菜用木盆或锑盆盛载。据传食材多样,有虾、鸡、鸭、冬菇、鲍鱼等,盛放时一层叠一层地码放整齐,非常有气势。

（3）客家风味小吃

客家小吃是客家饮食的另一部分,几乎每种小吃都与农事季节有关。如元宵节客家人吃汤丸,取"团圆"的好兆头;清明节吃艾粄,表达敬神、祭祖之意。

客家风味小吃独具一格,品类繁多,下面为大家介绍几种常见的小吃。

①三及第粥。通常由猪肉、猪肝、猪粉肠三种食材加入粥中煮熟而成,民间有状元及第粥或三元及第粥之称,是客家的传统名吃之一。在科举取士时代,状元、榜眼、探花为殿试头三名,合称三及第。相传清代广东人林召棠中状元之前最喜欢吃这种粥,中状元后,将其命名为三及第粥。客家人对子女的未来给予美好期待,将这种期望寄于粥中,代代相传,后来三及第粥逐渐演变为受欢迎的名小吃。

②客家米冻皮。米冻皮口感薄如纸,白似雪,软嫩香美,独具风味。外观类似北方凉皮,在闽粤民间广为流传。米冻皮成品可切段、切条、煮食,也可拌食,吃法花样随心所欲。

米冻皮做法很有趣,将大米浸泡在水里一两个时辰,磨成米浆,锅中水烧开后,将米浆徐徐倒入锅中,边倒边搅拌,沿一个方向画出一个个圆圈,客家人管这动作叫写,故客家做米冻又叫写米冻。米浆写均可食用,口感和外形上酷似客家的簸箕粄或粤菜肠粉。

③客家娘酒。客家娘酒素有盛名,以糯米特制而成,呈黄褐色,味纯香甜,度数低不易醉人,美不可言,妇孺皆爱。

客家娘酒是客家人的传统特产,也是客家古文化和酒文化相结合的精华,是中国黄酒的一个分支,距今已有1000多年的历史。

客家娘酒一直伴随着客家人的生活,逢年过节,客家人要酿制娘酒;每逢喜事,比如孩子满月、婚庆嫁娶等,都用娘酒来招待客人。客家媳妇坐月子期间所吃的食物中,最普遍和最有特色的是用娘酒配上鸡、蛋、猪肉、姜等制成的月子餐,这种月子餐非常滋补,有祛风、活血、美肤、催乳的功效,有助于产妇在较短的时间内恢复元气。

图 5-3
客家娘酒酿制过程

娘酒的酿制工艺并不复杂，据说客家人家家都可以制作。酿酒讲究"一饼、二水、三技术"，先将糯米用水泡透、沥干，蒸成"酒饭"，等"酒饭"放至微温时，按一定比例配入特制的"酒饼"，再把"酒饭"装入酒缸糖化发酵，数天之后，"酒饭"便酒香熏人，这就是"酒酿"。当发酵恰到好处时，便在酒醅中兑入适量的凉开水，再把酒醅装入密封的酒瓮。只要储存得当，可以数年不坏，越陈越佳。

④客家擂茶。中国是茶的故乡，中国的茶文化源远流长。而客家擂茶作为一种古老而

图 5-4　客家擂茶

独特的饮茶方式，备受人们喜爱，被称为"古代茶文化的孑遗"。

擂茶，是将新鲜的茶叶、生姜、花生、芝麻等原料，放入专用的擂钵内，用擂棍用力捣碎成粉末，放入茶碗中，用沸水冲泡而成。

客家人热情好客，以擂茶待客更是传统的普遍的礼节，无论是婚嫁喜庆活动，还是亲朋好友来访，都会请喝擂茶。有一套称为"擂茶三宝"的工具：一是擂钵，一般为陶制，口径50厘米；二是擂棍，一般用上等山楂木或油茶树干加工制成，约85厘米长；三是"捞子"，用竹篾制成的捞滤碎渣的筛子。

擂茶的制作颇为讲究，会根据四季变化和个人需求选用不同的配料，样式丰富，口味不同，深受人们喜爱。

二、人生礼俗

（一）六礼仪式的客家婚姻习俗

在人生的历程中，从出生到死亡，都有种种礼俗，其中较为重要的礼俗有诞生礼、成年礼、结婚礼、丧葬礼等。这些礼俗构成了人生礼俗的全部内容。

1. 婚嫁礼俗

结婚礼可说是人生礼俗中最重要的组成部分。客家人的婚嫁礼俗，遵从"传宗接代""门当户对""明媒正娶"等传统思想。

过去由于社会风俗相对较为封闭，一般都要经过媒人介绍共结连理终成眷属。这就叫说媒或相亲，说媒的人叫红娘或媒婆。客家人乃中原汉人之后，受古时风尚洗礼，以男方高头大马敲锣打鼓明媒正娶为荣，否则，名不正言不顺，偷偷摸摸地让乡间见笑。另外，若男方倒嫁女方家中，则是低人一等的事情，俗话叫倒插门，招婿之风在客家并不盛行。

旧时客家婚礼依照古制六礼仪式，多为"父母之命媒妁之言"的包办婚姻，程序有说媒、相亲、纳彩、定亲、迎亲、拜堂闹洞房、圆房、回门等礼节。

（1）说媒。男大当婚，女大当嫁。过去客家人因生活艰苦，穷人的孩子早当家，故此时兴早婚，男女14至18岁加冠绾髻举行成年礼后，即可成婚。男方家若看上女方家，男方家会主动托媒人去说媒，女方家若看上男方家也会请媒人先访男方家，古时客家男女无恋爱自由，但有说媒自由。

（2）相亲。男女两家通过媒人牵线，如双方都有意，就约定时间相亲，俗称"看妹子"或"相郎婿"。男方去女方家看妹子时，女方先出来招待，之后故意借口入伙房烧锅做饭试探对方，若愿意留下来吃饭就有意，不吃就没戏。

（3）定亲。也叫"行大礼"，即正式把婚事确定下来。在正式定亲前，女方到男方家去看看境况如何，除女孩子及其父母亲外，姑嫂、姐妹等都要去，大大小小十几人，不带礼品。女方中意后，男方及其父母等要去女方家拜访，并送去猪头、鱼、肉等礼品，女方父母及同门亲属等都要出场。吃完中饭后，女孩子要出来见面，称男方家父母为爸妈，两家父母相互称亲家、亲家母。

（4）迎亲，也叫接亲或过门。婚期前一天，男方家十多人要去到女方家接亲，男方家的迎亲队抵达女方家，先吃点心，然后由女方家二人带着到祠堂烧香敬祖。女方家在中午或晚上，要设宴请客。新娘动身一般是在半夜子时或卯时，越走天越亮，象征走向光明。迎亲队伍前面是打灯笼的，接着是吹鼓手，花轿在中间，后面是接亲的人。新娘出门站在画有八卦太极图的米筛中换上新鞋，称为"过米筛"，象征留下娘家的活土（财气），到婆家去重创业。接着新娘被背出家门，上轿时兄弟用一碗水泼到花轿上，表示嫁出去的女儿，泼出去的水。此时，新娘放声恸哭。到达男家后，在一手捧盛着柑橘（寓甘甜、吉祥）的圆盘的福命妇的牵引下跨过火红的木炭炉，以示"兴旺"。入门时，新娘跨鸡而过，称"拦门鸡"。进入厅堂拜堂后，即入洞房，婚宴开始。深夜闹洞房，酣乐为止。

（5）拜堂。新娘在鼓乐声中进到大厅，大厅摆设香案，东边站父母长辈，西边站外戚，北边站房亲，南边站小辈。拜堂前，外家要给新郎挂红，用五尺长的红布披在新郎身上。口念："手拿幡红五尺长，一心拿来扮新郎，扮得新郎生贵子，早生贵子中个状元郎。"拜堂时，新郎站左，新娘站右，由礼生叫：一拜天地，二拜祖先，三拜高堂，四夫妻对拜。中午办酒席，吃婚宴，用高声的炮邀客，每半小时放一次，酒席开始入席时放三响。接着由礼生报名单，一桌两个上席，按辈分和亲疏，先安排上席就座，然后其他人随便入席。结婚宴请，俗称"喜酒"。女方到男方家的客人是大客，要放鞭炮相迎。男女宾客分开就席，新郎新娘要到席上敬酒。

（6）闹房。闹房分两种，一种在大厅闹，一种在新房闹，也有先在大厅闹后到新房闹。闹房期间，鞭炮隔几分钟放一次，一直闹到午夜方停，意为越闹越吉祥。

（7）圆房。客家人在新婚之夜，有圆房催生的习俗，婆婆在新人就寝前要剥个鸡蛋给新娘吃，边剥边念叨："鸡蛋圆圆，生子中状元。"从娘家带来的一对公鸡母鸡，客家人叫带路鸡，要放在新婚床底下，夜深人静时，客人散去，母鸡咯咯叫，新娘望着新郎说："生了。"新郎往床底下一看说："生了，真的生了，我们也会生的。"

（8）回门，也叫"转门"或"请三朝"。一般是婚后第三天，由女方派新娘的姐妹等来请新郎新娘一起回娘家做客，媒人及新郎姐妹也同去，共7至14人，吃罢午宴，当天回来。

（9）送满月。结婚后一个月，新娘娘家要来送满月，同时送来小鸡、蔬菜、谷种、豆子等，示意五谷丰登，财丁兴旺。

此外客家过去受一些封建礼教影响，还有童养媳、等郎妹、隔山娶亲、换亲、冥婚、转亲、赘婚等落后的婚嫁方式。

客家的种种婚俗，有其有利的一面，有其落后的一面，随着时代的发展，客家人思想的进步，如今这些落后的婚俗已经杜绝。

2. 催生礼仪

出嫁女儿怀孕快分娩时，一般是婴儿出生前一二十天，娘家要带着鸡、鸡蛋、面条、粉干等来到女儿家"催生"，有预祝平安出生之意。如产妇母亲已不在，则由嫂子去催生，婆家中午要设宴招待。

3. 成年礼仪

客家的成年礼仪俗称"出花园"，分男、女两种，男子的成年礼仪叫作"冠礼"，女子的成年礼仪叫作"笄礼"。成年礼的举行，标志着人已经成年，人生道路开启了新的篇章，担负起更多的家庭责任和义务。

中国传统社会以男性为中心，因此冠礼受到很高的重视，有一系列的仪式。在汉文化的传统里，男子成年礼还有一个重要的仪式，那就是要由舅舅为外甥取"字"或曰"表字",而客家人则要求舅舅在外甥结婚时取好字,并请画师或有文化的先生题写在"锦字画"(俗称"风景画",画的内容多为龙凤呈祥或喜鹊登梅、花开富贵等,且多嵌锦、福、双喜、红桃心等字样)上,等外甥成亲,舅舅来贺时一并赠送,挂在祖堂或私房正厅的中堂,并要在拜堂前当厅作赞恭贺外甥成丁及新婚之庆,是谓之"上号牌"。

(二)生育寿辰喜庆习俗

1. 生育习俗

客家妇女有孕了,称"有好事"。在怀孕期间,有诸多禁忌,如孕妇的房中忌器物的随意移动,忌钉钉子,禁装修墙壁、门窗、屋顶,禁动针、引线、裁制衣服等。产后的一个月内,妇人不从事劳动,安心休养,俗称"坐月子",其间通常食鸡子炒姜酒以摄取营养。坐月子期间,一律以热水洗澡,忌洗头发,以免得"头风"。

婴儿出生后三朝,备鸡、酒、糯米饭祭祀祖先及"床头婆",祈求庇护。十二朝,报喜给岳家及媒人,俗称"送酒",外婆多以公鸡回赠,叫作"送庚"。当男婴二十四朝、女婴二十朝时理发,又或是任其自然脱落。弥月就会敬神祭祖,置办酒宴,外祖父母馈送衣服礼物,叫作"做满月"。到了周岁时,同样会进行敬神祭祖,置办酒宴,叫作"做对岁"。

2. 寿辰习俗

客家人祝寿主要分为两种。

一种是老丈人家为女婿做生日,有两次,新婚后的头一次生日，叫作"新生日"；另一次则是在女婿三十一岁时，俗称"做三十一"。另一种则是五十一岁开始的祝寿，之后每隔十年就庆祝一番，叫作"做大生日"，也就是一般人所说的"五十杖家，六十杖乡，七十杖国，八十杖朝"。祝寿时要念《祝寿文》，唱《拜寿歌》。

祝寿时，出嫁的女儿要送来大公鸡，还要送寿衣、寿帽、寿鞋、寿袜，从头到脚一整套。父亲做寿时，也要给母亲送上一整套寿服，此外还要送来寿轴、喜炮、寿烛、公鸡以及寿桃、寿面、寿饼、寿酒、寿肉等。其他人来祝寿，一般亲友送寿幛、寿联，或者再加送礼金。不少地方，七十岁以上高龄、子孙多、家境较好的老人祝寿，要举行拜寿仪式。客家人做生日和祝寿，是知情人自行送礼，上门祝贺，先贺后请；除内亲、至交有发请帖外，不贺不请。

3. 乔迁之喜

客家人迁往新居叫作"新屋进伙"或"搬新屋"，他们常认为：新居不出煞，会有灾煞作祟，住了会不安宁。因此客家人在乔迁前，都会请堪舆师驱赶"三煞"，俗称"出煞"。"出煞"一般都在乔迁之日的凌晨一时开始。

到了早上吉时，则会请一些有名望而且多子多孙的有福气的老年夫妇"开大门"，开门时要说吉利话。到了中午会设宴庆贺，请一家或一族的长辈或请堪舆师坐首位，开宴前，开席的长辈需说好话，然后开宴，尽欢而散。

（三）丧葬祭祀习俗

丧葬礼仪是人生最后一项"通过礼仪"，也是最后一项"脱离仪式",它代表着人生旅途的终结、人生的终点。因而,丧葬礼仪比起其他的习俗礼节更为庄严肃穆。丧葬可细分为丧礼和葬式。丧礼是指处理死者时殓、殡、奠、馈和拜诵、哭泣的礼节。在民间丧礼俗称"送终",在古代视其为"凶礼"之一。葬式,是丧葬礼仪的组成部分,是指掩埋死者遗体的方式。

客家人对已"慎终追远"的丧葬,主要是传统古礼的传承,但又有自身的特点,十分周到,每个家族都有族谱、祠堂。以穷源竟委,昭穆分明。

以下则是客地旧时的丧葬习俗:

1. 弥留

当尊亲病入膏肓时,其远亲近邻都须前往探视,家人随侍在侧。其病危将死之时,移至厅堂,分男左女右,置于"老人间",首内脚外,不挂蚊帐,即所谓的"寿终正寝""寿终内寝"。

2. 始卒

死亡气绝后,敲打铜锣三响,表示已经寿终。随即在厅堂悬挂白色幛幕,俗称"孝帘"。孝子孝孙随即剃发、赤足,挂灯前往附近河边,投铜钱三枚,用瓦罐盛水而归以为死者尸体沐浴,称为"买水沐尸"

3. 入殓

此礼节较为繁杂,主要分为买水沐尸、换上寿衣、迎棺、封棺四个环节。

4. 置灵

封棺后，灵柩置于厅堂，孝帘外设一灵桌，桌上放一纸做灵屋。屋内设置灵位，桌上放置香炉烛台以祭奠，开始"百日"除灵。

5. 报丧

俗称"报生"，人死后，家人即为发丧，用口头报知亲戚挚友，并发讣告。

6. 成服奠祭

俗称"做斋"，大多延请僧尼诵经"做功德"，同时举行仪式，常委托"地理先生"主持，其分为告灵、告祖、题谥、祭麻等。

7. 出殡

客家人死后大都用仰卧直肢的土葬，这与崇拜大地及农作物生长有关系。

8. 点主

客家人在丧葬中必设"神主牌"，题死者之谥，"主"字，一般故意写为"王"，留在治丧那天，由德高望重的人点上那一点，俗称"点主"。

9. 祭奠服丧

祭奠贯穿整个丧葬的全过程，而服丧，则以辈分远近作为等差，亲子必须服丧三年，孙子服丧二年，曾孙服丧一年。

死者去世满百日，孝子孝孙也要备牲礼果品等物，穿孝服哭拜先灵，俗称"做百日"。此后每逢死者出生及去世的纪念日，家人都会备牲礼果品敬祀。

三、节事活动

客家人从中原迁移过来，因此，客家的传统节日习俗，往往也带有明显的中原汉族传统文化特色。在长期的历史发展中，又融合了一些土著少数民族风俗，加之客家人口众多，居住地域广大，"十里不同风，百里不同俗"，所以客家传统节日习俗在历次传承和变异中，显得特别丰富多彩，包罗万象。

客家作为汉族的一支民系，是如何凝聚而成的，其原因固然很多，但风俗的凝聚力无疑是一个重要的因素。客家传统节日习俗，无疑也是客家风俗文化的一个重要特色。尽管客家传统节日风俗丰富多彩，千变万化，具有明显的地域性，但是其基本内涵具有一致性或同一性。例如端午节吃粽子，中秋节吃月饼，元宵节吃汤圆，这些无论是在哪一个省、哪一个地区，也无论是在内地（大陆），还是在港澳台的客家人，甚至是海外的客家人后裔，都遵从的习俗。

客家民俗文化以其古朴浓郁的乡土气息而为世人所瞩目。客家一年四季均有民俗活动。如春节期间有龙灯、蛇灯、鲤鱼灯、马灯、狮灯等各种表演；端午节有龙舟竞赛；中秋节有"放孔明灯""请月光姑姐"等活动。除上述具有汉族一般特点的节日民俗活动外，江西赣南还有大型民俗表演。如上犹"九狮拜象"、宁都竹篙火龙节等。另外客家山歌、采茶戏、歌谣等民间文艺也很丰富。

（一）春节

"百节年为首"，客家人很早就开始准备过年。九月、十月开始晒番薯片、米糕片供过年油炸和炒食，甚至，年初买猪崽、养小鸡就是准备在下一个年供用。冬至一到，开始蒸酒。近年三十，家家户户要蒸糖糕粄、做米粿、杀猪、做豆腐、宰鸡鸭等，欢欢喜喜迎接新年到来。春节大致可以分为三个阶段：从入年界到除夕为准备阶段，年初一到年初五为过年阶段，年初六到元宵节为余兴阶段。主要的活动内容简介如下：

1. 祭灶

农历十二月二十三日祭灶，二十三日晚饭后要把灶台刷干净，把旧的灶君取下烧掉，三十日晨把新像贴上，一送一迎，都要摆置酒肉、糖果、甘蔗等，在灶前烧香、点烛、放纸炮等。

2. 入年界

农历十二月二十五日入年界，加紧准备过年，外出的人都要赶回家过年。在入年界前后，要择定吉日打扫卫生，清洗厨桌板凳，洗晒被褥蚊帐等，干干净净过年。平日，束之高阁的锣鼓也拿出来放在厅堂上，孩子们可以敲锣打鼓了，过年的气氛渐渐渲染出来。

3. 过大年

大年三十，也就是除夕，是过年气氛最为热烈、最为欢乐愉快的一日。这天上午，家家户户要拜菩萨、敬神。大年三十，厅堂要挂起祖宗画像，在大门口贴上鲜红春联，谷仓门上、禽畜栏前、家具床铺以及水缸边都要贴上红纸条，叫作"封岁"，也叫"上红"。大人小孩都要洗澡，穿上新衣，干干净净地过年。各家厅堂还要陈设供桌，布置香案，摆起鸡、鱼、肉、果品等，敬奉祖先。

4. 除夕晚上，吃团圆饭

桌上要多放几副碗筷，以示请祖先回来一起过年。饭前，要先给祖先筛酒，将酒洒地，然后开始吃饭。席间，老人小孩吃鸡腿，以示尊老敬幼——"小孩大一岁，老人添一寿"。而年饭中"腕子筒"与"长命菜"是闽西客家人少不了的菜。

5. 守岁

吃罢团圆饭，灶具要洗得干干净净，以备正月初一早上或全天吃素。晚上要守岁，辞旧岁，迎新春，每个房间要整夜灯火通明，叫"照岁"（要一直照到初二晚上），有些地方牛栏、猪舍也要点上灯。然后，家长要给老人小孩发压岁钱。

6. 开大门

正月初一按《通书》规定的吉利时辰开大门，顿时鞭炮声此起彼伏，响彻云霄。

7. 拜年

正月初一早上吃素。饭后人们相互拜年以吉利话相颂。小孩们穿着新衣，欢乐嬉戏。正月初二，走亲戚拜年。特别是新婚女婿要去岳父母家中拜年。大年初三，客家人谓"穷日"，一般不走亲访友。这天，也不能杀生。初三晚上不"照岁"（要熄灯）。

8. 出年界

正月初五，出年界，也叫"开小正"。厅堂的祖宗画像要收起，纸门帘要取下烧掉，外出做工干活的就可以启程了。这天晚上要点灯"照岁"。

春节到元宵期间，客家地区（各地有所不同）还有以下一些游乐活动：

1. 送春牛

一般在年初一，由三五人组成一个小队，向各户送春牛图，有吹唢呐的，打小鼓的，敲小钹的，在每家门口吹打，送上"恭贺新禧"红帖，主人会给红包。

2. 稻草龙

一截一截，插满香火，由小孩抬着到各户灶前和猪舍牛栏去舞，祝贺合家平安、六畜兴旺，各户要给红包，小孩得欢乐，主人求吉利。

3. 蝙蝠灯

也由小孩逐户去舞，"火龙进屋，要你蜡烛""恭喜发财，买田建屋"，舞蝙蝠灯不收红包，只要蜡烛。

4. 船灯

灯状似船，在陆地表演游唱。春节前排练，锣鼓队奏十番配合。到村以后，吃罢点心，在开阔场地表演，由船夫、艄婆唱"十月怀胎""十二月古人""瓜子仁""一枝花"等曲调，艄公只管划船不唱曲。晚上要在祠堂"开天官",唱"天官赐福"等,最后喝酒吃饭。

5. 狮灯

有傩人出场,一个狮头,一个狮尾,一个孙猴子,一个沙和尚,还有锣鼓队。狮、猴、沙和尚演唱完后,要进行武术表演,有打拳、舞刀、耍棍、跳桌等。

6. 游神

潮汕地区客家村落会在每年年初固定的日子将村里宫庙的神明请出,组成一个少则几十人,多则一二百人的游神队伍,敲锣打鼓穿街过巷。请求神明保佑村里各家各户事事顺利(此处之神明几乎都有潮汕守护神——三山国王)。正月初七,要吃"七样菜",这里的"七样菜"指的是纯素菜七样放在一起烧炒而成。

(二)迎春

立春,即交春。此时民间一般备香案,烧香照烛,放鞭炮,贴上"迎春接福""春临福至"等红笺,名为"接春"。农村则在神前祭祀,家家户户采摘冬青树枝和桃李花,扎在竹竿上,制成"春把",从天井伸向高空。堂前摆上供品,"立春"时辰一至,焚香烛、放鞭炮,称"迎春接福",祈求全家安居乐业,稻菽丰收。有的地方,用土捏成春牛或用纸扎春牛,分送各户,置于灶君之旁,以祈求风调雨顺、五谷丰登。

（三）元宵节

正月十五是中国民间传统的元宵节，又叫"开大正""上元节"，家家户户要筹办菜肴，喝酒过节。这一天要闹元宵，新春游乐活动达到高潮。这天晚上也要点灯"照岁"。从过年开始到正月十五，各地游乐活动不断，以游龙灯、舞狮为多，龙灯和狮队来到前，会预先发帖，来后要给他们送红包、吃点心。龙灯、狮队等除到各家各户表演外，还要到村中各庙宇和祠堂向神灵及祖先拜年。这一天"闹"完之后，原放在祖堂的锣鼓也存放起来，标志着过年的各项活动正式结束，大家开始要把精力放在学习、生产、工作上去了，要做生意的和打工的就可以出远门了。

元宵节吃元宵，玩灯，赏灯，猜灯谜。客家民间城市乡村到处点缀着各种花灯，十分美丽。有些地方的风俗是元宵节前，做母亲的还要送莲花灯给出嫁而未生孩子的女儿，灯谐"丁"音，取"送丁，添丁"之意。

各地元宵节庆活动大同小异，有着"中国客家民俗文化之乡"之称的福建连城是客家人的发祥地和聚居地之一，客家民俗文化底蕴深厚、内容丰富、形式多样、传承久远，被称为"中原古文化的活化石""客家民俗活动的大观园"。连城具有代表性的客家民俗活动有被誉为"天下第一龙"的姑田游大龙，被誉为"乡村狂欢节"的罗坊走古事，被誉为"天下第一粽"的北团游大粽，被誉为"天下第一神会"的河源"十三坊迎公太"等数十种客家民俗活动。闽西客家元宵节庆于2008年6月被国务院列入第二批国家级非物质文化遗产名录。连城县被列入其中的是姑田游大龙、罗坊走古事、新泉烧炮、芷溪花灯等四种典型的客家民俗文化活动。

（四）惊蛰

福建汀州民间有两种习俗与卫生有关。一是炒豆子，或在热水中煮连毛芋子；二是在橱脚、桌脚、柱脚、墙脚等处撒一些石灰。两者都是为了灭虫。客家人多生活在山区潮湿的环境中，虫害多，惊蛰是冬眠昆虫复苏之时，主张早期灭虫。

（五）春分

春分时节，开始扫墓祭祖，也叫"春祭"。扫墓前先要在祠堂举行隆重的祭祖仪式，杀猪、宰羊，请鼓手吹奏，由礼生念祭文，带引行三献礼。春分扫墓开始时，首先扫祭开基祖和远祖坟墓，全族和全村都要出动，规模很大，队伍往往达几百甚至上千人。开基祖和远祖墓扫完之后，然后分房扫祭各房祖先坟墓，最后各家扫祭家庭私墓。大部分客家地区春季祭祖扫墓，都从春分或更早一些时候开始，最迟立夏要扫完。

（六）清明

客家扫墓习俗多从春分开始，清明达到高潮，延续到谷雨前后，约一个月。先醮众墓后醮家墓。清明期间，祭拜祖先。客家地区除大部分是春分扫墓祭祖外，也有一些地方是清明扫墓的。清明节这一天，也有一些地方要祭路旁土地伯公等神坛。

（七）端午

客家普遍称为五月节。家家户户买肉、杀鸭、包粽子、做米粿过节。节日前几日，以竹叶包糯米做粽子，亲友互赠。端午是个大节，许多地方在外面做工的客家人都会回家过节。大家吃粽子，喝雄黄酒，赛龙舟，用"药把水"洗浴，以桃树枝挂门首避邪等。

（八）入伏

三伏天是全年中天气最热的时候，客谚云"鱼在伏里大，人在伏里坏"，因此客家人习惯在入伏这天吃"仙人冻"（即草粄，或称黑凉粉），据说这天吃了仙人冻，能够解暑降温，整个盛夏都不会长痱子。

（九）食新

即尝新米。一般是在小暑过后，逢第一个卯日食新。乡下将新割的稻谷碾成米后，做好饭供祀五谷大神和祖先。城市一般买少量新米与老米同煮，加上新上市的蔬菜等供祀。供品有苦瓜、丝瓜、茄子等都有着美好的寓意。

（十）七月七

客家有关于"七夕乞巧"和"牛郎织女"的传说，但与此有关的习俗较少。民间有在夜里坐观天象的活动，一些妇女有"姐妹会"，河源等地民间有聚餐请先生的习俗。

（十一）中元节

也即鬼节。俗称"七月节"或"七月半"，客家地区多以七月十五为"鬼节"。有些地方都要提早一天过节，谓"七月十四人过节，七月十五鬼过节"。个别地方，客家人也在七月半祭祖。十三、十四吃荤，十五吃素。有蒸糕点"结缘"，"接太公太婆"，"烧包"，"烧夜香"等旧俗。有的地方原有上刀梯的风俗。中元节迷信色彩较浓，如今旧俗逐渐淡薄。

（十二）中秋

客家民间通称八月半。吃月饼、赏月等风俗各地大体相同。中秋之夜，民间尚有几种与月有关的习俗，如伏花、啄月姑、跳担杆、旋水碗等。

每逢中秋圆月升起时，客家的人们便早早在庭院、楼台，或屋前的禾坪对着月亮升起的地方，摆出月饼、花生、柚子等果品，准备"敬月光"。

拜过月后，一家人在外面赏月、吃东西。赏月是大人们的事，小孩子追逐嬉戏。而吃东西则是有些讲究的。家长往往先让大家吃这些祭过月神的祭品。在传统祭祀文化中，在神主享用后，祭者常常会把祭品分吃掉，祭祀礼仪才结束。分吃的过程，一方面接受了月神的赐福，另一方面传播了传统的祭祀文化。

在梅州，除了月饼外，柚子是必不可少的节日食品，吃柚子有一定的含义。剖柚子叫"杀柚"，带有驱邪的意思在里面。也有说剥柚子皮是"剥鬼皮"，寄寓了驱邪消灾的愿望。

客家地区的月饼，除普通月饼外，还有一种用糯米粉加糖压制成的大小不一的圆形糕点。虽然社会经济不断进步，但客家人始终继承传统饮食文化，又在发展民间饮食文化的同时保持中原遗风始终不变。

（十三）重阳节

客家人叫九月节。有的山村又叫兜尾节，认为它是一年中最后一个重要节日。有"过了重阳无大节"之说，出门的人很多都要赶回家过节。登高、饮菊花酒是传统习俗。这一天，很多地方的人们要带着小孩登高爬山，有的在高山上放风筝，谓可避邪、避瘟疫。很多老人都说，此习俗系祖先从北方中原带来，代代相传至今。

（十四）十月半

十月十五下元节，又叫完冬节。农村常做糍粑、米粿、芋子包、豆腐之类的食品，谓"做完冬"。有些地方有打醮祀神演戏之俗。

（十五）冬至

也叫"过冬年"。过冬至要吃猪肉、牛肉，做米粿，煮汤丸，有钱人要吃鹿茸、人参补冬。

（十六）小年夜

农历十二月二十三日，有"送灶君爷上天"之说。常用糖瓜祭灶，为求"把灶王爷的嘴抹甜了，在玉皇大帝面前多奏好事"。是为客家地区一年中主要节日习俗。

客家民间节事活动非常丰富，主要有秧歌、龙舟竞渡、"走古事"、舞春牛、舞龙灯、舞狮子、踩高跷、跑旱船、烧火龙、踩船灯、高脚师、迎花灯、踩马灯、打花鼓、乐器会、演戏、放烟火等。

下面以福建永定的客家为例，说说他们主要的传统节庆民俗活动。

表 5-1　福建永定客家主要民俗活动

活动	时间	主要活动内容
春节	农历正月初一至初五	年初一：开门、焚香、拜祖宗像、拜年、举办团圆宴、踢毽子、放鞭炮。年初二：转外家（回娘家拜年），继续互相拜年，开始闹锣鼓。年初三：吃岁饭，逐户拜年，欣赏汉剧、木偶戏、龙灯、香灯、采茶灯、舞狮、打新年鼓、船灯等表演。年初四：继续走访亲友拜年，举行各项民俗民间文艺活动。年初五：开小正，祈祷祭墓，收起祖宗像供器，可开始做小农活
过月半	农历正月十五	元宵节，开大正。闹花灯、舞狮、放孔明灯、烧架花焰火。吃汤圆
游大龙、板龙	农历正月初八至十六	月初扎大龙，十五日晚游龙，十六日上午游大龙、饮龙酒
"走古事"	农历正月十二至十五	游菩萨、迎古事、游龙旗、宝伞等，连城罗坊陆地、水中赛古事
交春	"立春"当日	立春那一时辰放鞭炮"接春"，贴"迎春接福"等红纸条

续表

活动	时间	主要活动内容
犁春牛	农历"立春"前后三天	犁牛队，鱼、樵、耕、读方阵及锣鼓队、吉利匾灯队、烛火灯队等大巡游。有的最后停下巡游表演
游大粽	农历二月初六至十三	制大粽，供奉于宗祠，巡游大粽
清明节	"清明"日	祭祖祠、祖墓、历坛等"春祭"，然后族人团聚吃祭酒。家家吃艾粄、白头翁粄、苎叶粄，城镇居民外出"踏青"
五月节	农历五月初四、初五	食粽子，挂石菖蒲、葛藤、艾蒿、桃枝，喝雄黄酒，洗"药把水"浴，划龙船、游花船，孩子佩香囊
六月六	农历六月六	天贶节。翻晒衣被、寿衣、书籍，洗澡
吃新饭	六月夏收开镰后的卯日	食最早收成的新米，加酒肉，祭祀五谷大仙鹤祖祠
木偶戏神田公生日	农历六月二十四	祭田公堂，演木偶戏，鼓手班演奏，各地木偶艺人集中举行"田公会"活动
七夕	农历七月初七	祭拜牛郎织女星。妇女做"巧果""花瓜"及对月穿针等"乞巧"；宴请老师，拜孔子，给孩子赠文房四宝
七月节	农历七月十四、十五	中元节，盂兰盆节。七月十四日祭祀祠、祖坟。七月十五日祭孤魂野鬼，迎神打醮普度，表演上刀梯、踩火海、捞油锅等
八月节	农历八月十四至十五	中秋节。食月饼、敬月神、聊月华、请月姑、伏月姑、旋水碗。"秋祭"祭祖祠祖墓
九月节	农历九月初九	重阳节。做"重阳糕"，饮"菊花酒"，登高欢聚，祀九皇，放风筝
作大福	陈东四月初七到初九 湖坑九月十一到十六 南溪九月二十七到二十九	亲朋大聚会，游大旗，举行舞龙、舞狮、抬古事等民间文艺表演，演汉剧、木偶戏
十月朝	农历十月初一	烧衣节，"十月朔"。做米糕，游五谷大仙菩萨，演木偶戏、汉剧

续表

活动	时间	主要活动内容
盂兰盆盛会	农历十月初六至十五	"正顺王谢安"祭祀大典,各村办"佛撩寮""牌楼""行台",演戏。"恭迎正顺王"大巡游,举行各种民间文艺表演
田完节	农历十月十三	糍粑节(打糍粑)。合家宴饮
十月半	农历十月十五	下元节、完冬节。做米粿、芋子包、豆腐。演汉剧、木偶戏
冬至节	"冬至"当日	客家"冬至大如年",宴饮,"秋祭"祭祖,酿"冬酒",碓"冬粞"。福佬地区吃馈糕、圆子。冬至进补
小年夜	农历十二月二十三至二十八	祭灶君,送灶君。十二月二十八日做米粿,贴新灶君以迎灶君返回
入年界	农历十二月二十五日起	作糕板,备办年货,房屋家具被服大洗扫,厅堂悬祖宗像开始烧香烛,女儿女婿回娘家"送年",亲友互赠年礼"馈岁",开始春节禁忌
过年	农历十二月最后一天	除夕,过大年。贴春联、门神、年画和门框家具贴红纸条"封岁",合家大团圆吃年夜饭,给"压岁钱",正厅祖宗像前"上岁饭",晚合家围炭火盆、点通宵灯"守岁"

四、客家方言

客家方言可追根溯源为古中原汉语,被学术界称为研究古汉语的"活化石"。客家话,又称客话、客家语、客语等,是汉语方言之一。分布在广东、福建、广西、江西、湖南、台湾等省区。目前全球约 5000 万客家人讲客家方言。

赣南客家话跟闽西、粤东客家话相比，更能引起学者们的兴趣。原因有：第一，赣南是赣方言和客家方言的交汇点，因此，从中更容易看出客赣方言的联系和差别。第二，赣南的客家方言既古敦，又具有多样性。说它古敦，是因为这里自唐宋以来的世居客家姓氏较多，因此方言中保留的中原古韵成分就较多；说它具有多样性，是因为明末清初粤东、闽西的客家人大量回迁赣南，使赣南的客家方言不像粤东、闽西那样统一，而是同中有异，县与县之间不一样，甚至乡与乡之间、村与村之间也显出差异。因而，赣南的客家方言也就更具研究价值。谁为正宗客家话，公有公说，婆有婆道。一般说来，梅州市梅城方言被较多人认同为正宗客家话。

客家人始终保持着独特的客家语言、风俗和精神。有些地方的客家话声韵似客家话，调值像本地话，人称"半山谣"。客家话与本地话经数百年交融，除语音仍维持各自的系统外，词汇和语法已大致趋同。

五、特色民俗

（一）连城罗坊"走古事"

每年的正月十四、十五两天，福建连城罗坊乡都会举行"走古事"民俗活动。在这两天中，全村的壮汉都得参加这个活动，这两天可以算是罗坊乡最大的节日了。邻近的乡村、城镇、全国各地的人们乃至世界的友人这两天都会赶来观看这一重大庆典活动。据传，昔日连城罗坊常闹旱涝两灾，当地举人把流传于湖南的"走古事"移植乡梓，以祈祷风调雨顺、国泰民安，兼兴民间娱乐活动，自此流传延续至今。

七棚古事，乡村里的每个房族出一棚。他们须先在广场上奔跑，左三圈右三圈。现场人山人海。"走古事"，出七棚（棚，为扮演古事的一个轿台），挑选两名体壮胆大的十岁男童，按戏曲装扮，化妆脸谱，身着戏袍，一名扮领先的天官主角，一名扮护官的武将。天官直立在一条铁杆上，腰身用铁圈固定，武将坐立在轿台上，呈两个层次。轿台由木柱镶成方形框架，四周饰上精美的画屏，两根轿杆，每棚四百余斤，须用二十人抬。村民把三太祖菩萨轿、花蓬、彩旗置放在广场中心。虔诚的妇人们在此烧香祷拜，以祈祷四季平

图 5-5
走古事

安，风调雨顺。每年春节正月初三、初四，抬"古事"的男丁青年上山锻炼脚力，到正月十二日始斋戒三天，十三日晚净浴换机关报草鞋，抬着"古事"，以天官领路，跟随"古事"六棚，后有菩萨轿、万民宝伞、彩旗、十番乐队，一路鸣铳，来到罗坊的屋脊山坪。在数以万计的乡民和游客的围观中，一个个精神振奋，呼喊着开始竞赛。

正月十五日正午二时许，"古事"列队从云龙桥下河床，鼓乐队先泼水透湿，然后响三铳，"古事"棚蜂拥下水，逆水而走，竞争激烈。此时，河两岸、桥上下挤满了人，场面十分壮观。除天官一棚不能超越外，后棚若能超过前棚，则视为吉利，于是抬夫拼力而为，不顾天寒水深，河石苔滑，跌倒了再爬起，情绪异常高昂，为"走古事"之高潮，抵终点河边方台而止，至此，"走古事"结束。

（二）连城姑田游大龙

姑田游大龙是福建连城县姑田镇的地方传统民俗活动，起源于明万历年间，在今连城县下堡村之邓屋，于每年元宵节前后举行。传说龙能行云布雨、消灾降福，是祥瑞的象征，所以人们以舞龙的方式来祈求平安和丰收就成为全国各地的一种习俗。据考证，邓屋八世祖邓应，出任潮州府检校，其弟邓恭仍居姑田邓屋。邓恭子孙到潮州探亲，在潮州看到舞龙，兴叹不已，便将龙画成图样带回姑田仿制，随后在姑田邓屋于元宵节期间首次游龙，正月十四晚龙游中堡、厚洋等村落，村民欢天喜地，家家门前点松明、放鞭炮迎接。

清代至民国年间，姑田有12条大龙，分布在上堡、中堡、下堡、华垅、城兜、长较、上余、下余、东华、白莲、洋地等11个村。其中，有9条龙是由两三个姓合擎1条，如上堡陈、赖、桑三姓合擎1条；下堡村邓屋与万堂（邓、蒋两姓）合擎1条，周屋与黄屋（周、黄两姓）合擎1条；小洋地邓、詹、钱三姓合擎1条；长较村童、陈、林三姓合擎1条。

新中国成立后，姑田大龙的条数逐渐减少，近10多年来只剩中堡、下堡的邓屋、万

图5-6　游大龙

堂、城兜等3条龙。姑田12条大龙中，形体大同小异，各具特色，其中邓屋的龙"老得好"、中堡的龙"长得好"、华垅的龙"高得好"、下堡周黄两姓的龙"画得好"。

（三）北团游大粽

每年农历二月初六至二月十三，是福建连城北团上江坊一带举办一年一度"游大粽"客家民俗活动的日子。农历二月初六起，当地村民用上万片粽叶缝制粽衣，120斤糯米裹粽，制作成1.6米高的笋状大粽。大粽须蒸煮四天四夜，再用金箔纸包裹，贴上吉祥纸花。此外，当地村民还要包上百个指头大小的公母小粽，挂在大粽尖端。

每年农历二月十三大粽出游，神铳鸣锣开道，两棚大粽、龙凤旗、花灯、古事棚等列队沿着田间小路、村中巷道游行，一路吹打，浩浩荡荡。大粽有一公一母，游行时公在左，母在右。游行完毕，四邻妇女到"福"手家（制作大粽的家庭）讨小粽，想生男孩讨公粽吃，想生女孩讨母粽吃，大粽则分给村民酿酒，家家由此开始备酒闹春耕，准备夺取夏粮丰收。据传，掺杂游过的大粽米酿出的酒，醇香扑鼻，酒劲十足。

制作一个大粽需要36公斤糯米，公粽粽底直径为55厘米，高1.8米，母粽粽底直径为60厘米，高1.6米。制作一个大粽大约需5200片粽叶，粽叶用尼龙线串起来，然后像做衣服一样将糯米包裹起来。由于粽子很大，难于熟透，一般将蒸熟的糯米包入粽心。

从农历二月初五至初八用尼龙线缝制"粽衣"，在农历二月初九早上将大粽包好，在中午时把大粽放进锅里蒸，并蒸到农历二月十二早上。蒸好的大粽经过"打扮"，在农历二月十三才能正式出场，此时，经过装饰的大粽重达76公斤，再加上大粽架子的重量，抬出去游行的大粽约有90公斤，一般由4个壮汉抬着游行。

公粽和母粽的制作要分别在两户人家中进行，这样做的目的，一是为了防止大粽在未成形之前相粘连，毁坏大粽的形象；二是大粽是村民心中的吉祥物，轮流放在不同村民的家中蒸煮，就能给所有村民带来吉祥和好运。蒸好的公粽和母粽只有经过"梳妆打扮"，才能正式"联姻"结伴出行。

在当地村民心中，大粽是吉祥物，是成熟"种子"的象征，"游大粽"的组织者一般都会将大粽分到每家每户，村民则将"粽子"撒向田间，祈祷在新的一年里"风调雨顺、五谷丰登"。

（四）浦北舞青龙

据了解，每年农历八月十五晚上，广西浦北县乐民镇都举行隆重的舞青龙活动，并且已成为当地一个独具特色、隆重而热烈的传统节日，具有鲜明浓郁的地方民俗色彩。当地群众在乐民镇东、西、南、北、新区五条街各制作一条青龙，龙身用香蕉叶扎制而成，龙身长几十至一百米不等，每条龙可容纳一二百人，并配有锣鼓、唢呐等敲打伴奏。傍晚起龙时，每条街有上千人或举龙或举火伴随，青龙一到，沿街的居民都燃放爆竹、香火迎接青龙，五条青龙在各条街道交叉飞舞，持续三个多小时，蔚为壮观。最后，大家分龙筋、吃龙粥，在城郊举行"化龙升天"仪式，祈求万福平安。

图 5-7
舞青龙
（图片来源：黄宗焕 摄）

（五）跳岭头

桂东南地区的客家人保留着跳岭头的传统习俗，被列为广西壮族自治区非物质文化遗产。每年农历八月十一至十四，各地都会有举办跳岭头活动的习惯，跳岭头节期间主人家会同邻里乡亲大办宴席，凡是经过该村落的客人无论认识与否，都可以免费入席吃饭、喝酒，举办方都会热情招待。一旦入夜，村民汇集到公共祭祀的地方观看跳岭头表演，场地热闹非凡，表演持续响鼓两天，其间表演人员轮番上阵，戴着鬼神面具，演绎着流传下来的神话故事，表达客家人对鬼神的敬畏之情。

图 5-8　广西浦北县跳岭头活动
（图片来源：黄宗焕 摄）

（六）宁都游扛灯

每年元宵节，江西省宁都县石上镇游家坊村都会上演"扛灯"的传统新春民俗活动。当地村民与各地游客相聚一起，通过游扛灯，共庆元宵佳节，期盼美好生活。"扛灯"是一种大型花灯，共有四层，高约 1.8 米，外壁有"五谷丰登""国泰民安"等祈福寓意文字和图案，内部裱有神话故事人物、古代才子佳人、花鸟动物等图案的精美剪纸。当夜幕降临，将扛灯内 20 多只油碗灯芯全部点亮，整

图 5-9　游扛灯

个扛灯便会呈现出一幅幅美轮美奂的动人画面。伴随着锣鼓声响，村民扛着花灯走村串户，游走在街头巷尾，每经过一户村民家门，村民都会燃放鞭炮迎接祈福，热闹非凡。

（七）龙舞（香火龙）

龙舞（香火龙）是广东南雄地区一种独特的民间舞龙艺术，约有300多年历史，主要流传于南雄市百顺镇一带。舞香火龙是当地每年的元宵佳节或其他重大庆典活动期间的重要节目。

龙体用竹篾扎成龙的骨架，再配以稻草扎制而成。公龙、母龙各一条，公龙长9.9米，母龙长9米，龙身直径6至15厘米，由头向尾渐细。每条龙重约29公斤，龙身肚部分插入长约90厘米的撑杆，为舞龙者手持，公龙插7根，母龙插6根。龙珠以红布扎制而成，一头插举撑杆一根。表演前，在草龙身上遍插点燃的香，公龙插1800根，母龙插1600根。为保证尽可能长的表演时间，需要有16—18人同时燃香插香，一个插点一般插六根香，呈放射状，单独看似梅花开放。

舞香火龙只在晚上表演，队伍一般由20人组成，7人舞公龙，6人舞母龙，1人为擎珠者舞龙珠，还有7至8人的伴奏乐队。表演时，首先由"龙珠"引路，逗引双龙入场。舞龙者双手举着火龙，脚下踩着"龙、虾"步法，接着按顺序表演套路舞动火龙。在夜幕中，由点点香火装扮而成的龙身金光闪闪，左右摆动，上下翻滚，动作流畅、迅捷，香火缭绕，极富观赏性。基本套路依次为"火龙拜门""双龙戏珠""双龙出海""龙尾对舞""跳跃龙门""云游四海"。

图 5-10
龙舞（香火龙）
（图片来源：广东省文化馆）

龙舞（香火龙）历史悠久，是粤北民间舞蹈表演艺术缩影，对研究我国南方民间舞蹈艺术的发展及民俗风情具有重要的参考价值。龙舞（香火龙）已于2011年入选第三批国家级非物质文化遗产名录。

(八) 狮舞 (席狮舞)

席狮舞也称"打席狮"，是广东梅州市梅江区城郊民间特有的一种传统舞蹈形式，属当地客家人在丧礼中做佛事时的重要表演项目，与佛教在粤东客家地区的流传有密切关系。

早在唐代文宗太和年间，佛教即传入古梅州地区，后被称为香花佛教，佛事活动就称为香花佛事。因客家人喜爱舞狮，僧尼便在民间的丧礼道场中，引入舞狮配合禅器敲击，席狮舞就在香花佛事中逐渐衍化为一种独特的舞蹈形式。

席狮舞表演的一大特色是以一张草席扮狮，而且是在舞蹈开始时，由一人即时将草席卷为长筒状，并在上端反复绕成"∞"形作为狮头，下部作为狮被，随即将狮子披在身上，作为席狮的扮演者起舞；另一人则一手拿长命草作"青"，一手持扇伴舞。表演的主要动作有狮摆头、狮脖伸缩、蹲狮、卧狮、摇扇跳步、逗狮退步等，节拍比较自由；还有引狮、出狮、舞狮、偷青、抢青、逗狮、入狮等程式和套路。整个舞蹈似狮非狮，即道具造型不像狮，而表演却酷似狮，达到了神似的效果。

席狮舞具有浓厚的梅州客家地区特色，其作为香花佛事中一项特殊活动，在民间丧礼习俗中有着特殊功能，表现形式也甚为独特，对佛教传播、人生礼俗、社会心理和狮舞流变的研究，都具有重要的历史价值。2008年入选第二批国家级非物质文化遗产名录。

（九）龙舞（埔寨火龙）

龙舞（埔寨火龙）是广东梅州市丰顺县埔寨镇村民闹元宵的传统民间舞蹈，据《丰顺县志》记载，清乾隆六年（1741），埔寨就有表演火龙舞蹈的习俗。

埔寨火龙起源于一个大义灭亲的民间传说。相传古时东海龙王的孙子浊龙，在埔寨一带无恶不作，残害百姓，青风公主奉老龙王之命，用屠龙宝剑处死了侄儿浊龙，为民除了大害，当地村民感念公主的大恩大德，便用竹篾

图 5-11　龙舞（埔寨火龙）
（图片来源：广东省文化馆）

稻草扎成"金龙"，并安插上爆竹香火，于元宵节燃舞，寓意金龙降临，保佑人间风调雨顺。后来便衍化为长达35米并填装了各式烟花，且能张嘴、吐珠、躬身、摇尾、喷火的火龙。

整个表演由燃放禹门、烧烟架、舞火龙三个部分组成，有火缆队、喜炮队、龙灯队、鼓乐队，共100多人参加。先是几十个青年赤膊挥舞火炬绕场三圈，举行"金龙出洞"仪式；接着是点燃大禹治水的"禹门"，高大的门框立即喷吐出"鲤鱼跳龙门"的烟花胜景；再接着是烧烟架，分层叠景且高达10多米的架上，当即展现出"大闹天宫""蜈蚣吐珠""菊花盛会"等烟花奇观；最后，由20多位赤膊壮汉手擎火龙正式登场，在绣球的引逗下绕场舞动，龙身两边火缆挥舞，金鲤、龙虾、鳌鱼等各式龙灯竞相伴随。由村中德高望重的长者"点龙"，霎时，龙口吐出串串金珠，龙身喷出缤纷焰火，火龙蜿蜒飞舞，动作古朴典雅、粗犷雄浑，一时间啸声大作，箭火频发，流星漫天，铳炮、鞭炮、鼓乐齐鸣，构成一个声光强烈、情境壮观、群情欢腾的盛大场面。

埔寨镇因火龙而闻名海内外，先后被省文化厅授予"广东省民族民间艺术之乡"、文化部（现文化和旅游部）授予"中国民族民间艺术之乡"称号，龙舞（埔寨火龙）也于2008年被选入第二批国家级非物质文化遗产名录。

埔寨火龙是民间传说和风俗相结合的产物，更是我国古老的焰火技艺和龙舞相融合的独特文化创造，也是人本思想和善恶观念的形象表达。龙舞和龙文化在岭南客家地区的流变和发展，具有宝贵的研究价值。

(十)灯彩(忠信花灯)

广东河源市连平县传统赏灯习俗中的忠信花灯,已有200多年历史,清雍正年间的《连平州志》即有"上元喜簇花灯"之记载,民间尚存有清代的花灯纹样印版,现分布于忠信、油溪、高莞等6个乡镇。

忠信花灯以笏竹、苗竹和红、绿、白等彩纸为主要材料,以扎、钻、刻、剪、印、画、糊、裱等手工技艺制作而成,分缭丝灯和参灯两大类,以缭丝灯为代表。缭丝灯一般高五尺,宽三尺,为八角柱式造型。结构有内外两层,外层有角柱和古楼式环形回廊,为花纹的主要装饰区;内层分八面,有矩形和方形花格,为图案主要装饰区,内核还置有带旋转风车的走马灯。从灯盖、灯身到灯裙,均以刻剪的图案花纹装饰为特色,有大花、青头龙花、彩门花、花

图 5-12
灯彩(忠信花灯)
(图片来源:广东省文化馆)

角花、钳口花、花盘花、柱墩花等，图案有嫦娥奔月、八仙过海等神话传说，花纹有金童玉女、龙凤呈祥、梅花芙蓉等象征喜庆吉祥的纹样。每个角上还饰有红色灯带，上题诗词和对联。晚上点亮转动的走马灯，灯身即呈现一格一景，流光溢彩，美轮美奂。

忠信花灯集多种手工技艺于一身，融神话、传说、诗词、对联、书画于一体，在咫尺方圆之间构建出一个多彩的艺术空间，既具观赏性，又有丰富的精神内涵，是民间元宵活动的一道绚丽景观，也是当地客家人生日吊灯习俗的主要载体。

灯彩（忠信花灯）已于2011年被选入第三批国家级非物质文化遗产名录。

（十一）赣南客家灯彩文化

赣南客家灯彩文化是赣南客家文化的重要组成部分。灯歌体现了方言文化，灯彩活动的产生和发展体现了赣南客家民俗文化、宗族文化、服饰文化、民间技艺等多种文化，是赣南客家多种文化的综合体。

"中原龙灯图腾出，客家灯彩灯歌殊，灯歌乐舞同台演，舞起灯彩换旧符。进厅堂、拜灶神，满堂灯彩送祝福。迎进灯彩丁财旺，步步高升到京都。"这是一段流传在赣南客家人当中，关于表现灯彩热闹场景的灯词。赣南客家灯彩民俗历史悠久，起源于南唐公元953年，是一种灯游之戏。在赣南客家方言里"灯"谐音"丁"，意指"人丁兴旺"，"彩"谐音"财"，表示"五谷丰登，财源广进"。赣南民间自古就有"事事当中有规矩，样样规矩不离灯"的说法。尤其是每年春节期间，从初一到十五是灯彩表演最为集中的时候。

在赣州市所辖的各县市，都有丰富的灯彩表演活动。目前以石城灯彩和赣县灯彩表演种类最多、最为典型。石城灯彩已被列为国家级非物质文化遗产。而赣县田村花灯制作技艺也已被列入江西省第三批省级非物质文化遗产名录。

赣南客家灯彩的道具是用色纸、毛竹、铁丝、木板等材料制成，其形状模仿动物、器物、人物，以及图腾、神灵等，利用编、扎、画、剪、糊、刻、贴、染等传统技艺制作而成，有龙灯、蛇灯、鲤鱼灯、蚌壳灯、船灯、马灯、荷叶灯、茶篮灯、麒麟灯、金鸡灯、云灯等多种表现形式。这些灯具通过表演者的演绎，与当地客家民歌、山歌、民间舞蹈巧妙融合，传达出节日的喜庆、丰收的喜悦，表达了人们祈求平安祥和、风调雨顺、人丁兴旺的美好愿望。灯彩表演多在以村落、庙会、宗族等为单位的灯会上进行。表演场地则不受拘束，有百姓日常生活的房前屋后、田间地头、操场、祠堂、集市，也有大型活动的舞台等。表演形式丰富多样，同一地区的不同乡镇都有自己的独特表演特点。

表 5-2 赣南客家灯彩民俗体育表演项目分布情况

地区	项目
章贡及赣县	春灯、龙灯、花灯、摆字灯、茶盏灯、花鼓灯、蛇灯、狮灯、麒麟狮象灯、鲤鱼灯、马灯、春牛灯、云灯、排灯、桥帮灯
于都	龙灯、蛇灯、狮灯、鲤鱼灯、马灯、云灯、牛灯、八宝灯、蚌壳灯、船灯、鸡公灯、茶篮灯、花篮灯、花灯、马子灯、桥帮灯
宁都	龙灯、狮灯、鲤鱼灯、马灯、船灯、五星灯、杠灯、担灯、桥帮灯
石城	麒麟送子灯、盾牌马灯、船灯、鲤鱼船灯、采桑灯、云灯、荷花灯、葵花灯、茶篮灯、花灯、龙灯、凤凰灯、桥帮灯
南康	麒麟狮象灯、马灯、凤灯、采茶灯、摆字灯、鲤鱼灯
信丰	走马灯、花灯

续表

地区	项目
瑞金	龙灯、马灯、驯马灯、鸡婆灯、八仙灯、车灯、三盏灯、船灯、扇形灯、花鼓灯、花灯、茶篮灯、鸡公灯、桥帮灯
大余	鲤鱼灯、走马灯
龙南	鲤鱼灯、蚌壳灯、走马灯、花灯、猴灯、车马灯、跳蚤灯
定南	马灯、龙灯
全南	车马灯、马子灯、鲤鱼灯、跳蚤灯
上犹	龙灯、狮灯、九狮拜象灯、采茶灯、马灯、花灯、排灯、茶篮灯、蚌壳灯
崇义	狮子灯、马子灯、麒麟灯、猴灯、蛇灯
寻乌	龙灯、马灯、蚌壳灯、船灯、花灯、十二景灯
安远	车马灯、鲤鱼灯、花灯、花鼓灯、蚌壳灯、茶篮灯
会昌	龙灯、狮灯、鲤鱼灯、马灯、蚌壳灯、车灯、船灯、摆字灯、茶篮灯、花灯

另外客家传统村落还保存着一些独特的民俗，如：

1. 对歌

以前客家人主要的娱乐生活就是唱山歌，客家山歌拥有几种基本的经典调腔版，但内容极其丰富，有叙事式或对话式，更多的是情歌对唱，当然也有俏皮逗乐的歌，自由发挥，即兴而创，因此，客家山歌一般都是在山间劳作时，为放松情绪、排除疲劳才唱的，故称山歌。在茫茫的大山中，常常是不见人影，但闻歌声，男腔女调，尽情放歌，山风飘送，山高水远，无边无际，十分动人。

2. 捡等路

客家人走亲访友，特别是妇女回娘家，都会准备些礼物，一般都是自产的瓜果或自制米粄、发糕及鸡蛋之类的东西，方言称"等路"，谁家有客人来，左邻右舍，特别是孩子，都会跑过来捡等路，那热闹的场面洋溢着暖暖的情意。

3. 慈母点灯

"瘦地种松柏，家贫子读书"，客家人历来尚读，认为读书是最好的出路，就是再穷再苦，都要供子女读书，父母心意，如灯盏之辉，尽管微暗也要照亮孩子的前程。

4. 土地母亲

"娶妻当娶客家女"，质朴善良、勤劳节俭的客家妇女，具有泥土一般柔韧的性格和温暖的母性，像土地一样孕育万千生命的蓬勃。千百年来，她们辛勤地耕耘着每一寸希望，为客家族群和客家文化的兴起发展真正起到了半边天的作用。

5. 戽水

客家人也敬神，还奉起了"田头伯公"（客家崇信伯公神灵），但天不下雨，求也没用，河水也不会自己上岸，他们最相信的还是自己勤劳的双手。

6. 月光光

"月光光、秀才郎，骑白马，过莲塘……""月光光、照四方，船来等、轿来扛……"千百年来，一首首脍炙人口的客家童谣，在皎洁的月光下传唱，歌声像故乡流淌的溪水，浸润了多少人童年的心。

7. 讲古

阿公的"讲古"里，总是有说不完的故事，讲祖上迁徙的传说，祠堂前竖立的功名旗杆，也讲才子宋湘、李文古和三斤狗的故事，更讲劝人向上、为人处世的道理。

8. 端猪红

客家人有很多习俗都能体现"和亲睦邻"的观念，端猪红便是一例。不管谁家杀猪，主家都会把一碗碗香喷喷的猪红分送给左邻右舍，然后请各家的长者前来吃顿饭，于是大家都能分享到那种快乐，十分惬意。

9. 燕子入屋家有福

老古言语道："燕子入屋家有福，捅燕窝、伤燕子会遭衰运。"可见生态保护是客家人古来有之的观念。

10. 偿酒

闻名遐迩的客家娘酒，其制作工艺也很特别，其中最后一道叫"炽酒"，将娘酒原瓮置于露天空地上，在其周围点燃谷糠、锯末等燃料，用这种文火烤炽的酒既可去除湿气，又可使娘酒更加香醇。酒炽好后，主家都要当场开瓮打酒，请左邻右舍，尤其是有经验的长者过来偿酒，希望在大家的品评中学到更多。

11. 补锅头

客家人节俭，锅破了，补补再用，于是就有了"补锅头"的行业。补锅人很辛苦，风风雨雨，走村串户，起炉火，推风箱，满面汗水，锅底煤灰一抹黑，好在大家都热情，倒茶水、送米菜，连小孩子都搬椅搬凳，补锅师傅也"会出门"千恩万谢，嘴巴甜，伯母长、大嫂短，手艺更好，补的锅平又滑。

12. 放车筒

围龙老屋门口有一个水塘，孩子们常往水塘"放车筒"，截一段麻竹来，捅穿竹节，唯留一底，往里放些蚯蚓，然后沉进塘底用石头压住，几天后再捞起来，虾公老蟹、黄鳝鲫鱼等活蹦乱跳，收获颇丰。

13. 砻谷

要将谷子变成米，就要去砻谷。砻是客家一种传统的粮食脱壳工具，由竹丝编形、内填红土夯实，上面旋转的为盘，固定的为座，交接处多有竹齿，用以碎谷脱壳，使用时以长木钩推转可省力，速度宜快勿慢，可使谷壳分离匀称、米粒不碎。

14. 放米

要使谷糠与米粒分离出来，就要放米，放米的工具叫风车，纯木质结构，利用手摇风力原理去除尘土和谷糠，风车的前斗出精谷（或米）、二斗出瘪谷（或糠）、尾口出尘土杂碎之物，分类有序。

15. 磨豆腐

客家人逢年过节都要蒸粄磨豆腐，这些都离不开石磨，石磨是用麻石刻置而成的粮食碾磨工具，外形原理与砻相似，主要用于磨浆。著名的客家豆腐和发粄、味窖粄就是这样磨出来的。与砻一样，使用时配用木钩可省力，而速度则宜慢勿快，磨出的豆浆或米浆才细嫩滑腻。

16. 踏粄

碓是客家传统的一种舂米工具，木质结架，末端有一石臼，装盛粮食，碓头包铁，另一端是踏板，上有扶架，使用时可扶手，配合脚用力踩踏，就这样利用杠杆原理舂米成粉，客家人过年必备的年糕就是这样打制出来的。

第三节
客家传统村落的宗教文化

客家是一个具有显著特征的汉族分支族群，也是汉族在世界上分布范围广阔、影响深远的民系之一。从西晋永嘉之乱开始，战争频繁，政治动乱，刑罚严苛，客家先民对动荡的社会产生消极的情感，被迫向南迁徙。在迁徙的过程中，士族群体消极避世的思想与日俱增，社会盛行"谈玄理，说鬼神"之风。战乱和动荡，使得当时的社会变成现实的地狱，令人越来越不足留恋，无论是士族，还是普通百姓，都祈求精神上的寄托与神的庇护，这就为各种宗教活动和形形色色的民间信仰的发生、发展提供了肥沃的土壤。客家人的信仰与当地的土著信仰相结合，由此产生了丰富多彩的宗教文化。

一、宗教信仰

（一）客家信仰通神崇拜

客家信仰的神灵真可谓"满天神佛"。既有"正宗嫡传"，更有各路神灵。对神的崇信，是客家民间的普遍信仰。除了大大小小的寺庙外，各家也都置有神案佛龛，供奉家中的守护神。旧时客家人外出，见庙就上香、见神就拜的现象很普遍。一遇急难，更是祈神护佑，晨昏烧香不息。每逢岁时、节令或神诞日，动辄全村出动。男女老少，进庙祭拜，抬着神像沿村巡行，这种对神的狂热信仰，并非单纯个人行为，而是世代传袭下来的，它能充分反映客家人群体的心理基础、文化层次与价值取向。通神崇拜是客家文化的重要特征之一。客家人社会的信仰是多元的，无论是传统的，还是外来的，都能因时因地对信仰的内容与形式加以适当改造，以适应客家人的"口味"，做到"为我所用"。所以，在客家民间真正虔诚的某种教徒数量并不多，客家人多是杂神信仰者。这种杂神信仰，反映到寺庙供奉上，则常可在同一寺庙中，见到佛门的菩萨、罗汉，道家的仙师、鬼神，跟祖先亡魂、地方神明和平共处，悠然自得地共享客家人香火。

（二）客家人供奉各路神灵

1. 观音崇拜

客家地区大小寺庙的正殿供奉的虽说是佛祖释迦牟尼及佛教系统的神明，但在民间主宰客家人心灵的，却不是佛祖，而是"大慈大悲，普度众生"的观音菩萨。寺庙里供奉观音自不必说，很多人家的厅堂里，都供有观音的雕像或画像。对观音的崇拜几乎遍及各村各户，人们认为观音最能倾听人世间悲哀的声音，具有大慈大悲的心怀，能够保护贫病困苦的百姓，引渡有罪孽和做错事的人走向光明。因此，客家人对观音的顶礼膜拜最盛。

2. 道教信仰

道教对客家人影响至深，稍有钱财的客家人，遇有丧事，既请僧人做法事，又请天师做道场，佛道共同超度亡魂。当然，也有的只请僧人或只请天师的。在客家人供奉的众多神灵中，属道教鬼神体系的居多，如玉皇大帝、三官大帝（天官、地官、水官）、城隍、后土（守护坟墓之土地神）、土地伯公（多在村头、田头，守护山林川泽之神）、关帝、神农大帝（主五谷丰登之神）、玄天大帝（攘除火灾）、门神、财神、灶神、注生娘、千里眼、顺风耳等，不一而足。除传统的佛、道信仰外，18世纪以来开始从西洋传入的基督教、天主教，在客地也有布道，但其信徒人数远远不及佛道两家。

3. 妈祖信仰

道教信仰中最典型的当属妈祖信仰。这一信仰遍布我国沿海各省和台湾岛内，以及东南亚、日本、美国、法国等地。可以说，但凡有华人的商埠、港口就有妈祖信仰。妈祖，又称"天后"，是掌管海上航行的女神，其祖庙建在福建湄洲岛。她给浙、闽、粤的渔民、移民以安全感和进取心，民间奉之为救苦救难的海神。这一信仰伴随着航海者、渔民、移民的足迹传播到海外。闽西客家住地，天后庙几乎各村都有。在广东，客家腹地兴宁梅县一带，天后庙不多见，而在沿海的客住地却有数不清的大小天后庙，深圳、香港一带就是如此。台湾岛内的客家人更不必说，仅从一个岛内就有500多座天后庙即可见一斑。平日，天后庙里就香火不断，逢农历三月二十三妈祖诞辰日，其庆诞活动更是大张旗鼓。香港元朗大树下的天后庙以客家人为主体举行的如抢花炮、巡行、祭祀演剧等祭祀活动，近30年规模越来越大，规格越来越高，已成为闻名香港的"元朗会景"。妈祖信仰，现已形成国际性的妈祖文化，成为连接世界华人的文化纽带。

4. 文武二帝

客家人特别重视读书，一些贫困之家，为了能供出一个读书人，砸锅卖铁也心甘情愿。读书即为做官，客家男子视此为出人头地、光宗耀祖的必由之路。所以在客家地区，一般都建有文庙，供奉文（孔丘）武（关羽）二帝。也有称文武庙的，例如福建连城的培田村。孔夫子是儒家之祖，"删诗书，定礼乐，赞周易，修春秋，以传先王之道"。客家人视之为保佑登科中第的最高神明，因而供为文帝。关羽，这位三国时代蜀国的著名武将，为什么也被请进文庙，从而与科举制度相连起来呢？科举分文武两科，考武科的也得读书，只习武不读书，便只是一介武夫。关羽是文武结合的典范，他勇武精神、高风亮节，便被民间编织成完美的神灵并大加崇信。客家社会崇尚读书做官，文官是官，武官也是官。文官治国，武官护国，文武之官护佑着国泰民安。当然，供奉关帝的，不单有读书人，客家人的商场店铺甚至村落，也有不少为关帝设置神坛。

5. 惭愧祖师

惭愧祖师又称荫林祖师，原型为唐代福建沙县人，俗姓潘，名

客家传统村落

图 5-13
惭愧祖师

了拳，是佛教得道高僧，在粤东游历，阴那山修道。惭愧祖师成佛后，神通广大，有求必应，行仁赐福，兴神助战，功勋卓著。他英名远播，四海人民皆敬奉，备受人间崇拜。梅州灵光寺在唐代懿宗咸通年间，各方信士感恩于惭愧祖师之惠泽，纷纷前来朝拜祈福，遂香火旺盛绵延，同时香火也分灵各地，扬名海外，惠泽佑护天下苍生。历经沧桑，香火供养，千百年来，历久不衰，流传至今。

闽粤客家地区主祀惭愧祖师的寺庙有很多，比较著名的有福建省沙县的报恩寺，永定的乐真寺、双水庙、圣福堂，南靖县的罗山寺和广东省梅州市境内的灵光寺、灵觉寺、龙安寺、翠竹庵、清泉庵、宁迹宫、高漈寺、洪宝寺、万福寺、清水寺、清泉寺、东龙寺、灵岩寺、宝月寺等。就寺庙的地位、性质而言，大致可分为三种类型。第一种类型是惭愧祖师信仰缘起的祖庙，以福建省沙县报恩寺和广东省梅州阴那山灵光寺为代表。第二种类型是台湾惭愧祖师信仰的福建祖庙，以福建永定乐真寺和南靖县罗山寺为代表。第三种类型是多个村落共建的中心村庙。以福建永定的双水庙、圣福堂和广东省大埔县的龙安寺为代表。

惭愧祖师信仰在台湾的传播，主要集中在台湾中部丘陵地带的南投县。有学者估计，台湾供奉惭愧祖师的地方公庙、部分民宅公神及私人神坛，约85处，其中南投县一地就占了67座。①

在众多的寺庙神坛中，南投县中寮村的长安寺、内辘的庆福寺、鹿谷村的灵凤庙最为引人注目。

6. 祖先崇拜

所谓祖先，有两个含义：其一，是指狭义的祖先，即与本宗族有血缘关系的直系祖先；其二，是广义的祖先，即历史上出现过的有作为、有贡献的客家人，被后人作为神明崇拜。

（1）列祖列宗，客家人是个极看重宗族的民系，对列祖列宗，一生都怀有崇拜敬畏之情。所以，每个客家人宗族都建有祠堂，供奉祖宗神位敬献香火。而且客家人在自己的住所，也设有祖宗牌位。客家人的堂号、堂联，可谓"微型族谱"。堂号，一般是表明家族发祥地或望出地；堂联，则多叙述祖先功德、官爵地位及兴盛时代等。每到除夕，客家人将书有堂号的大红灯笼悬于门前，将堂联贴于大门框上，隆重其事，年复一年，代代相传，让子孙后代不忘宗典。这是祖先崇拜的一种形式。

（2）祖先神化，客地还常常把祖先神明化，有的专门立庙，有的陪其他主神加"祭祀"。台湾屏东竹田乡、新竹新埔镇、桃园中坜市、苗栗县苗栗镇等地，在住地筑有供奉义民爷的庙宇，大多号

---

① 刘大可.闽粤台客家惭愧祖师信仰的互动发展与文化认同：田野调查与文献记载的比较[J].世界宗教研究，2018（2）：97–112.

称"褒忠祠"或"义民庙"。这里所说的"义民",一般指的是阵亡的客家军民。香港新界客家人村落有不少以"英雄祠""英勇祠"等命名的寺庙,大多是为祭祀那些在移民、开拓、械斗的过程中,为了客家利益而死难的英灵。新界米埔陇村的仙师庙,原神位上供奉着"三十六仙师"。所谓"三十六",只是象征性的,以示众多未留姓名的英灵。人们将英灵神化,并为"仙师"配上陪神,"仙师庙"就俨然成为像模像样的神庙了。广东丰顺县的横江有个"法青公庙"。法青公,即张法星。相传他有道术,后因与三山国王斗法,不分胜负。最后双方议和,在横江为其立庙,并在三山祖庙中三山神让居座左,由乡人合祀。法青公虽为道人,但他也被乡里人神化当作祖先来崇拜了。客家人的祖先崇拜,往往又与当地的地方神、乡土神交织在一起。祖先的神灵保佑这一方诚奉的子子孙孙。

(3)民间信仰。客家人的民间信仰,充分表现出多神崇拜和偶像崇拜的色彩。这些地方神与乡土神的威力,除妈祖的信仰覆盖面较广外,大多数的神灵辐射范围都有限,小的只是某个村庄,大的也不过方圆数里。

7. 山丘神明(三山国王)

广东海陆丰、潮汕地区普遍敬奉三山国王。三山国王,是广东潮汕地区揭西县境内独山、明山、巾山三山之山神。因屡屡显灵,护国庇民,隋、唐、宋、元、明、清历代朝廷迭有赐封。"凡有水旱疾疫灾难求解者,无不应验,地方奉为福神"。这是自然山丘的神明化。可能因客家人是"逢山必住客"的山民族群,他们自然会崇拜山神。与潮州比邻的大埔、丰顺、揭西等县的客家,也普遍接受了三山国王信仰。这种区域性的神灵,更被离乡背井的客家游子视为守护神,

图 5-14
三山国王

"泮坑公王保外乡"的俗语常常挂在梅州籍老一辈海内外客家人嘴边。泮坑公王，就是梅县泮坑公王庙里供奉的三山国王。这里代代相传的是，泮坑公王对于漂泊异乡的客家人格外加以保护，"保外乡"的说法使之富有侨乡的独特色彩。梅县一带的侨眷思念亲人的一种表达方式，就是为三山国王上香，以求公王保佑海外亲人平安、发财。而有幸得以还乡探亲或在乡终老的华侨，也要上庙还愿酬谢公王，答谢神恩。可以说，泮坑公王信仰是海外客籍侨胞与国内侨眷之间无尽相思的一种感情寄托。三山国王既然"保外乡"，身在"外乡"的客家人也当然供奉三山国王。移民到香港的客家人在九龙半岛的牛池湾、竹园、茜草湾，离岛地区的南丫岛，大屿的东涌等地修有三山国王庙。中国台湾、新加坡等地区的客家移民也同样敬奉三山国王，并视之为自身的保护神，庙宇的建筑一般都很雄伟。

8. 地方神明

（1）龙源公王。在赣闽粤三省交界的松源，筑有"龙源宫"，供奉龙源公王，三省九县方圆几百里的客家人无不瞻仰膜拜。所谓龙源公王，指的是福建省武平县象洞钟氏三兄弟，友文、友武、友勇。据传，友文、友勇二人为宋英宗时进士，神宗时，友武亦登进士。三人俱参与王安石变法，后被罢职归田，相继而逝。宋徽宗时，三兄弟"显灵"灭五凤楼火；后金人入侵，又"显灵"助战败金兵。朝廷感其迭次显灵救驾，功勋卓著，遂"敕封龙源助国公王"。三兄弟事母至孝，事国精忠，人们遂兴建"龙源宫"庙以奉祀。后来的一次水灾，公王塑像不幸冲至粤北松源河边、圆岭山麓下，幸被渔民打捞上来，本想送返象洞，无奈搬移不动，又观其屡屡"显灵"，便募资就地起庙。此后，三省九县客家人均到此地进香，逢年过节，把公王像抬到各村巡游，祈求庇护。这种地方性神明崇拜，可以说是由广义的祖先崇拜发展而来的。广东丰顺县的三山祖庙，是当地规模最壮观的庙宇，主要供奉三山国王，同时还供奉佛、道等各路神像60尊。其中，还有被丰顺县六约各乡（狮头约、马路约、南山约、龙潭约、员埔约、象门约）供奉的乡土神灵——韩指挥大使、张木坑公王和大王爷奶。前二尊神，据传是宋代时奉旨诣庙赐封的官员。他们来到此地后，见当地山明水秀、风俗清英。且有三山化作常人，招待周到，大有宾至如归之感。二位官员于是特地在庙旁建公署，老于此乡，葬于庙后。乡人于是将他们也请入庙中，与龙源公王一并供奉。每逢新年初二早上，韩指挥大使与木坑爷的神像也被乡民抬出巡游六约各乡。所到之处，乡民必沐浴盛装，备三牲果品、猪羊纸宝虔诚跪拜。

（2）大王爷奶。相传一韩姓女子在拜三山国王时曾许愿：如能嫁给一个如大王爷的白面书生，则三生有幸。果如其所愿，该女子在拔"黄花梦"草时，被摄至大庙后殿，变成大王爷奶。每当王爷出游，经过韩姓村落时，村民都以其降临，引为无上光荣。其他村民备好三牲祭品，在人拜大庙之前，莫敢取食，唯韩姓例外，因其为王爷之丈人家的族人，身份有别。前文谈及的祖先崇拜的"义民爷""仙师"等也同为当地的乡土之神。客地村落中供奉着的乡土神，其中不少神灵后人已说不出其来历，只是依时上香，求其神恩浩荡。

（3）许真君信仰。许真君是江西的"福主"，许真君信仰遍布整个江西，其庙会的主要程序包括出游、打醮、祭拜和演戏等民俗活动，这些颇具特色的民俗活动已成为江西民俗文化的重要组成部分。李晓文根据赣南万寿宫（许真君庙）的数量和分布探讨了许真君在赣南的发展和传播，并深入研究了许真君信仰与赣南客家文化的关系。[①]

许真君信仰传入赣南后，在官民的渲染下，除了能降妖治水外，还是忠孝的代表，正义的化身。朝拜许真君，赣南客家人受到了深刻的思想洗礼，对民众的生活产生了重要影响。此外，净明道道士还把许真君奉为本教派祖师，许真君信仰在赣南的兴盛，对于道教净明派在赣南的发展与传道奠定了良好的基础，所以明清时期，赣南除有正一、全真两大道派外，还有净明忠孝道在此盛传，并建有净明院。

（三）天地万物皆有灵

客家人的信仰习俗虽然是一代代传承下来的，但这种传承并不是一成不变的，随着客家人的生活、生产客观条件的改变，随着社

[①] 李晓文. 赣南客家地区许真君信仰研究[D]. 赣州：赣南师范学院，2007.

会的发展，民间信仰的内容、形式也随之变化，神灵的功能也会随之调整，以适应客家人信仰上的需要。客家信仰习俗中，改造各路神仙为我所用的本事特别大。客家人家中遇有丧事，有钱人往往要延请僧人在家中或寺庙里为死者"做佛事"，以"超度鬼魂"，做的时间有一夜、一日两夜、三日四夜、七日八夜不等。荐亡仪式多而复杂，有诸如"起坛""发关""把经""安更""安幡""接佛""上供""十王过堪""劝善歌""完忏""度孤""打莲池""缴钱""送神""偈子""算空亡"等。

广东梅县客家把这种活动叫作"香花佛事"，而梅县现行的"香花"度亡之典，是兴宁何南风将佛教度亡经典与客家风俗相结合，以后又在实践中不断改造而成的。例如改造后的"香花"，加进了"铙钹花"这一仪式。"铙钹花"是客家地区的民间表演艺术节目，有上中下三段表演程式，共108种花样。香港元朗河流域的辋井围，是个半农半渔的客家村庄，位于后海湾岬角的顶端，故而这一带很难打出淡水井。清初，"迁海复界"时的客家移民来此后，好不容易打出一口淡水井（荆井），又建起了辋井围，并开垦了这片土地。水井成为村民的生活命脉。为感谢上天的恩赐，祈求保护这口淡水井，村民建起了合祀玄帝与关公的玄关二帝庙。这一带客家人把玄关二帝视为保护淡水的神灵，对他们的强烈信仰，仅次于对主神观音的崇拜。

香港元朗大树下天后庙中的天后，是客家人移居到这一带后，把她奉为水神。原因在于，元朗河水流经此地，河中的淡水成为村民日常生活的保障。河边有棵枝叶茂密的大树，人们认为河水滋润了大树，是大树带来了淡水，故而在大树下建起了供奉水神的天后庙。深圳市大鹏新区大鹏所城里的天后庙是这一带规模最大、香火最盛的庙宇，天后除了主司海运平安，本地客家人还为她赋予了庇护产育的功能。殿堂左右两厢的"十二奶娘"等陪神清楚地表明了这点。大鹏所城天后庙的陪神有 7 个男性：天后两旁的顺风耳、千里眼；左厢的转运星官；右厢的车公元帅、劝事、化事、戒事。而女性多达 15 个：左厢有 6 个奶娘与金花夫人、怀孕夫人、麻豆夫人；右厢有 6 个奶娘。这 12 个奶娘及 3 位夫人替天后执行着保护妇女、孕妇、幼儿平安健康的任务。过去，乡村没有妇科、儿科医生，防疫能力差，环境卫生不良，幼儿营养不足，妇女常遭疾病缠身，妇幼死亡率偏高。也许由于此种原因，当地居民就让仁慈的女身妈祖表现出她伟大的母爱，成为妇女、儿童的守护神，又为她配上众奶娘、众夫人助其一臂之力。对天后的奉祀，也包括家里的大事小情，诸如升学求职、婚丧嫁娶等也都要向天后娘娘请示。在这点上，无论是台湾、香港，还是新加坡等海外华人地区亦都如此，妈祖已经成为人们心中全方位的保护神明了。

总之，客家人信仰内容极为庞杂，信仰的心理又极为执着。这是封建宗法制度发展的必然结果，诚如有学者所说，"人们日益按照宗法制度的格局和功能塑造着鬼神世界的面目"，"如此庞大的鬼神世界，从其体系、环节到代表人物竟然完全是现世官僚机器的翻版"。这种鬼神体系同官僚机器毕竟有所不同：后者是欺压百姓的，而前者是保护民众的。求神不求官的民间信仰在很大程度上反映民众的情绪，蕴含着善男信女对美好生活的愿望与追求。历史上客家人由于饱尝战乱饥荒、颠沛流离之苦，感到孤独无助，因此凡能祈安、求福、修身养性的宗教及有保佑现世幸运、长寿、财富、平安、消灾解厄的民间诸神，客家人不问神祇的性质如何，融会贯通于自己的信仰生活中，多神信仰的特征表现得格外突出。

(四）风水术

又称堪舆术，是一种择吉避凶的风俗。客家人崇信风水，每逢婚丧喜庆，盖房子、打灶、挖井、选坟地乃至于修桥筑路等大事，都要请风水先生勘地利，看风水，择良辰吉日。

风水术是随着客家先民的南迁而传入南方地区的。从客家地区风水术士们世代相传的资料中得知，将风水术带入客家地区的主要人物是杨筠松。他是唐末避乱南迁的客家先民，由长安来到赣南以后，就在兴国三僚村隐居下来，寻龙追脉，从事风水术的实践活动，并授徒传术。他继承和发展了风水术中的形法理论，创立了江西形势派。他的主要弟子有曾文辿、刘江东，自从杨筠松在赣南授业传徒之后，风水师就成为客家地区世代相传的职业，杨筠松也因此成了风水术士共同尊奉的祖师，兴国三僚村也就被称为中国风水第一村。

两宋时期，赣南风水术兴盛，名流辈出，这些风水术士不仅在本地颇有名望，而且声名远播，甚至闻达于朝廷，奉诏为朝廷看风水。北京十三陵中长陵的选址设计者廖均卿，就是赣南风水大师。

北宋后期至南宋时期，形势派风水术向福建传播，并从中衍生出一个新的流派——理法派。随后，风水术进一步往粤东粤北等地传播。至明清时期，风水活动已经成为一种风俗，普及于赣闽粤广大客家地区，并随着客家人的漂洋过海而根植于港澳台和东南亚地区。风水观念则作为一种文化积淀深深浸透于客家人的心灵之中。

（五）古朴信仰与农耕文化

土楼客家人在春播时祭祀神灵形成的民间农耕信仰，自明初沿袭至今。土楼民间农耕信仰文化的内容十分丰富，活动千姿百态，最具特色和典型意义的有"百壶祭""犁春牛"和"作大福"。

"百壶祭"，在每年春天的播种季节祭祀天地神灵，敬奉五谷大神，祈求五谷丰登。丰收后，再行祭祀，以酬谢大恩。因以百只鸭子为供品，又称"百鸭祭"或"庆禾祭"。"百壶祭"活动形式及内容日益丰富，发展到现在有蒸酒、摇轿、大戏、木偶、十番和道士做道场等内容。以摇轿比赛为例，其意蕴为摇醒神灵，保佑五谷丰登、黎庶康宁。

"犁春牛"活动的起源可溯及明初。为祈求耕牛健康，人们选择了在立春组织"游春牛"活动。出游的耕牛要用三尺红布缠住犄角，犄角间扎成一朵大红花。巡游时，领队带着游行队伍先到开基祖祠堂点烛、焚香、烧纸、燃放鞭炮，奉敬老祖宗，然后巡游全村。春牛经过之处，各家、店铺都要燃放炮仗迎送，遇有"土地神"的地点，领队要行烧香、鸣炮之礼。

"作大福"是土楼客家人最热闹的民俗活动之一。以农耕为主的人们，为得到一个好收成，便不断祈求神的保佑，春天许愿，秋天入冬时还愿，感谢上苍的保佑，久而久之，就演绎成一种固定仪式。福建永定湖坑镇的客家人每三年在重阳节后都要举行一届"作大福"的民间迎神盛会，热闹非凡。

土楼客家人农耕习俗的核心仪式是依据农业生产的时令祈祷神灵、供奉神灵。例如"二月二"的保苗摇轿祭，是在每年农历二月初二前后3天，正值惊蛰浸种插秧时节。这体现了农耕文明地带的传统民俗与当地原住居民的习俗交融互补，形成一系列民间信仰和民俗仪式。

二、祭祀活动

（一）客家祭祀拜祖文化

客家人从中原迁徙而来，受儒家文化影响深远。古代讲究祭祀，"神不歆非类，民不祀非族"，祭祀是华夏礼典的一部分，更是儒家礼仪中最重要的部分，礼有五经，莫重于祭，是以事神致福。祭祀对象分为三类：天神、地祇、人鬼。天神称祀，地祇称祭，宗庙称享。

客家人有着强烈的祖先拜祭意识，祠堂及族谱很能反映其祭祀文化。祠堂是过去客家人宗族兴盛和崇祖意识相结合的产物，每个自然村落的姓氏都有祠堂。客家人历来十分注重对先祖的膜拜祭祀。每年除了最重要的春节祠祭、春节墓祭、清明节墓祭以外，中元节一般还要举办家祭。通过祭祀等思宗念祖活动，既传承了客家人慎终追远的传统美德，又起到了敦亲睦族的作用。

1. 春节祠祭

春节的祭祀是客家人一年中最重要的祭祀活动。节前，首先要祭灶。农历腊月二十三晚要将厨房的灶台刷洗干净，把旧的灶君像取下烧掉，年三十早晨再把新像贴上。一送一迎，都要摆置酒肉、糖果、甘蔗、米粿等，在灶前烧香、点烛、放纸炮，以求今后一年全家不愁吃喝、日子富足。

客家人喜欢一姓一村或一片聚族而居，各姓都有自己的祠堂，祠堂的神龛里供奉着列祖列宗的牌位。每年农历腊月二十以后，各姓祠堂都进行大扫除，抹洗祖牌，清理香炉、烛台、案桌，楹柱上张贴姓氏楹联、郡望堂号，大门悬挂姓氏大红灯笼，呈现一派节日喜庆气氛。

大年三十晚上，家家户户都会去祭祀。客家围龙屋中的十几户都是同姓同祖宗的人家。围龙屋的上堂是祭祀祖先神的地方，上堂的上方是神龛，神龛上供奉本族列祖列宗，并书"天地君亲师位"，神龛前摆放着祭台香案。每年春节，围龙屋里的各家各户都会一起忙着祭祀事宜，陈设供桌，布置香案，摆上鸡、鱼、肉、果品，用来敬奉祖先。老老小小都要在祖先面前下跪三拜，祈求祖先保佑。

其实，在客家人的围龙屋中，最有分量的当属摆放在围龙屋上堂神龛后面、龙台之下的五块石块。这五块石块是祖先在建造围龙屋时就摆放于此的，称为"五行石"，即代表水、火、木、金、土。五行是构成宇宙的五种元素，围龙屋拥有了这五行，也就拥有了与大千世界相一致的结构要素和和谐因素。因此每次在上堂祭拜祖先之时，"五行石"也同样成为祭拜对象。

除此之外，大年三十，各家厅堂还要挂起祖宗画像和代表姓氏的大红灯笼，要在大门口贴上鲜红的春联，而这春联也是根据姓氏来写的。谷仓门上、禽畜栏前、家具床铺以及水缸边都要贴上红纸条，叫作"封岁"，也叫"上红"。大人小孩都要洗澡，穿上新衣，干干净净过年。吃年夜饭时，必须多拿几套碗筷，请祖先"一起吃"。

除夕的晚上还要守岁，辞旧岁，迎新春。每个房间都要整夜灯火通明，老人称这个为"点岁火"，从前有牛栏、猪舍时也要点上灯。家长要给小孩发压岁钱，有些地方还要给老人压岁钱。

春节期间挑选吉日上午，全族男女老幼，穿戴一新云集祠堂，庄严肃穆，摆放好牲醴茶果糕点等供品，焚香点烛。接着由德高望重的长者念诵祭文，赞扬祖德，陈说本姓渊源，迁徙经由，勉励族人传承和发扬祖德。在长者的指挥下，全体肃立，虔诚地向列祖列宗行叩拜礼，然后烧纸衣、纸宝，燃放鞭炮、敲锣打鼓。祠祭期间，在家的，外出读书、工作归来的宗亲们欢聚一堂，相互交流、道贺，晚辈向长辈拜年，长辈也会给孩子们派发利市，祠堂里外洋溢着一派喜庆和吉祥氛围。

尊祖崇本意识始于古代的神灵鬼魂观念，视祖先为神灵，与后来儒学所推崇的崇先报本、尊祖敬宗观念相一致。人们以缔造姓氏的始祖、对族姓有功业或是移民的开基祖，作为崇拜对象并加以长期祭祀。客家人的远祖来自中原汉族，长期以来，客家人重亲情，宗族血缘观念强，敬祖祭祀是客家民众文化心理投射到现实生活中的一个典型产物，是他们重要的民间信仰活动之一。

2. 春节墓祭

客家人除了重视"七月节"，每一年的"挂纸"更是少不得。所谓"挂纸"，是客家人对扫墓的别称，是悼念死去亲人的一种祭祀活动。或许你会问：为什么不是"扫墓"而是"挂纸"呢？因为客家人的"挂纸"不仅仅是除清坟头杂草，还要在每个坟压坟纸，而且要压三列九行的纸钱。

在先人的墓碑上通常都有下两代人的姓名，从前只记录男丁的姓名，如今早已无男女之分。这是因为家族人希望祖先不要忘记了他们的子孙。

坟前摆放的供品，也是很有讲究的。通常有大小"三牲"两副——一般是鸡、鹅、猪肉、鱼、米饭等几种中的三种,最简单的是猪肉一块,咸鱼两条,三碗饭或饭团若干,筷子三双。三茶五酒,茶一般只斟一次,但酒要过三回。香三炷或三炷为一束多插,蜡烛两支。点香烛,焚烧纸钱,三跪九叩之后,放一挂鞭炮,仪式便算结束。

不过,客家人的"挂纸"通常除了在清明时节进行,在春节期间也进行。过春节时,待到一大家子齐聚之时,定会在正月十五之前选择一天去祖上坟头"挂纸"。这是因为旧时男丁在正月十五之后,便要外出打工,所以要选择家人全到齐的时候才"挂纸"。

客家人向来推崇孝道,人们不管居家或外出,都要供奉祖先牌位,按时祭奠,晨昏献香。通过对祖先的祭拜,可以启发子女的孝敬心理,培养子女爱护家庭的热情,示子女以为人处世,要饮水思源,以荣宗耀祖为本。而"挂纸"便是崇尚孝道的一种表现,正所谓"百善孝为先",一个遵循孝道的人,才会是一个能够自觉地从善弃恶的人;一个遵循孝道的家庭,才会是一个和美的家庭;一个遵循孝道的家,才会是一个安定团结的家。

3. 中元节家祭

清明扫墓在全国各地盛行,而客家人则把中元节看得较重,祭祀仪式最隆重。虽然客家人有时也会祭神,但客家人祭得最多的是自己的祖先。

农历七月十五称中元节,民间传说,这天祖先的亡魂都会回家与子孙团聚,故有"鬼节"或"亡魂节"之称,家家都要备好牲醴、纸衣、纸钱祭祀他们。所以农历七月十五,也是客家人祭拜祖先的传统节日。

当天,各家各户都会很忙,大家都要宰鸡鸭、买鱼肉、备酒水等供品，在自己屋内厅堂设案，摆设牲醴茶果，焚香点烛，烧纸钱、纸宝，虔诚祭拜祖宗。上午一般要写好包皮，即用来包裹冥衣信钱、有固定写法的草纸。每家要杀一只鸭子，并且要把鸭血滴在草纸上，草纸一般都用工具凿成钱币状。大约在晚上六点，客家人在自己家的祠堂前烧那些沾有鸭血的纸，相传这是让鸭子带路，游过奈河，把冥衣信钱送到祖先面前。有些地方在当日晚饭后，还要在村头、路口插香、烧纸衣、烧冥币，超度孤魂野鬼，祈求保佑一方平安。

中元节，时值农闲季节，大家借助这一家祭传统节日走亲访友，互相宴请，谓之"过月半"。为了避免同一日"过月半"，影响互相拜会串门，从七月十二开始至七月十七，各村各地分别举办"过月半"，届时轮流由各主家认真筹备酒菜，宴请亲友，久而久之，也自然地成了客家传统习俗。

客家人数千年来，历经战乱，艰困播迁，仍能团结相亲，守望相助，子孙繁衍，拓展进取，靠的便是对祖先的敬仰！客家人有句老话说，"宁卖祖宗田，不忘祖宗言"，而这句老话正是客家人"不忘本"的最好体现。一代又一代的客家人，正是用这种"供奉祖先"的民间风俗，努力维系着一个民系的精神特质，守护着中华古老文化的共同心理——"把根留住"的情结和中华儿女的意识，这便是客家人血脉相传的精神内涵！

一个民族的风俗习惯随着时间的推移而成为一种传统，并不断地弃其糟粕，留其精华。而客家的传统习俗，随着时代的进步，人们思想的进步革新，各种落后的习俗不断为客家人所抛弃，譬如前文所述童养媳、隔山娶亲等婚姻礼俗，近乎灭绝。而传统习俗中好的一部分，比如岁时习俗、祭祀习俗等，也随着客家人的血脉传承下来，并将悠远流传。

第四节
客家传统村落的制度文化

一、宗族制度

在中国，很早就出现了宗族，原始社会末期产生的父系氏族，可说是宗族制度的雏形。夏商周时期，进入到"贵族宗族时期"，贵族宗族的特点是范围狭小，以王室为核心，具有政治特权且世袭。秦至南北朝是为世族家族时期，这个时期的宗族，范围较小，主要包括皇室宗族、王公大臣之宗族及地方上的强宗大族，这些宗族也具有一定的政治、经济等特权。在宋以后，宗族具有广泛性的特点，从贵族到平民，从都邑到乡村都普遍建立宗族，但此时的宗族与原始社会末期建立的氏族不同，一方面，它不是社会的最小和最基本的生产与消费单位，另一方面，此时的宗族建立了较为严密的宗族制度。

客家人从北方迁徙而来，也将迁徙地的宗族文化带到了聚集区。客家人聚族而居，形成了相应的宗族制度。本节以赣南客家宗族制度为例来阐述客家宗族制度。

在赣南地区，其宗族制度的形成与汉人的南迁及客家民系的形成有密切的关系。赣南地理环境特殊，其地接闽、粤、湘三省，自唐凿通梅岭驿道之后，成为中原至岭南交通要道的重要枢纽，南来北往颇为便利。另外丘陵密布，又是躲避战乱、休养生息的一方乐土。因此大量南迁汉民涌入，并且在赣南定居、繁衍。在宋元时期，语言与民俗等方面颇具特色的客家民系基本形成。此时也是赣南客家宗族制度建立的重要时期。当某姓的北方汉人迁徙到赣南，在那里繁衍生息数代之后，可能形成一个同姓、具有共同血缘的群体，这种群体就是宗族。然而，如果仅仅是血缘的共同体，随着时间的推移和血缘关系的疏远，这种共同体内人与人之间的关系也会疏远与淡化，即所谓"一代亲，二代表，三代唔晓"。而当时客家人所处环境是极为贫瘠的丘陵山地，常有虫兽的侵袭，土著或先抵者的敌视等。这种环境就使得客家人产生了一种强烈的愿望，即相同姓氏、血缘的共同体内部的关系不仅不能淡化，反而需要得到巩固与加强，而这种关系的巩固与加强要通过建立制度来保障。因此，赣南客家的宗族制度开始建立。

赣南客家宗族制度建立的重要标志是宗族祠堂的建立。祠堂是一个宗族供奉和祭祀其祖先的最重要场所，也是宗族的议事中心和教育中心，同时又是宗族实施家法，举办婚礼、丧事，举行文娱活动的场地。因此，祠堂是宗族的中心和象征，它的兴建是赣南客家宗族制度建立的标志，它本身又构成这种制度的重要内容。宋元时期，一些较早南迁到赣南，人口繁衍已较多的客家宗族建立起了本族的祠堂，例如兴国枫边的夏氏、赣县湖边的谢氏、宁都黄石的郭氏等宗族均在此时期创建了祠堂。但大体上看，在这一时期，赣南客家建立的祠堂从数量上说还不多，从规模上说还不大，还只是草创阶段。及至明代中叶，赣南客家宗族祠堂的兴建进入一个高潮时期。据调查，当时达到一百男丁的宗族，只要经济条件不是太差的话，一般都建立起了本宗族的祠堂。明代后期及清代，客家宗族祠堂的兴建在赣南仍呈旺势。不少宗族不仅建立了宗祠，还兴建了各房的房祠，即分祠和支祠。祠堂愈来愈多，规模愈建愈大。赣南祠堂的兴建与赣南客家宗族制度的建立是同步的。宋元时期，宗族祠堂开始出现，此时期亦为宗族制度

图 5-15
福建宁化县石壁
客家公祠

的创始阶段；明中叶之后，宗族祠堂大量兴建和重修，赣南客家宗族制度也从此逐渐地走向成熟和完善。

赣南客家的宗族制度内容广泛，涉及经济、政治、文化、家族等诸多方面，林晓平概括了赣南客家宗族制度的特点：崇祖、联宗、重教。[①]

1. 崇祖

赣南客家族谱的修撰中表现出明显的崇祖意识，族谱首先要解决的重要问题是溯源流，先明确本族的祖先是谁，列祖列宗的分支流派情况。族谱中还特别注重祖宗的功德，其中在历史上建立了功名业绩的或对本宗族的繁盛做出重要贡献的，更是记叙、颂扬的重

---

① 林晓平. 赣南客家宗族制度的形成与特色[J]. 赣南师范学院学报，2003，24（1）：82-85.

点对象。通过族谱的修撰来分清宗族内部成员的亲疏、辈分关系，是祭祀祖先的必要基础。

祠堂为赣南客家各宗族祭祀祖先的最重要场所，也是最集中地体现出其崇祖观念的地方。祠堂建筑规模宏大，形式庄重，祠堂内笼罩着崇祖的气氛。祠堂上厅，置放着祖先的牌位，多的可达数百个，层层排列，蔚为大观。祠堂的大门，厅堂的柱子、墙壁上，镌刻或书写着一副副以追根颂祖内容为中心的对联，还挂着一些诸如"祖功浩荡""祖恩洪宏""祖德流芳"之类的短条幅，人们置身祠堂内，思祖之情每每油然而生。

赣南客家有清明扫墓、冬至挂纸的祭祖传统，然而最为隆重的祭祖仪式还是祠堂之祭。每年清明、中元（或冬至），各宗族由族长、司仪主持，全族男丁（大族人多，则由各房派代表）参加，在祠堂按尊卑顺序排列好，按礼仪程序祭祀祖先。

祭祖仪式非常烦琐，它大体上要经过就位、迎神、上香、进酒、酹酒、进馔、奏乐、行初献礼、行二献礼、行三献礼、致辞、撤馔、送神、燎祝文、退位等十几道程序，每个程序又有若干步骤。人们之所以要制订如此复杂、烦琐的礼仪来祭祀祖先，主要是为了表达后代对祖先虔诚的崇敬之情，并希望通过这样做来获得祖先更多的荫庇。

除对祖先进行祠祭外，墓祭祖先在赣南客家中也很流行。同是祭祖，但两者相比又呈现出一些差异：一从祭祀时间看，祠祭为一年两祭，在清明、中元（或冬至）举行，而墓祭除清明、冬至祭祀外，往往还在春节前夕或春节期间举行，尤以初一、初二举行者较多；二从参加祭祀的人员看，祠祭为全族男丁，或各房代表参加，墓祭则除了全族男丁或各房代表参加外，还要以房或家庭为单位前往祭祀；三从祭祀对象看，祠堂因陈列了自始迁祖以来各代祖先的牌位，故祠祭实际上是对该宗族所有祖先的祭祀活动，而墓祭则对祭祀对象有所选择，一般为祭祀始迁祖、房祖以及高、曾、祖、祢四代；四从祭祀形式看，祠祭较为烦琐，墓祭则除了全族参加大祭外，一般都较为简单：烧香、进食、磕头而已，大多数情况下也无须主持祭礼之司仪。

2. 联宗

联宗是指团结、联合具有共同血统的本宗族人。联宗为崇祖的重要目的之一，因此在赣南客家宗族崇祖的种种形式和活动中，又都表现出这一特征。

祠堂是放置祖先神牌及祭祀祖先之殿堂，也是族人议事聚会、婚丧娶嫁乃至举行文娱活动的场所，是为"联宗"的重要处所。举行隆重的祭祖仪式，一方面是表达崇祖之情，希望得到祖先庇佑，另一方面也企图通过祭祀共同祖先来笼络族人的感情，实现宗族内部的大团结。因而在祠堂举行春秋二祭仪式之后，一般情况下宗族随即要举行盛大宴会，由参加祭祖仪式的全体族人参加，宴席由族产收入中开支，颇为丰盛。在清末民初，赣县夏府戚氏在祭祖之后要摆二十多桌的酒席，酒宴中，族人们饮水思源，怀念祖先，共叙亲情，增强了宗族成员之间的团结。

赣南客家宗族重视对本族中生活困难者的救济，因此许多宗族都将其族田田租收入的一部分用于赈济族中困厄者，有的宗族还专门设立"义田"，使赈济族人的目的更加明确。赈济对象，如属极度贫困者或遭天灾人祸等沉重打击者，一般可免于偿还；如属一时困难、有偿还能力的，日后要予以偿还，但还本即可，一般不计利息。有的宗族还对族中老人实行优抚政策，视其年龄，给予一定的补贴。济贫与养老等措施，深受族人的拥护，增强了宗族的凝聚力，达到了"联宗"的功效。

3. 重教

长期以来，赣南客家各宗族对教育颇为重视，采用多种形式来兴学、助学与奖学。

最普遍的兴学方式是设立家塾和宗族学校。家塾大致分为两种：一种是以家庭为单位，有的殷富人家延请一位教师来家中为其子弟讲学；另一种是以宗族为单位，由宗族出资聘请教师来为族中子弟授课，学生可免费或稍稍交一点费用就读，地点多设在祠堂。后来这种宗族办的家塾从晚清开始逐渐转变为学校。据调查，在20世纪50年代之前，宗族学校的设立在赣南已经非常普遍，一般建立了祠堂的宗族，大多都设立了宗族学校。宗族学校的校址一般选在祠堂，因为祠堂一般为宗族中最好也是规模最大的建筑，办学的外在条件尚可；并且祠堂为祖先神位所在地，在此读书似可更直接地得到祖先的荫佑，获得更佳的学习效果。宗族学校聘请教师首先考虑本族的人选，若本族无合适人选，再外聘教师。但不管是内聘还是外聘，都要求学识渊博且教学经验丰富，为请好教师，宁花高价钱。宗族办学经费主要来源于两种渠道：第一种是全由宗族族产收入中开支，那些族产丰富、财力雄厚的大家族办学，一般是属于这种情况。例如，宁都灵溪丘氏宗族，其族田田租年收入有一千多桶，该族用其中的600桶用来维持其宗族学校的办学费用，族中子弟入学是免费的。第二种是由宗族负担一部分，不足部分由学生缴纳学费来弥补。一些族产不雄厚的宗族其收入除去祭祖等项开支已不敷办学费用，一般就采用宗族、学生家长各出一部分的方式。家塾的教学内容基本上是"四书五经"以及一些启蒙读物，如《三字经》《千字文》《幼学琼林》等，这与当时的科举制度是相适应的。清末以后，社会上倡办新式学堂，宗族的家塾纷纷转为宗族学校。教学内容也随之发生了很大变化，尤其是1905年科举制度废除之后更是如此。课程设置有国文、算术、地理、音乐、美术、体育等等，采用新式教材。民国以后，一般采用当时教育部所颁教材。赣南客家宗族之所以重教兴学，一方面是由于客家人受传统影响较深，他们较好地继承了中国崇文重教的传统；另一方面，客家人也希望通过兴学来提高本族子弟的素质，并培养出"学而优则仕"的出类拔萃的人才，以光宗耀祖，提高宗族的声望地位，使他族不敢肆意欺凌。但在近代尤其是民国以后，一些宗族的办学宗旨有所改变，例如，宁都灵溪丘氏于民国初年（1912）创办了其宗族学校，学校取名为"菁华学校"，即寓"养成群材，备用国家"之意。在该校的开学典礼上，被聘为该校教师的族人丘彭鉴致辞说："有可造之才，贵矢志坚忍之志，由小学而升中学，由中学而升大学，务必造就优美之人格。治则敦《诗》说《礼》，陶铸国之性情，乱则挺身御患，尽国民义务，勉完国民之天职，使我四万万同胞有所法且有所赖，乃可慰壁荣鉴。诸老先生起建学之美意，若徒希毕业以利禄而已，岂特诸生之羞，抑办鄙人所不取。"[①] 兴学从光宗耀祖、谋取利禄，到为国为民，可谓是境界上的一个飞跃。与此相应，民国以后赣南客家的宗族学校有的逐渐演变为淡血缘而重地域的村落学校，至20世纪50年代，赣南的宗族学校已不复存在，或撤销或

---

① 《灵溪丘氏大宗祠九修通谱》。

完全转型为村落学校。

赣南客家宗族的重教还表现在助学、奖学方面。对天资好、潜力大而家庭境况不好，就读有困难，尤其是考取县学、府学而家庭难以负担的学生，许多宗族都会从族产收入中提供一定的资助，使其能顺利完成学业。对族中子弟学有所成、为宗族争光者，大多数宗族都会根据子弟成就的高低以及本族财力的大小予以奖赏。历史上客家地区人才辈出，这与客家各宗族重视教育的观念以及举措是分不开的。

二、教育制度

客家民系历来具有"崇文重教，耕读传家"的文化精神，教育对客家文化的发展起到重要的作用。本节以江西赣南客家教育为例进行阐述。

赣南地区是客家的大本营之一，在古代和近代教育发展中，赣南地区的客家教育都有比较好的发展。其教育的类型可分为学校教育、家族教育和家庭教育三部分。[①]

（一）学校教育

客家民系大约初步形成于宋代，其发祥地与主要聚居地有闽西、赣南与广东梅州。在宋代至清末长达近千年的历史时期中，客

---

① 李丽云. 赣南地区客家教育研究[D]. 西安：陕西师范大学，2007.

家地区实行的是以培养科举人才为核心的教育模式，其主要的办学形式有官学、社学、义学、私塾、族学等。

1. 官学

即府（州）学、县学。府（州）学与县学分别是府（州）、县办的最高学府，在客家地区，府（州）的创建大致在两宋时期。其功能有二：第一是祭祀功能。在府（州）学和县学内，大都建有"大成殿""先师庙"和"崇圣殿"用以祭祀孔子以及孔子的祖先。还有的建有"名宦祠"用以祭祀在本地任职的有功德的官员，而"乡贤祠"用以祭祀本地出生的名宦、文人、学者等。由于有诸多祠庙的存在并须按期祭祀，因此府（州）学、县学也被称为"庙学"。第二是教学功能。在府（州）、县内，都设有讲学场所，并配置有教官一至数名，称作教授、学正、教谕、训导等，由朝廷任命，一般由贡生或下第的举人充当。学生也有一定的名额限制。府（州）学、县学的教学内容，主要是围绕着科举考试而开设的"四书五经"等儒家经典［故府（州）学、县学又被称为"儒学"］。在教学管理方面，历代都制定有较为严格的规定，但实际上在长期重科举轻学校的影响下，这些规定也都流于形式。需要指出的是，明代以前客家地区的官学，不仅建制晚，规模小，大多边建边弃，而且由于其官学的性质，决定了它们不可能以普通平民百姓的子弟作为入学对象。在过去很长一段时间内能够进入官学就读的主要是一些官宦子弟或富家后生。

2. 社学

社学是州、县的预备学校。朝廷令各地五十家为一社，每一社立学一所。从客家地区的情况来看，社学并不普及。据清乾隆年间的统计，赣闽粤客家人聚居的几个县中，多的仅有几所社学，少的只有一所，而且还时兴时废，名存实亡。不仅未能做到五十家立一社学，就是一乡设一社学也未达到。由此可见，在客家的传统教育中，社学的地位并不重要。

3. 书院

书院是我国唐末以后一种重要的教育组织形式。从宋代起，客家地区开始兴建书院，其中以赣南为多。据统计，自宋至清末，赣南先后兴建书院 100 座。其中有的书院还颇有名气，如宋理宗赐名并亲笔题匾的大余道源书院，文天祥为之撰《赣州兴国县安湖书院记》的兴国安湖书院，王阳明亲临讲学的赣州濂溪书院等。在闽西，有龙山、文峰、正章等书院。在梅州，有培风、锦江、先贤、立诚、东山等书院。众所周知，早在宋时，书院多为私立，由著名学者主

图 5-16
江西遂川县燕山书院
（图片来源：萧清碧 摄）

讲，根据自身条件确定招生的人数。但明代以后，书院逐渐官学化，经费多由官方拨出。学生也有一定的名额限制，根据书院的规模，几十人至一二百人不等。书院既是教学组织，又是学术研究组织，教学的内容为义理之学、考据之学和辞章之学。私立的书院，教学和研究上具有一定的独立性，而在官学化之后，书院逐渐成为科举的附庸。

4. 义学

义学是由私人捐助而设立的学校。这类学校大多延请有学识品行佳的秀才训迪平民子弟。据史志记载，在客家地区，于都、兴国、始兴、上杭等县都曾建立过义学。于都张嵋所订的《义学条规》载："绅士、军民的子弟，贫苦无力延师者，均准入学读书，其稍有力之家，一概不得收入……童稚读书时，先须教以孝弟……先授《孝经》、小学，后四书五经。"由此可知，义学主要是为家境贫困的学子设立的，是启蒙的学校。这类学校在客家地区并不普遍。

5. 私塾

在客家地区，清末以前私塾较为常见，既有富户设立的家塾，也有教师设在自己家中的学馆。客家地区的私塾长期以来一直有蒙馆和经馆之分。所谓蒙馆主要负责对学龄儿童的启蒙，其招收的对象是八九岁的入学儿童，教授的重点是识字和写字，而不讲解文义，主要读本是《三字经》《百家姓》《千字文》一类的启蒙读物。所谓经馆，也称"通讲"，招收那些曾经受过启蒙教育的青少年入学，主要教授"四书五经"等儒家经典，同时要求学生作八股文、对子、诗词和文章。因此儿童入学后，先识字，读《三字经》《千字文》

《百家姓》等，然后再读《千家诗》《古文观止》。基础好的学生，还要读"四书五经"等，没有严格的学习年限。

6. 族学

族学是由宗族出资延聘教师而学生主要为本族子弟的学校。客家人聚族而居，重视族中子弟的教育培养，稍有条件的大族，都创设自己的族学。族学的普遍性，成为客家传统教育的一大特点。法国天主教神父赖嘉禄在清末出版的《客法词典》中曾这样写道："……客家人的每一个村里都有祠堂，那就是他们祭祀祖先的场所，而那个祠堂也就是学校……"赖嘉禄在这里所说的学校，其实就是客家人传统意义上的族学。在客家大族中，族学非常普遍，并且大多数设在祠堂。这里需要说明的是，在客家地区传统族学虽然普遍，但一般为大宗族所设立，很少有小姓小族设立族学的传统，族学是进行启蒙教育的，教学内容与私塾大致相同。

（二）家族教育

在客家社区，宗族对族人的教育非常重视。并把家族子弟的文化教育当作整个家族的大事，定制立规，写入谱牒。如："古者家有塾，党有庠，春秋教以礼乐，冬夏教以诗书，作养多方，所以人才彬彬辈出。今议设义学二所，经师一所，在东山楼蒙馆一所，即在祠堂。但束藉诸费无所出，酌量于各房祖蒸尝内摘捐，并乐善好施者助出。或殷实家有捐至十两以上者，合祖以'培植后学'四字匾额送至其家以奖之。"客家的教育形式有自己的特点，并且客家的家规家训在家族教育中所起的作用也是巨大的。

1. 家族教育的具体形式

（1）家族利用祭祀活动，对其族人和子女进行传统教育。

在举行祭祀活动时，必须用客家方言以示虔诚。在祭祀中，要在众族人面前宣读族谱，讲述家族的渊源、历史和成就。通过这些活动，一来表现后代对祖先的追思不忘，二来增强家族的凝聚力和自豪感，以激励后代子孙们发奋图强，再创新功，光宗耀祖。

（2）通过文字形式，即族谱中的家规家训对族人子女进行行为上的规范。

客家家训在家庭之间发挥了中介作用，将儒家经典通俗化，并使之内化并渗透在每个家庭及成员的意识中，使儒家文化和家族精神代代相传。

客家族谱中的家规家训都强调如何治家和持家，主张一家之事贵于安宁和睦，而治家则要求家人按照父慈子孝、兄友弟恭等规范自己的行为，使一家长幼有序，内外各尽其分。持家则要求家人勤劳、节俭。在教子之道方面，客家家训认为，爱护子女，关键是教育好子女，即爱子、教子要有正确的方法，指明正确的道路。其次要立志，传统客家家训注重教育子女树立远大志向，不要虚度年华，强调要自立自强。在客家家训中，鼓励其子女成才，要求他们热爱并认真读书，认为人非生而知之，只有勤学才能有所成就，即所谓"大志非才不就，大才非学不成"。在修身涉世方面，传统客家家训十分强调修身，并把修身作为齐家、治国、平天下的前提条件。

2. 家族对教育所起的作用

（1）家族在规劝族人学习方面所起的作用。

在客家地区，伴随着一系列学校教育的发展，客家子弟就读的比例越来越高，人们对教育重要性的认识也不断地提高。因此，首先得到发展的就是私塾教育。在古代，私塾教育的目的就如同温廷献在《养正书室记》中所提到的，在于"教之以洒扫应对进退之节，诗书礼乐六艺之文，……所以涵养其性情，变化其气质。俾日循循于规矩之中，而匪僻之干，无自而入。然后心述行谊，各式于正。而学为囿于小成，由是而进焉……是诚成人之首务，作圣之阶梯"。因此，在客家地区，任何一个对未来负责而且有能力的家族，大多建立私塾，兴学校，并且隆师教读。在龙南《张氏族谱》中写道："朱文公家训曰子孙虽愚，经书不可不读，该经书载古圣贤格言，其所有垂教后人者，无不具备，若不延师讲习，将何以知此中之理，而集无穷之意乎，第师道尊严最宜隆重，外加以礼貌，内笃其纯诚，富者厚束脩，贫者惟款洽，如此隆师重道，则子弹沐其熏陶，上固见扬名显亲之儒，次亦不失为修身励行之士。"

清代客家地区的人们把私塾与古代的小学联系起来。福建武平的温廷献在其《养正书室记》中写道："古者八岁入小学，十五岁而入大学。大学成人之教，必于小学基之。小学者，即今之家塾，所以养童者也。《易》曰：'蒙以养正，圣功也。'夫以童蒙之养，而称为作圣之功，此其事至重，其用至宏，经言岂大而夸哉！盖得其养，则为圣为贤，驯至上达而不难；失其养，则不中不材，流入污下而甚易。故小学之所为防闲儿辅导之者，必兢兢焉，先范其趋向，而使其归于正也。"

由于客家人重视儿童教育，在客家的族谱中，几乎都有"端蒙养"的训诫。如赣州龙南《张氏族谱》在其诫语十则中就写道："正端蒙养，《易》曰：蒙以养正，圣功也。鲁论弟子章，孔圣示端蒙养教法，至详且备，盖发人品行，端自弟子，若彼幼年无知，听其情性，自态放荡无忌，将来越礼犯分，则亦何所不至，何也做大之行不率，实由父兄之教不先也，愿我族为父兄辈，举凡子弟一举一动，切戒轻扬，一语一言，严惩妄延，庶循循雅饰，伴外人一见，而知为有家教子弟。"又如龙南《黄氏族谱》在族规十则"端蒙养"一训诫中写道："古人孕子有胎教，稍有知识，有能言之教及长有小学大学之教，是以子弟易于成材。今之教之弟者，上者教之作文取科第止矣，文章之外道德未教也。次者教之状词活套，以为他日刁滑之地，是虽教实害之矣。凡未父兄者，须知子弟当教以正道六岁入塾读书学字，随其资质以造就之，渐长有知觉，……使其德性和顺。他日不必定要做秀才居爵位，便是为农、为商、为工，亦不失为谆谨君子。"

在客家地区，崇师重教的风气很浓厚，耕读之家随处可见。一般宗族谱牒均表现出强烈的崇儒文化心态。要求族人以儒家的处事原则为立身之道。强调宗族的教育要造就知书识礼、忠孝两全的后代子孙，并积极鼓励培养族中子弟参加科举考试，以求得功名宦绩，这在族谱的家规家训中亦有体现。《大埔黄氏族谱·江夏最要家训》有"隆师道"的条目："师道教化之本，隆师重道，正以崇其教也。若不尊崇，不惟教化不行，而且有亵渎之嫌，何得漫言传道。"《龙南廖氏联修族谱》在三修族谱家训中，用朗朗上口的语言道出了重师崇儒的重要性："人生有三，事师居一硕士鸿儒，其教所出，背之责凶，尊之则吉为模为范，择其四术。教养无方，稗专董率重道隆师，书香洋溢。"《石城客家温氏考略》中有设家塾的条目："孟子曰饱食暖衣逸居而教，则近于禽兽。盖人生子无计秀顽，略有知识，务必择师教诲，即不能上达，使稍知书义，自与不识一丁者有间矣。况人生德器，端自蒙养，蒙养不端，制行日坏。东莱吕氏曰教小儿当以正，不可使之情窦日开，此皆养子弟成才之法也，为父兄者，不可不知。"

（2）家族在宣传民族传统美德方面的作用。

中华民族有许多优秀的传统品德，是我国劳动人民在实践中创造和遵循的。几乎在所有的家规家训中，都有大量的篇幅来阐述这些传统品德的内容和要点。通过家规家训，教育本族子弟学习并实践这些品德。如耕读为本，勤俭持家，待人宽厚，严于律己，读书做人求本分，不沾染恶习陋俗。家族在宣传和发扬这些传统品德方面曾经起过重要的作用。

第一，提倡勤俭持家，戒骄戒奢。

宋以后的家训族规大多有"劝勤俭""戒骄奢"的条目，阐述耕读为本、勤俭持家的道理，提出骄奢可以败家亡身的警告，规劝子孙族人克勤克俭，戒骄戒奢，一粥一饭当思来之不易，半丝半缕恒念物力维艰，做到黎明即起，洒扫内外，晏眠早起，吃苦耐劳，尺帛半钱，不敢浪费。许多家法族规还把治家和持家的勤俭与骄奢同人的品德联系起来。强调如果人们一味地追求物质生活上的奢侈享受，当经济条件不允许时，就必然会走到偷鸡摸狗的道路上去，干出丧失廉耻的事。要教育子孙族人加强品德修养，本分地读书做人，莫不从提倡勤俭开始。

第二，提倡忍让宽厚、严于律己、宁人负我、乐于吃亏。

各个宗族在处理亲族、邻里、家人、朋友之间的关系，除了要合乎纲常名教之外，还有一些道德原则要遵循，这就是宽厚为本，忍让为先，律己以严，待人以宽。家人父子、兄弟朋友、亲族邻里之间，难免发生这样那样的矛盾冲突，这时子弟族人要忍让为先，彼此相容，反躬自问，多从自己方面找原因，严于律己，不可苛责于人，这样就能做到大事化小，息事宁人，邻里相安，和睦相处。因此，在各姓的族规中，首先看到的是"睦宗族""和乡里""息争讼"的族规。在客家的家规家训中，都认为人与人的相互关系上能否做到忍让宽厚、严己宽人，从根本上表明了人们对金钱、物质利益的态度。并且认为，这是区别君子和小人的一块试金石，在物质利益面前，凡是能吃亏、让人的便是君子，凡事都要占小便宜的就是小人。即所谓"君子要常常吃亏，方才做得"。

第三，批判社会上的恶习陋俗，严禁子弟族人沾染这些坏习气。

主要指的是禁止族人子弟嫖妓、赌博、酗酒、斗殴等。清代中叶以后的家规家训中还加了一条禁止吸食鸦片。家规家训常常用很大的篇幅来揭露这些恶习的危害性，对年轻子侄进行教育。指出沾染了这些恶习，不仅会败人名节，丧己品行，严重的还会丧身破家，弄得妻离子散，倾家荡产。

第四，强调整风正俗，整顿社会不良风气。

这是为了改造可能给子弟族人以坏影响的社会环境。除了上面所说的嫖赌等以外，还有迷信阴阳风水、婚姻论财以及溺杀女婴等陋习。迷信阴阳风水，讲究厚葬，大办佛事道场等陋俗，是许多家族极力主张革除的，在家规家训中，规劝族人切莫因为风水等原因使得亲人长期得不到安葬，也切莫因为厚办丧事而弄得破产丧家。他们都深刻地指出，与其死葬之厚，不如生养之丰。生不丰养，死求厚葬，其实是沽名钓誉的不肖子孙。许多家族还主张男婚女嫁需重人品，轻钱财，呼吁革除索取重聘、嫌贫爱富、操办奢靡、讲求排场的陋习。他们教育子弟族人，无论是娶妇还是嫁女，都要量力办治，不可夸耀攀比。那种索取重聘，讲求阔气排场，以致弄得贫困告贷，破产丧家的行为，都是既害自己又害子女的极其愚蠢的行为。

（3）家族在立业方面对族人所起的教育作用。

在客家的族谱中，非常重要的一个条目就是"务本业"。教育子女时："耕读二业，今古正务谋生治家，莫此为甚。子弟之贤，不肖谁姓无之，惟父母教育可耕者耕，可读者读，即商贾不失正业，莫学游手好闲，莫效倡优隶卒，庶家声不坠，人才蔚起，贤父兄真可乐也。"在客家地区，非常重视子弟的出路问题。其关于立业的条目也是非常务实的。

（三）家庭教育

1. 客家妇女在家庭教育中的重要地位

客家妇女是任何客家问题研究、客家文化研究的一个亮点和重点。如果不提客家妇女在客家文化、生活中所发挥的作用，那么客家学的研究就会在很大的程度上丧失其光辉，各类有关的客家著作都用很大的篇幅来描写、歌颂、赞美、研究客家妇女。如美国传教士罗伯·史密斯在《中国的客家》一书中写道："客家妇女，真是我们所见到的任何一族的妇女中最值得赞叹的了。在客家中，几乎可以说一切稍微粗重的工作，都属于妇女们的责任。如果你初到客家地区居住的话，一定会感到极大的惊讶，因为你将看到市镇上做买卖的，车站及码头上的苦力，在乡村中耕种田地的，上深山去砍柴的，乃至建筑房屋时的粗工，灰窑瓦窑里的工人，几乎全是女人。她们做这些工作，不仅在能力上可以胜任，而且在精神上亦非常愉快。"

客家妇女是社会生产过程中物质财富的创造者、家庭或家族经济活动的参加者、日常社会活动的组织者，同时是社区和家族重要事务的谋划者、实施者或参与者。正因为如此，在近代以前的历史时段中，客家妇女在基本的社会身份方面，与男性相比并无多大的差异。在家，是一家之主，主持家政，扶老携幼，料理家务无不做到圆满周到，客家妇女扮演的是好妻子、好媳妇、好母亲、好婆婆的家庭角色。在外，还是劳动的能手和家庭经济的主要支柱。由于客家女性既有传统的吃苦耐劳的意志力，又有与现代相衔接的独立精神以及贤惠勤俭的种种美德，使她们在方方面面都占有重要地位。她们艰苦卓绝、吃苦耐劳、勤俭持家的精神，历来为中外人士所赞叹，而她们对客家地区的发展所做出的贡献更是有口皆碑。

　　客家妇女在家庭教育中有着举足轻重的作用，并非因为她们有系统的教育理论和科学的教育方法，而是由于客家特殊的历史社会环境、客家妇女在家庭中的特殊地位及血缘关系所形成的天然的感情纽带和教育形式，使客家妇女在教育和培养子女方面有着得天独厚的优势。由于客家地区山多地少人口又多，迫使男人们纷纷外出谋生或读书求仕，妇女因此承担起主持家政、扶持老幼、教养幼儿的责任，同时也就义不容辞地成为培养子女的启蒙者和主导者。她们和子女朝夕相处，对孩子的一言一行最为了解，于是就把教育子女贯穿在生活中，随时随地进行教育。从受教者的角度分析，子女对日夜相处的母亲会产生一种深深的依赖感和信任感，使子女比较容易倾向和顺从于母亲的意愿，更容易接受母亲的教育和引导。客家母亲承袭了客家先民在历代生活中不断积累的一些教育经验，并结合客观实际情况，身体力行地对自己的子女进行教育，而这种润物细无声的教育方式往往会取得非常好的效果。种种因素造就了客家母亲和子女之间不同于他人的特殊关系，因此她们对孩子的影响力、塑造力是绝对权威的，有着其他人无可比拟、无法企及的引导和制约作用。

2. 客家妇女在教育子女方面的特点

（1）言传身教

客家妇女注重运用言传身教的教育方式，利用榜样的示范作用使孩子在模仿中养成良好的行为习惯。客家谚语中的"为老不正，教坏子孙""父正子不邪，母勤女不懒"等说法，都体现了客家妇女对子女品德教育的重视和培养及对榜样的作用有着充分的认识。父母的一言一行对子女来说，都有巨大的影响和重要的教育功能。对子女的言传身教还体现在进行劳动教育方面，这也是客家妇女对子女的一项十分重要的教育内容。客家妇女们的生产、生活经验及吃苦耐劳精神，就是这样通过口头传授和行为示范渗透进孩子的心田。

（2）寓教于喻

客家妇女经常用寓教于喻的方式教育子女，大量运用童谣使孩子在唱诵中培养情感，获得生活的经验，形成对周围世界的认识。

当孩子还在牙牙学语的时候，客家母亲便一边操持家务，一边用富有韵律、朗朗上口的儿歌来哄摇背上的婴孩了。儿歌中充满了

图 5-17
福建永定客家家训馆

童心、童趣，其内容讲天说地，教儿童认识花鸟鱼虫。孩子从中学到了各方面的知识，家庭教育融于浓厚的童趣之中。还有大量的客家谚语也堪称教育的经典。有的是教育儿女要孝敬老人的，有的是勉励儿童发奋读书的，也有的是教育子女为人处世的行为准则的。如"讲话知深浅，做事分急慢""相骂莫帮言，相打莫帮拳""讲讲笑笑是正理，讲人闲事惹是非"，教育子女说话讲究分寸的为人处世哲学。如"家中一个老，当过一把锁""千跪万拜一炉香，不如生前一碗汤""兄弟和好土变金，子嫂和好家业兴""家和万事兴，吵斗散人心"，教育子女要尊敬老人，兄弟姐妹之间要团结和睦。如"胆大漂洋过海，胆小死守家门""鸦婆飞上天，蟾蜍蹲缸脚"，教育子女要有志气，敢闯敢干，开拓进取。

（3）注重细节

客家人好客多礼，"上家过来下家客"就是好客的表现。接待客人，各地客家均很有礼貌，大有礼仪之邦的风度。而作为客家的女主人，不仅对自己的客人招呼周到，而且还能抓住机会教育子女，孩子们在母亲的指导下学会了待人接物的方式。而且在做客的宴席上，母亲还会教育孩子"做客要有做客的样，不可随意放肆。要站有站相、坐有坐相、吃有吃相"。因此，大多数孩子在酒席上都能循规蹈矩，大人吃什么，他们也就吃什么。客家妇女在从事家务劳动时，也不忘记对子女进行行为习惯的培养。

（4）以大带小

在客家地区，由于男子不在家中，妇女就承担起扶老携幼的全部工作。在多子女的家庭，客家母亲便常用"大做样，小学样"来教育子女。年长孩子的言行对年幼孩子的影响很大，因此做兄姐的就必须做个好榜样。这种教育方式，既可以让弟弟妹妹们向哥哥姐姐们学习，又对年长的子女起到了约束的作用，同时减轻母亲的负担。除此之外，客家妇女在家庭教育中，非常注重子女对劳动的情感教育。客家妇女历来重视培养儿童"吃苦耐劳"的精神，有其形成的客观原因，简单地说就是为了在艰苦的生活环境，尽快掌握独立生活的本领。客家先民的历史，使客家人清楚地认识到，如自己不动手、不劳动，便不能生存、发展、繁衍。正是这种特殊环境，养成了客家人吃苦耐劳、独立能力较强的习性，并且代代相传，形成了独特的客家文化传统。

因此，客家妇女对子女的教育是有眼光的，也是成功的。她们承袭了先辈的遗训，几个世纪以来，用自己的教育实践，培养着自己的后代，使客家人顽强地生存发展下来。

第五节
客家传统村落的艺术文化

一、地方戏曲

戏曲是古代流传下来的一种传统汉族艺术瑰宝，有艺术活化石之称。客家传统戏曲艺术不同于汉族民系，因语言等差异，会有不同的戏曲文化。客家由于分布很广，不同的地方有不同的客家戏曲，它们共同组成了丰富多彩的客家戏曲文化。散布在客家传统村落中的戏曲众多，主要有：客家采茶戏、兴国山歌、于都唢呐公婆吹、客家古文、信丰古陂席狮犁狮、石城灯彩、闽西汉剧、闽西山歌戏、广东汉剧、花朝戏、广东汉乐、木偶戏（五华提线木偶）、梅州客家山歌、串花灯、唱山歌、客家民间小调等。

（一）客家采茶戏

客家采茶戏以客家话为表演语言，以流动戏台为表演场地，以家庭人物为故事主角，用山歌唱词的方式演绎整个戏剧故事，深受广大客家民众喜爱。采茶戏按地域又分为赣南采茶戏、桂南采茶戏和粤北采茶戏，以赣南采茶戏最为典型。著名戏曲史学家流沙河曾说"赣南是采茶戏的老家"，赣南客家采茶戏就是赣南土生土长、最有原生韵味的采茶戏。

采茶歌是采茶戏的胚胎，采茶歌盛行于赣南山区，一人干唱，演唱形式单一，无伴奏，后来演化为以竹击节，一唱众和的联唱形式。"十二月采茶歌"，便是将采茶歌引入宫廷民宅演唱的开始。明万历年间已有民间采茶人进入豪绅官吏府第演唱。明中叶以后，发展出纸扎茶篮、扇子、手帕等道具，边唱边舞的采茶灯，又叫"茶篮灯"。

采茶歌曲目交流频繁，在不断的演绎交流中，赣南采茶歌又得到新的发展，形式由原来的十二个采茶女，两个男队员的采茶歌改为二女一男，即大姐、二姐和茶童。并将原来一唱众和的"十二月采茶歌"改为姐妹对唱形式，表现手持茶篮上山采茶，边歌边舞的欢快喜悦，而茶童则手摇纸扇，插科打诨，调节气氛，形成了赣南客家采茶戏的第一个原始传统剧目《姐妹摘茶》。后来又在采茶灯的基础上创造出了用一条板凳仿作龙灯戏耍的小戏《板凳龙》，由二旦一丑耍龙灯，二旦为大姐、二姐，丑称作三郎子。这两个戏被称为最古老的采茶戏。

赣州地区《戏曲志》载："采茶戏在赣南老家诞生后，除在江西省广为流传外，还分数支先后向闽、粤、湘、桂等省流动。其路线为：自赣南传入闽西后分为两支，一支沿武夷山流传到赣东、赣中和赣北，甚而过长江，传入湖北黄梅；另一支流传到漳州一带，并传到台湾，成为歌仔戏形成的基本因数。自贡水流域进赣江中下游的万安、遂川一带，然后沿罗霄山脉向赣西及湘中流动。经粤东粤北传入湘南及桂南。"

赣南采茶戏的"三子"也在台湾引起了人们浓厚的兴趣。"三子"中的"步子"即矮子步。生活在大山中的客家人，出门就要弯腰屈膝地爬山，由此而创造的矮子步成了采茶戏独一无二的舞蹈基本步。"三子"中的"袖子"是表演服装中只有一个的左袖筒，这一只袖子的上抛、下甩、缠腰、屈膝等诸多动作，又成了国内艺术中的一个绝技。"三子"中还有一个"扇子"，扇子是采茶戏的固定道具，如果表演时没了扇子就会像人吃饭时没有筷子一样。多达几十种的扇子动作，以极强的表现成就了赣南采茶戏的又一绝技。

赣南采茶戏的《姐妹摘茶》流传到武宁、景德镇和湖北黄梅等地区叫《姑嫂摘茶》或《和尚锄茶》；传至广西合浦后叫《送哥卖茶》。《板凳龙》传至赣东、赣中后叫《三姐妹观灯》或《三矮子观灯》；而传至广西、云南仍叫《板凳龙》。还有诸如《补皮鞋》《补瓷碗》《捡菌子》《拾田螺》《挖笋》《卖花钱》《卖小菜》《卖纸花》《瞎子裁衣》《瞎子闹店》《磨铜镜》《当棉裤》《大劝夫》《小劝夫》《四姐反情》《卖杂货》等剧流至各地后与当地风情民俗结合演化，有的成了当地自己的传统剧目。

第五章 客家传统村落的非物质文化遗产

图 5-18 采茶戏（粤北采茶戏）
（图片来源：广东省文化馆）

博白桂南采茶戏是源于江西赣南后传入广西的民间表演形式，结合舞龙、舞狮、唱竹马、唱麒麟等民间艺术形式发展成为载歌载舞的采茶小戏，于 2006 年 5 月荣列为第一批国家级非物质文化遗产名录。通过歌舞与采茶劳作的结合，以艺术表演的方式演绎开荒、种茶、摘茶、炒茶、卖茶等一系列劳作过程，从表演中反映出客家劳动人民吃苦耐劳、积极向上、对劳动的喜爱以及丰收的喜悦心情，属于客家人民欢乐休闲的表演艺术。

（二）兴国山歌

兴国山歌历史悠久，相传是秦末兴国上洛山造阿房宫的伐木工所唱的歌。中原客家先民南迁后，其民谣渗透其内，与之融合，不断改造演化，在兴国山区扎根开花。兴国山歌故有"唐时起，宋时兴，唐宋流传到至今"的说法。兴国山歌代表曲目有《园中芥菜起了芯》《绣香包》《行行都出状元郎》《赞八仙》等。以它为素材进行创作的音乐作品中有如《红军根据地大合唱》《井冈山大合唱》等。

相传山歌始于木客（即伐木工人）。《诗经·小雅·伐木》中曰："伐木丁丁，鸟鸣嘤嘤；……嘤其鸣矣，求其友声。"说明自古伐木者善歌，山歌始于劳动。兴国历代文人对上洛山木客唱山歌的事常有记述。兴国山歌的发端语起兴词"哎呀嘞——"就是伐木工人在劳动中或劳动后伸腰舒气的感叹。

兴国山歌继承了传统的赋、比、兴创作手法，并在长期的演唱实践中不断丰富和发展。兴国山歌之所以能经久不衰、广为流传，就因为有乡土情、泥巴味，唱的都是老百姓的喜怒哀乐，信手拈来，出口成歌。兴国山歌所唱的内容十分广泛，旧时除唱男女爱情和劳动生活外，还常唱历史故事、传说新闻等内容，有时即兴编唱，有时长篇叙事，形式多样。兴国山歌生动活泼，形式多样，生活气息浓郁，有独唱、对唱、"三打铁"、联唱、轮唱等形式和锁歌、盘歌、斗歌、猜花、丢观音、黄鳅咬尾、绣褡裢、藤缠树、树缠藤等种类。就大的表演形式来分，兴国山歌大体有以下几种：山野田间唱和，因情因景因人而异，内容涵盖男欢女爱、生产、生活、时政等方方面面；跳觋，分南河山歌和东河山歌，南河山歌又分情歌和插科打诨的搞笑歌，由觋公、觋婆装扮演唱，东河山歌即祝赞山歌；民俗歌，在庙会、婚丧嫁娶、祝寿、建房、小孩满月等场合演唱，演唱者多为职业歌师；叙事山歌多为群众场合中一问一答、一正一反的对唱山歌，有较强的故事性，常常是围绕某一主题展开；赛歌是一种特殊的形式，即歌手聚会打擂台，考"肚才"，比机敏，高潮迭起，决定胜负后诞生擂主。

（三）于都唢呐公婆吹

于都客家唢呐演奏形式奇特，大不同于其他唢呐吹奏，即分"公婆吹"之说，吹奏时，采用两种型号各异的唢呐，"公"唢呐音色低沉浑厚，"婆"唢呐音色高亢嘹亮，交替进行吹奏，相互辉映，妙趣横生。

唢呐流传久远，约在西晋时期由波斯、阿拉伯传入我国。西晋末年"永嘉之乱"，大批衣冠士族、王公官宦大举南迁，带来了中原文化，也将唢呐带入了赣南。唢呐手将当地的采茶调、采莲曲、民歌等融进了唢呐曲中，公婆吹共有280多首，最常见的有宽田班的《乾调》《中调》《高调》《满升调》，靖石班的《四季调》《反合调》《尺子调》《五尺调》，禾丰班的《赵山坡》《鹧鸪梅》《大龙队》《七五三二一》等，曲牌众多，各具风采。尤其是唢呐的"公吹"即中低调，为唢呐演奏中所罕见。

公婆吹演奏风格讲究"鼓板分明、粗细结合、高昂悠扬、音响协调"；演奏形式可坐，可立，可行，行路吹打，边吹边走，有时迎亲行程几十里，翻山越岭，过桥渡河，轮吹不停，一路曲声，一路欢乐；公婆吹群众基础深厚，应用广泛。百姓嫁娶、丧葬、庆寿、庙会、乔迁、接送贵宾等都喜欢请上一对公婆吹热闹助兴，吹打手们有个顺口溜："婚丧嫁娶没有我,无声无息蛮难过。"

公婆吹的演奏技巧丰富,如靖石班的刘福长师傅,能同时演奏两支唢呐,并可用鼻子吹奏;禾丰班的曾繁禄师傅,颤音、倚音、滑音、单音、单吐、双吐、花舌各种技巧运用自如,模仿各种鸟叫声来丰富乐曲的演奏;禾丰班的鼓手师傅邱奇标表现力极强,在一个鼓上能用手打脚踩奏出轮奏高低效果。公婆吹以其独特的艺术风格和特点,几百年来在民间广为流传。

(四)客家古文

客家古文早在明末清初就已形成,主要分布在于都县的贡江镇、新陂乡、宽田乡、梓山镇、罗江乡、段屋乡等大部分乡镇。演唱古文的人多是双目失明者,以演唱古文来作为谋生的手段,演唱内容主要是一些流传于民间的古老传说、神话和历史故事等。客家古文因大多由一名盲艺人独自完成,所以在服装、道具方面没有过于复杂的要求,使用的乐器一般为勾筒、二胡、竹板、梆子、渔鼓、小鼓等,有时也会出现唢呐,有的艺人身兼数职,将多种乐器巧妙地结合在一起,充分地运用四肢进行演奏。

客家古文是一种说唱艺术,"一人一台戏",以方言为主,表演灵活方便,道具轻便简单,唱腔优美婉转,基本曲调结构多为四句体,音乐唱腔具有浓郁的地方客家色彩,其唱本、唱腔和音乐以及表现手法都有极高的研究价值。

客家古文是客家文艺百花园中一枝朴实、淳厚,散发着客家乡土风情的小花。它与其他姐妹艺术相比,虽谈不上富丽堂皇,也谈不上光彩夺目,但就其别具特色的演唱风味,有着浓郁客家语言的韵律，却也称得上是一朵不可多得的奇葩。

《劝世文》是赣南古文当中最有名的作品之一，它是教人做事的准则，劝人向善，影响了一代又一代的客家人！

（五）信丰古陂席狮犁狮

古陂镇席狮、犁狮为国家级非物质文化遗产保护项目，由古陂镇谢氏、黎氏两大姓氏创建，并用本姓氏谐音命名，是以狮子和牛为形象的香火狮。它融中原文化、客家文化、土著文化为一体，是迄今为止保存完好，并具有客家文化特质的原生态民间狮舞。

席狮主体由竹木做骨架，外扎草席制成狮身，副体则是由多个插满香火的稻草束组成。古陂方言的"谢"与"席"谐音，狮灯的狮身又是用两条草席连接而成，故命名为"席狮"。相传是在明代末期，谢氏祠堂在古陂建成时，古陂圩的谢姓人为举办庆典，在中国传统的龙灯和狮舞的基础上，发明了这么一种既是狮又像龙的节日庆祝形式。

古时，"席狮"在每年的正月十三至十五连续表演三晚。表演内容为舞狮和赶龙两部分。舞狮由五人表演，三人舞狮，两人演"回回"。舞狮人分别舞狮头、狮身和狮尾，把犁田、采收等生产生活的活动融入舞蹈中。"回回"戴着面具，负责引狮、逗狮。赶龙是"席狮"最精彩的压轴戏，元宵节深夜，当地百姓手持两把香火，送"席狮"上高山，当夜两条三人舞动的稻草"香火龙"，在高山上嬉戏狂舞，霎时锣鼓喧天。"双龙"在前，"席狮"在后，一声号令，千百人应和，"席狮"从后边把双龙"赶"下山，一直赶到祠堂门口，意味着当地百姓将家家兴旺、事事顺心。

"席狮"舞蹈热烈、张狂、鼓舞人心。"席狮"舞起,锣鼓铿锵,万人空巷。人们以此迎接着祥瑞如意,用淳朴的舞蹈为来年幸福祈愿。"席狮"有数百年的历史,可是时过境迁,沧海桑田,人们生活环境改变,如今当地人已无暇练习舞狮,古陂"席狮"也难见以前的盛况了。

"席狮"的造狮和舞狮传人现有谢达三、谢达祥等人,但大多在60岁以上高龄,延续这一传统显然有心无力,唯有延绵几百年的"席狮"传说,依旧见证着往昔的繁荣。

(六)石城灯彩

江西石城灯彩是一种古老的传统民俗舞蹈,源于江西省文化厅命名的"灯彩之乡"——江西赣州石城县。石城,古属楚越,巫风极盛,先民们为祈求家人平安、丰登大熟,时常举灯以消灾避难,积年累月,致使石城民间渐渐形成了"事事当中有规矩,样样规矩不离灯"的说法。民间灯彩历史悠久,上溯至南唐就开始在民间盛行,距今已有千年历史。

自古以来,石城新春舞灯十分盛行,每个村都有一个自发形成的灯会,自正月初一起,各灯会进村入户尽显技艺,热闹非凡,直至元宵"谢灯"为止。石城灯彩纷繁各异,种类繁多,有龙灯、狮灯、马灯、蛇灯、茶篮灯、宝伞灯、牌灯、鲤鱼灯、罗汉灯、蚌壳灯、船灯、八宝灯、板桥灯、麒麟送子灯等几十种。

石城人世世代代对灯彩均有偏爱,究其原因,却与其方言土语以及色彩爱好有关。石城地方称男性为"丁",石城方言"丁"和"灯"是同音。故隐喻"灯"为"人丁兴旺""丁财两盛"的吉兆。

另外一个原因是，灯彩色彩红彤亮堂，鲜艳华丽，是兴旺发达、欣欣向荣的象征。石城地域内的客家先民们，为了满足在各种不同场合、不同内容和不同目的下的不同心理需求，赋予石城传统灯彩丰富内涵，大致可分为娱乐性灯彩、祝颂性灯彩、祈祷性灯彩和祭祀性灯彩四大类。各种不同形式的灯彩，适用于不同的目的和场合。

石城民间灯彩经久不衰世代衍生的另一个重要原因是，石城的灯彩活动已经渗透了石城人民日常生活中的方方面面，月月有节，节节有灯。大年三十夜里，家家户户到祖宗祠堂里迎灯接福守岁团年。大年初一，放铁铳敲锣打鼓送灯向祖宗拜年，村村堡堡家家户户接灯进福祈求吉祥如意、招财进宝、丁财两盛。所以，石城境内自正月初一开始，至正月十五元宵夜，龙灯、茶篮灯、狮灯、蚌壳灯等各种不同形式的灯队遍布城镇乡村，挨家挨户舞灯祝福，特别是改革开放以后，人民生活水平不断提高，最多的年份灯队达300多支。

20世纪50年代，《倒采茶》《蚌壳舞》《卖花线》《采桑》《跃进花灯》分别在赣州地区和江西省的文艺汇演中获奖。60年代，《公社四季花果香》《斫竹嘛》等节目在赣州地区获奖。《三杯酒》在全省文艺汇演获奖后，又拍入舞台艺术片《群花争艳》中。70年代，《喜庆公社丰收年》《迎春花灯》《莲乡新一代》等节目被搬上电视荧屏。80年代，《熔炼》《迎灯接福》在省、地音乐舞蹈比赛获奖后，又在"庐山文化博览会"上做了成功演出。《熔炼》经江西省歌舞团加工后，参加了全国第二届舞蹈比赛。大型石城民间灯彩《花灯子》，1986年在全区会演中囊括了五个一等奖，又在"庐山文化博览会"上做了精彩演出，并应文化部邀请进京献演，受到张庚等著名戏剧家的高度赞扬。90年代，《打甑盖》《石城花灯》等节目又在赣州地区获奖，同时，石城灯彩由中央、省、地电视台拍成多种专题艺术片，在中央以及各级电视台向海内外播放。

石城灯彩是中华民间民族艺术和民俗文化千百年来沉淀的结果，是广大劳动人民的集体智慧与创造。在千余年的表演过程中，成为极具客家文化特色的民俗表演形式，蕴含着丰富的艺术特征和美学价值，是劳动人民对美好生活向往的最朴实表达，直接反映了客家人的思想、性格和品德，具有一种内在的精神文化价值。

（七）闽西汉剧

闽西汉剧，为福建的地方客家戏曲剧种之一，脱胎于外来剧种，吸收闽西客家方言和民间音乐而逐步形成独具风格的地方剧种，主要流行于闽西、粤东、赣南和闽南部分地区，影响遍及中国台湾和东南亚等地。2006年5月，闽西汉剧经国务院批准列入第一批国家级非物质文化遗产名录。

闽西汉剧源于湖南祁阳的楚南戏即祁剧，自清乾隆年间传入闽西，迄今已有200多年历史，其间不断吸收当地方言和民间音乐，于嘉庆年间逐步衍化成闽西本地的地方戏曲剧种，20世纪30年代初定名为汉剧，20世纪50年代末为与湖北汉剧相区别，正式改称闽西汉剧。

闽西汉剧音乐以西皮、二黄为主，并有昆腔、梆子腔、弋阳腔、佛调、民间小调等多种声腔；角色行当有小生、老生、丑、乌净、正旦、青衣、婆角等；以外江弦即闽西人称"吊规"作伴奏弦乐，配之以月琴、三弦、月胡、笛、唢呐、古筝、琵琶及青铜大锣、圆通大鼓等各种乐器，舞台气氛热闹、紧张。代表剧目有《大闹开封府》《百里奚》《兰继子》《二进宫》《贵妃醉酒》等；优秀表演艺术家有蔡迈三（1898—1972）、张全镇（1886—1948）、林南辉（1898—1952）、陈坤福（1906—1986）等。

（八）闽西山歌戏

闽西山歌戏是福建客家地方戏剧曲种之一。闽西山歌戏以客家山歌为基础，用普通话和客家话龙岩方言来演唱，主要流行于三明、龙岩、连城、漳平、长汀、上杭、永定、武平等县。

闽西山歌戏来源于民间音乐的山歌、小调、竹板歌和鼓吹、歌舞曲等民间音乐，吸收闽西汉剧、江西采茶戏、湖南花鼓戏、粤东客家山歌等兄弟剧种的音乐而成。歌词多为七字一句、四句一段，常用比、兴、重、叠、排比、接歌尾等手法；形式以七言四句为主，一二四句押韵；种类繁多，有情歌、劳动歌、劝世歌、行业歌、习俗歌、谜语歌、叙事歌等，代表性剧目有移植改编的《刘海砍樵》《刘三姐》以及创作剧目《彩虹》《挽水西流》《补箩记》等。

闽西山歌戏是极具民间特色的文艺形式，淳朴、自然、真实，尤其是结构短小，韵味和谐，朗朗上口，易歌易记，流传方便，因此群众基础十分扎实，在海内外都有重要影响。

闽西广大山区素有"山歌之乡"的美称，闽西居民往往通过山歌抒发对美好生活的向往，表达青年男女真挚的爱情。当地汉族民众不论逢年过节、走亲访友，或寿诞婚庆，赶墟赴集，甚至山路邂逅，男女老少都会即兴应景唱起山歌。其形式多种多样，或单人独唱，或两人对唱，或结伴群唱，或相约对歌，或聚会盘唱，生动活泼。曲调简单朴素，多属羽调式与徵调式。山歌戏产生于福建闽西，是在客家山歌基础上发展起来的一个新兴的汉族客家戏曲剧种。

在旧社会,山歌是被歧视为"低级下等"的东西,不让搬上舞台。1949年后,人民当家做主,文化生活水平不断提高,顺应了民心的迫切要求,山歌也开始从口头对唱的形式发展到有角色扮演的山歌小戏,并不断扩大,组成山歌剧团,有固定在剧院里演出,也有流动到各地演出。20世纪50年代,民间艺人、山歌手受话剧、歌剧的影响,吸收当地汉族民间歌舞采茶戏、船灯、龙凤灯和歌舞小戏的养分,成立了山歌剧社。尔后,在福建三明、龙岩、连城、漳平、长汀、上杭、永定、武平等地相继成立了专业性山歌戏实验剧团。新中国成立后,闽西人民的山歌活动更加活跃,在歌剧、话剧的影响下,开始从口头对唱、席地群唱、搭台赛歌的简单形式向歌舞方向发展。他们学习民间采茶灯、龙凤灯、竹马灯、船灯等舞蹈动作与采茶戏、黄梅戏、歌剧等剧种的表演艺术,先后成立了村、乡的业余剧社,演唱一些带有故事情节的《浪子回头》《两姐妹》《不识字的痛苦》《王迈三卖余粮》等小节目。

1952年8月,龙岩地区组织民间艺人与山歌手培训班,由新文艺工作者讲授编剧技巧,并协助民间艺人整理山歌,使之成为适合舞台演出的唱腔。同时,由洪兴柏、温七九等16位民间艺人和山歌手组成龙岩专区大众山歌剧团,编演《流浪女》《风雪之夜》等新剧目,山歌戏开始从乡村土台登上剧场戏院。后台乐器以及舞台灯光、布景、道具也不断丰富。《补箩记》《葵花向阳》两个山歌小戏被上海唱片社灌制成唱片,向全国发行。龙岩山歌亦为省级非遗。1955年9月,正式成立第一个闽西山歌剧团——龙岩县山歌戏实验剧团,主要流行于龙岩、连城、漳平等地,现代戏占80%。1964年,山歌戏剧团创作演出现代小戏《补箩记》与《葵花向阳》,首次赴省参加第三届现代戏观摩会演,被群众誉为"闽西的山茶花"。

客家地方曲艺众多,紫金的花朝戏、兴宁的杯花舞、惠阳的舞麒麟、客家山歌(梅州市)、广东汉乐(大埔)、船灯舞(平远)、广东汉剧(梅州市)、提线木偶戏(五华)、埔寨火龙(丰顺)、松口山歌(梅县区)、竹马舞(五华)、花环龙(大埔)、席狮舞(梅江区)、鲤鱼灯舞(大埔)、石雕工艺(五华),包罗万象,云蒸霞蔚,均为我国宝贵的文化财富。

(九)广东汉剧

广东汉剧旧称"兴梅汉戏",是广东汉族客家戏曲剧种之一,1933年广东大埔县人钱热储著《汉剧提纲》,定名为汉剧,从此约定俗成,沿称至今。它主要流行于广东的梅州、惠州、韶关等赣闽粤边区各地。2008年,广东汉剧入选第二批国家级非物质文化遗产名录。广东汉剧为广东三大剧种之一,曾被周恩来总理誉为"南国牡丹"。

广东汉剧实际上来自皮黄合流后的徽戏,与闽西汉剧同属以西皮、二黄为主要声腔,用中州官话演唱的剧种。清雍正至乾隆年间,徽剧传入广东后形成。广东汉剧的表演程式与京剧、湘剧、祁剧、湖北汉剧等剧种大同小异,但也有自己的特点和风格。它的武功属南派,脸谱有百多种,以黑、红、白三色为主,黑色象征刚勇,红色象征忠贤,白色和青色象征阴险、奸诈。广东汉剧的音乐唱腔以皮黄为主,兼收昆曲、高腔、吹腔、小调等,并保存很多古老的曲牌。朴实淳厚,高昂悲壮,是广东汉剧音乐唱腔固有的风格特点。广东汉剧的角色分为生、旦、丑、公、婆、乌净、红净七个行当,各行当唱腔均有明显特点。它的伴奏乐器也颇有特色，头弦、大苏锣及号头是广东汉剧特有的伴奏乐器。广东汉剧传统剧目有八百多个，较著名的有《百里奚认妻》《齐王求将》，现代剧目《一袋麦种》等。

（十）花朝戏

花朝戏，为广东汉族客家戏曲剧种之一，紫金山区土生土长的汉族民间戏曲。其源于紫金县乡村的"神朝"祭祀仪式，用客家语演唱，流行于广东东部客家地区。其鲜明特点是民间音乐语言和民间文学语言的有机结合。唱腔朴素，通俗易唱；唱词和道白常运用诙谐、隽永的双关语和歇后语，形象生动，通俗易懂；表演载歌载舞，气氛热烈，为群众所喜闻乐见。2006年5月20日入选第一批国家级非物质文化遗产名录。

花朝戏表演程式源于劳动生产，从生活中提炼出上山、下坡、涉水、过桥、碾米、推磨、纺棉、织麻、采花、摘果、挑担、洗衣等一整套优美轻快、富有生活气息的表演程式。其表演手法以及台步、身段都区别于其他剧种。如比较固定的奓勾脚、丁点步、穿心手和扇花、滚巾、圆手、采花、转步等都具有独特的艺术风格。

花朝戏与花鼓戏、山歌剧、采茶戏均属姐妹剧种，同是以演出民间小戏见长。尽管表演和音乐唱腔各有特色，但演出剧目常有交流，互相借鉴。花鼓戏《打铜锣》《补锅》，采茶戏《小保管上任》等剧目被移植为花朝戏，用花朝音乐和技巧来表现，亦收到很好的效果。

花朝戏在发展过程中积累了上百个传统剧目，代表剧目有《秋丽采花》《卖杂货》《三官进房》《过渡》等。其曲白浅显易懂，常用俚语、歇后语、双关语。唱腔音乐主要由神朝腔和民间小调组成，有时也采用客家山歌。角色行当一般只有小生、小旦、小丑三种，有扇花、手帕花、耷勾脚、穿心手等特色技艺，表演载歌载舞，质朴清新。

新中国成立后，作为专业表演团体，紫金县花朝戏剧团整理演出了一些传统剧目，创作演出了《苏丹》《紫云英》《红石岭》等现代戏，移植改编了《刘三姐》《巧姻缘》等剧目。花朝戏的表演艺术有了很大提高，原来的角色行当分工更趋细致，同时吸收了其他剧种的水袖、身段等表演技艺。唱腔音乐在运用曲牌连缀形式的同时，也运用板式变化的方式。观众喜爱的邓观云、刘恩芳、陈业兴、陈淑君等演员活跃于舞台之上，花朝戏不断在紫金山区和邻近的中、小城市演出，造成一定的影响。

花朝戏的传统剧目题材多取自民间传说，大都宣扬惩恶扬善、忠贞爱国、婚姻自由等积极主题。客家人所崇尚的儒家思想及耕读传家、崇文重教等人文观念在花朝戏中得到充分的展示。因此，花朝戏在民间文学、民间音乐、民俗文化、宗教文化等方面都具有较高的学术研究价值。目前，虽然花朝戏专业剧团按期下乡演出，同时还在本地重大的节日庆典及一些民间活动中演出，但是，花朝戏的演出已不常见到，观众日渐减少，问题比较突出。

（十一）广东汉乐

广东汉乐分布在广东梅州、汕头、韶关、惠阳等地区，又以梅州市大埔县为代表，旧称客家音乐、外江弦、儒家乐、汉调音乐等。据考是古代汉民由中原南迁时带入的,有"中州古乐"之称,在大埔流传有 500 年以上的历史。广东汉乐保留了原有中原音乐的特点,并与大埔当地的民间音乐(如打八音、中军班音乐)等相融合,同时又吸纳了潮乐(如大锣鼓)的一些成分,已成为广东三大乐种之一。

按照传统的演奏形式、长期沿革的演奏习惯及不同用途,广东汉乐可分成五个类别。一是丝弦乐,俗称"和弦索"。它是广东汉乐中最普及、最大众化的演奏形式。演奏时以头

图 5-19　广东汉乐
(图片来源:广东省文化馆)

弦（俗称"吊规子"）或提胡领奏，配以扬琴、三弦、笛子、椰胡等乐器。二是清乐，又称儒乐。它追求比较高雅的演奏形式，为文人雅士所偏好。演奏时乐器较少，主要有古筝、琵琶、椰胡、洞箫等，人称筝、琶、胡"三件头"。三是汉乐大锣鼓，又称八音。它主要应用于民间迎神赛会或闹元宵等客家传统节日。演奏时以唢呐主奏，另辅以大鼓、苏锣、大小钹、碗锣、铜金、小锣、马锣（八音用）等打击乐器。四是中军班音乐，历史上它主要由职业或半职业的民间音乐班社演奏，作为仪仗性质的音乐，主要用于民间的婚丧喜庆活动。演奏时以唢呐为主奏乐器，配以打击乐和若干丝弦乐。五是庙堂音乐。它是举行宗教法事时演奏的吹打音乐，演奏时以唢呐为主，配以打击乐和若干丝弦乐。

广东汉乐曲目丰富，从已整理出版的《广东汉乐曲目集》来看，其中丝弦乐430首，清乐56首，汉乐大锣鼓23首，中军班音乐62首，庙堂音乐31首。代表曲目有丝弦曲《单点尾》《玉山坡》《思夫》，唢呐曲《粉叠》《普天乐》《玉芙蓉》，庙堂音乐《一封书》《水底鱼》等。

（十二）五华提线木偶

梅州市五华县的提线木偶戏，民间又称"悬丝戏"，明初由福建辗转传入，已有600余年历史。清末民初十分兴盛，全县有20多个木偶戏班，足迹遍及粤东大片地区。1930年更有戏班远涉重洋，以精湛高超的表演技艺，在东南亚多国的客家籍华侨华人中深受赞誉，影响巨大。现主要分布于县内的安流、转水、梅林、棉洋、周江等10余个乡镇。

五华提线木偶戏演出的传统剧目分传本戏和杂耍戏两类：传本戏有较为规范的传统剧本，多以著名的民间传说故事为题材；杂耍戏则来自社会日常生活，以滑稽讽刺手法褒贬人情世态，传统剧目有40多种。演唱以汉调为主，兼唱客家山歌或采茶小调，对白用客家方言。

　　五华提线木偶头像分生、旦、丑、公、婆、净六个脸谱，整体造型精细，形体高大，高约90厘米，形象生动。每个偶人安装三条硬

图5-20　五华提线木偶
（图片来源：广东省文化馆）

线（固定线），一为背线，用于固定全身并能使偶人弯腰突胸，另两条为装于两耳的耳线，用于固定头部并使之能左右转动和上下仰俯；再是在手脚每个关节安装软线（表演线），并根据动作表演需要增加线点，可多至20条，以便于复杂多变的表演。提线艺人运用手指、手腕及手掌关节的操作技巧非常纯熟灵巧，既能挥洒自如地表演偶人上天、入地、下海、跑马、射箭、降龙、伏虎、斗妖等高难度动作，又能把握笔、拔剑、甩发、梳头、拭泪、斟酒、纺纱、驾车、吹笛、拉弦、摇扇、吐烟等情态细节表现得出神入化，还能操纵偶人表演各种如真似幻的杂耍，或把葫芦耍得上下翻飞，把金棒舞得左右飞旋，或控着两条大蛇尾巴从杆上滑落，又被大蛇从地面拉上杆顶，还有舞双枪、砍头术、分身法等等，无不令人叹为观止，有着魔术般的艺术吸引力。

五华提线木偶戏的表演技艺自成体系，别具一格，独创了许多奇特的绝技，是岭南民间戏曲艺术的瑰宝，也是中华民族文化智慧和创造力的生动例证。其影响已扩展到其他艺术领域，表演剧目或在内地被拍成长篇电视连续剧，或由香港摄制成电影舞台艺术片，甚至法国也拍了电影纪录片，随之饮誉港澳、东南亚及欧洲。2008年，五华提线木偶戏入选第二批国家级非物质文化遗产名录。

（十三）梅州客家山歌

梅州客家山歌是梅州市境内5县1市2区500多万人口用客家方言演唱的民歌，它流传于广东东北部客家地区并流播到海外梅州籍客家人聚居地。

客家山歌伴随着客家民系的形成而传播繁衍，是中原文化与梅州土著文化融合的产物。它的歌词诗味很浓，类似竹枝词，有"国风"和"吴歌"的余韵。

梅州客家山歌共有腔调近百种，音调高扬绵长，平稳流畅，起伏不大；音区较高，音域较窄；级进较多，跳进较少；节奏自由，节拍多样，常有多种节拍混合而歌。

梅州客家山歌有数万首歌词流传于民间，内容包括劳动歌、时政歌、仪式歌、礼俗歌、情歌和其他生活歌、儿歌等，涵盖了客家人生活的方方面面，其中以情歌的数量最多，内容最精彩，文学价值也最高。

梅州客家山歌是客家文化的重要组成部分，是民间音乐、民间文学的瑰宝。它对于文学艺术、社会学、历史学、语言学、民俗学、宗教学、客家学等方面的研究都具有宝贵的参考价值。明末清初屈大均、晚清黄遵宪和当代钟敬文等学者都曾对梅州客家山歌的收集、整理、研究工作予以高度重视。

梅州客家山歌历来由民间口头传承。现在，唱山歌的队伍严重老化，不少优秀山歌手相继去世，青少年已不喜欢唱山歌、听山歌，山歌演唱青黄不接、后继乏人的情况日趋严重。抢救和保护梅州客家山歌，对于保存客家文化、丰富中华文化、丰富客家人的文化生活都具有重要意义。梅州客家山歌已于2006年入选第一批国家级非物质文化遗产名录。

（十四）串花灯

串花灯是广西客家人专门在民间节日庆典表演的舞蹈，往往在春节期间进行表演，特别是元宵夜，当地的客家人都会拿出自家精心制作的花灯高高挂起，让人来人往的游人进行观赏、点评，犹如一盏盏黑夜中的明灯，通过花边、贴纸、绘画等装饰，显得美轮美奂。而舞蹈者们通常穿戴着喜庆的服装在花灯下载歌载舞，营造欢乐的氛围，祝愿花灯主人添丁发财，祝福来年风调雨顺、民众安居乐业。

（十五）唱山歌

山歌在广西很普遍，广西少数民族众多，民俗文化氛围浓厚，山歌表演方式多样，广西客家人受此影响，也逐渐流行起了唱山歌表演，陆川古城镇、良田镇、滩面乡等客家人聚居地都有唱山歌的习俗。通常每年的中秋节，各乡镇都会组织山歌比赛，客家山歌旋律优美，通过颤音、滑音、倚音等装饰音把简单的旋律变得回环曲折，余音环绕。

（十六）客家民间小调

客家民间曲艺还有各类客家民间小调、客家山歌、客家民谣、客家竹板歌等。

二、民间文学

客家民间文学是客家劳动人民在生产和生活中产生的，千百年以来，它以一种口头的方式记录了人民生产、生活与思想的历史，在经过了历代传承后，具有一定历史文化的沉淀。客家民间文学与其他民间文学一样，都有自身的发展规律。从内容上看，歌颂祖先和英雄的创业功勋、赞美劳动人民的朴实善良、宣扬农民勤劳致富、歌颂忠贞不渝的爱情，这些都是客家民间文学经久不衰的主题。以下是客家地区比较著名的民间故事。

（一）"刘皇唤渡"传说

公元920年南汉高祖刘龑为避灾曾屯兵扎寨于松口（今广东梅州市梅县松口南下村），梅州设"御安围"，并挖有"护城河"，后人为纪念刘龑曾到此地，便留下了"刘皇唤渡"的地名和传说。现如今，南下村仍可找到御安围、刘皇唤渡遗址。

（二）平远船灯的由来

传说清顺治帝乔装出巡江南，至福建沿海，突遇风暴，险些丧生，幸投宿于一渔船，在与船家祖父和孙女言谈之中，顺治帝获悉渔家饱受渔霸欺凌，不得温饱，甚为同情。翌晨临别时，特赠夜明珠一颗，亲笔题赠"渔家乐"金匾和"圣旨"金牌各一。渔翁顿觉福从天降，惊喜交集，叩头跪接。尔后，渔民们再不受渔霸欺凌，且有夜明珠之光，风雨黑夜，均可出海捕鱼。后人便根据这一传说排演船灯。

（三）石古大王的传说（流行兴宁）

远古时候，兴宁市神光山周围十余里的地方，全是荒山野岭。

图 5-21　福建上杭县船灯民俗

山里野兽经常到山脚下的村里觅食，弄得村民不得安宁。村里有个姓石的少年，从小练出一手掷石子的武艺，石子掷出去百发百中。他决心要为群众除害。

一天，忽闻有人大喊"狼来了"。他抬头一望，只见远处一个人牵着一头牛边跑边叫。这少年邀了几个同伴追了上去，只用一块石子就把狼砸得脑袋开花。

又有一天，距神光山只有三里远的黄矾塘来了一头老虎，附近的人吓得不敢出门。少年邀了十多个同伴，带上石头，分乘三条竹排从水路出发。当竹排经过一处芦苇丛边时，突然，"呜"的一声，从芦苇丛中跃出一头黄斑老虎，扑上一条竹排。那竹排侧翻，连人带虎跌落水里。老虎泅水上了岸，人也跟着上了岸。这时，另两条竹排上的人已赶了上来。他们拿起石头一齐向老虎掷去，不费很大功夫就把老虎打死了。

以后，那位姓石的少年掷石子的武艺越学越精，各处来求教的人也越来越多。野兽渐渐少了，人民生活也就安定了。

后来，人们为了纪念这位姓石的少年，在神光山上设坛奉祀，称他为石古大王。南越王赵佗，为了表彰他的功绩，特封他为护国石古大王。

除了以上的传说故事，在客家不同地区还流传着不同的故事，如在兴宁地区，流传着嫦娥与仙童、铁拐李等民间故事，在平远地区则流传着鬼谷仙师与狗腿、田伯公等神话传说。

民间文学作品是一种群体意识的结晶，它体现了上千年来劳动人民的理想。客家劳动人民在长期生活中所形成的是非观、道德观以及许多传统心理，如客家劳动人民同情弱者、扬善惩恶、追求幸福等，集中反映到客家民间文学的内容上，并在世世代代的客家民间文学作品中反复出现。

三、建筑艺术

长途跋涉、客居他乡，家是首先要解决的问题，有了家才能生存发展。战争在客家先民心中留下了难以磨灭的阴影，分散在群山中的客家人开始聚集起来，将各家单一的小屋建成连屋大楼。并就地取材，用当地的泥土夯建高大厚实的土墙，形成一个相对封闭的居住空间，外人不能轻易入内，同时又能联合全楼的力量共同抵御来犯之敌。著名的永定承启楼内有一副堂联："一本所生，亲疏无多，何须待分你我。共楼居住，出入相见，最宜结重人伦。"土楼既是客家人躲避风雨的居所，更是他们深深依恋的精神家园。

客家围屋是颇具特色的客家民居，它不仅被建筑学家们誉为民居建筑史上的奇葩，而且其深厚的文化内涵，更使历史学家、民俗学家、诗人、艺术家们乃至各地游客为之陶醉。围屋结合了中原古朴遗风以及南部山区的文化特色，是中国五大民居特色建筑之一。只要在客家人聚居之处，就能够见到围屋的踪迹。

（一）客家民居建筑艺术蕴含儒家文化底蕴

礼乐文明源远流长，起源于原始宗教崇拜仪式和巫术歌舞。春秋礼崩乐坏，孔子创立儒家学派，克己复礼，对人发挥感情教化作用。客家民居中的儒家文化底蕴有如下几方面：

第一，以祖堂为民居核心，突出祖先崇拜。

第二，崇拜祖先是客家的文化传统，以祖堂为核心，家庭成员居室围绕祖堂，体现了儒家思想、伦理观念和社会秩序。

第三，宣扬科举功名，忠、孝、节、义，客家民居中以"大夫第""中翰第""世德堂""思孝堂"等为名，突出儒家思想，凡有功名之人，必在家族祠堂前建石旗杆作旌表。客家民居的平面图中，有以"国"字为模式的，以"国"为家，正是儒家思想的写照。

（二）客家民居的建筑艺术独树一帜

1. 民居装饰丰富多彩，巨大，坚实

许多山区的客家土楼，外形质朴、庞大，或方或圆，或用土筑，或用石砌，朴实无华，然而其巨大的体量，坚实的感觉，往往给造访者以心灵的震撼。这种土楼，大部分内部都用土、木、石材料，用木装修，以实用为目的，雕饰不多。然而，也有一些土楼，外形也十分朴素，但祖堂则施以精美雕刻，并加油漆彩绘。

在广东梅州一带平原地区，客家人往往兴建围龙屋、围楼，其外墙多以白灰批荡，兼绘以彩画，造型典雅美观。由于这一带较为富庶，官员富商较多，所建房屋、祖堂华

图 5-22　江西龙南县关西新围木雕
（图片来源：萧清碧 摄）

丽多彩，厅堂、卧室的装修也较讲究，不仅有精美的木雕、彩绘，甚至加以金漆，给人以富丽堂皇之感。位于江西龙南县的关西新围，由一方富豪关西名绅徐名钧所建，围屋内木雕精美，雕工细腻，可见围屋主人财力雄厚。

又如，位于江西龙南县里仁镇的沙坝围，建于清代雍正年间，围屋的地下室、墙上布满枪眼，这些枪眼既用于防卫，又兼顾通风的功能。但此时的枪眼已经进行了美化，使得外墙不再是那么单调和枯燥，朴素中带有一点精致。

图 5-23　江西龙南县沙坝围
（图片来源：萧清碧　摄）

图 5-24　江西龙南县沙坝围枪眼
（图片来源：萧清碧　摄）

2. 祠宅合一，大家族聚居形态

客家民居多采取祠宅合一、大家族聚居的形态。这样，客家聚居建筑内就存在两套性质完全不同的系列空间：以祠堂为主体的，具有礼制建筑特征的序列空间；以住屋为主体的，具有居住建筑特征的序列空间。在客家的祖公堂上，则有"进士""魁元"等牌匾。这些都是张扬本姓氏家族有人夺得某种功名的标志。

3. 客家围中的楹联艺术

客家围中的楹联，凝聚着客家文化的精华，创造出一种处身立事的文化氛围。这些堂联内容广泛，主要有追根溯源、寻根问祖，爱国爱家、报效祖国等，特别突出勤俭、孝悌和读书为本的精神。如广东兴宁市黄院镇石氏"恭创围"祠联："莫谓锦堂真富贵，男畏耕，女畏织，怠惰终须落下品；勿云茅屋无公卿，士劳心，农劳力，殷勤必定出人才"；广东惠州市惠阳区镇隆镇大光村"崇林世居"堂联："所学诗书绵世泽，还期孝友振家声"；等等。综观客家围的对联，中原汉族传统文化和儒家思想贯穿始终，这是客家人对中原汉族文化传承的重要标志。

4. 建筑构建艺术

客家由中原迁徙而来，其传统民居的布局遵循了中原传统礼制文化规范，在细部构造、外檐装饰上吸收了江西、福建、广东等移居地的建筑文化成分，吸收容纳的特征明显。如广西玉林朱砂庄堂屋屋顶采用广府式的"龙船脊"（屋脊末端上翘，形似船头），屋檐采用了梅州地区的歇山式，而非硬山式；广西贵港君子垌围屋采用了广府式的"博古脊"（形似博古架）；广西柳州九厅十八井中炮楼采用潮汕民居的水式山墙。

5. 夯土艺术

土楼外墙用土的配方繁复、考究。首先，它的主要建筑材料必须是没有杂质的细净红土，再按一定的比例掺以细河沙、水田底层的淤泥和年代久远的老墙泥。充分搅拌均匀后，加水用锄头反复翻整发酵。这道工序对土楼的建造至关重要，混合泥发酵的充分与否将直接影响土楼建成后的使用寿命。土楼的外墙泥如果发酵不到位，就会使墙体在温度和湿度变化时产生开裂现象，威胁到土楼内住户的安全。这样按比例配合而成的泥土被称为"三合土"，但这还不是最终的建筑用土，还必须在里面加入上好的红糖、打散起泡的鸡蛋清、不见米粒的糯米浆。夯建土墙时，还要在泥里加入一些木片、竹片或是大块的山石以加固墙体。这样夯成的土楼外墙将不惧水浸，坚如磐石。在没有钢筋水泥的年代，聪慧的客家人就是用这种看起来近乎原始的建筑方式，建成了神秘而庞大的土楼，成就了建筑史上的奇迹。

广西客家建筑用材主要采用当地石材、木材、砂石、土等，其墙壁以夯土墙为主。其成分以土、砂石、石灰为主，配以糯米等材料，加水调匀、研磨后夯筑成墙，该墙体坚固耐久。北海市合浦县曲樟乡的曲木土围城距今300多年历史，依然巍然屹立。贵港市君子垌围屋群的三合土成分有：细砂、黄土、石灰、碎石、大石块、动物骨灰、糯米浆。其成分按比例配制加水调和后，三合土变得结实牢固，其桅杆城的墙体裸露多年，经历风吹雨打，依然能保持较好的完整性。

6. 防卫艺术

防卫是客家建筑的一项重要内容，有序地建立外围防御、内部组织防卫系统能有效地抵抗外敌入侵。其外围防御体系一般由厚重的围墙、厚实的大门、高耸的炮楼、遍布的枪眼等构成，枪眼的分布有讲究，要求炮楼枪眼与围墙枪眼的射击范围有所交集，能交织全面覆盖。如福建土楼的外围土墙厚度通常可达2米以上，特别厚。土楼的一、二层是厨房和谷仓，对外不开窗或只开极小的射孔，三层以上才住人开窗，也可射击，防卫性特强。建筑内部组织具有良好的交通系统，如广西玉林朱砂庄、北海曲木土围城外墙内侧均有快速通道连接各角炮楼，有利于机动防卫队伍的随时补充。此外，贺州市百花村围屋修建有地下通道，呈井字形。

7. 空间艺术

客家土楼的特点是以一圈高可达五层的楼房围成方形或圆形巨宅，内为中心院，祖堂一般设在楼屋底层与宅院正门正对的中轴线上；或在院内建平房围成第二圈，甚至第三、四、五圈。祖堂设在核心内圈中央，是祭祖和举行家族大礼的地方。客家土楼主要有三种典型结构，就是五凤楼、方楼、圆寨。它的建筑特点有三点：

（1）中轴线鲜明。一般来说厅堂、主楼、大门都建在中轴线上，横屋和其他附属建筑分布在左右两侧，整体两边对称极为严格。

（2）以厅堂为核心。突出主厅的位置，以厅堂为中心，规划院落，再以院落为中心进行土楼整体的组合。

（3）廊道贯通全楼。但类似集庆楼这样的小单元式、各户自成一体、互不相通的土楼在永定乃至客家地区都是极个别的存在。

广西客家围屋注重空间的营造。在细节上，客家民居注重窗户、立柱、围廊、挑檐、门、雕刻等元素的重复排列组合，形成一定的秩序感，当光线照射到建筑物表面时，光影的变化带来强烈的韵律感，给人强烈的秩序体验；在空间布局上，客家民居讲究对称均衡之美，以轴线为对称线，左右两侧建筑对称；在建筑外观上，强调出视觉中心，同时建筑内部也通过对称平衡来划分空间，产生一种庄重、明确的空间印象；而在交通组织中，笔直、简洁的交通道路更便于行人的流动。

（4）客家民居建筑形态特色。

福建土楼有圆楼、方楼、五凤楼，以及椭圆形、八势、马蹄形、环形等其他变异形式。它们的形态特点可归纳为：能容纳庞大家族居住的建筑集合体；具有方形、圆形或其他形状的规整平面形式，边长或直径一般为30—70米；外墙体采用生土夯筑，内部构造为木构架；层数在2层以上，通常为3—5层；一层为厨房、餐厅，二层为仓库、储藏室，三层以上是作为个人活动空间的卧室；在中轴线上以公有空间连接全家进行节庆活动的堂屋、天井和祖堂。

福建土楼历尽千年而不衰，一直为客家人喜爱和沿用。这是因为它具有以下特点：就地取材、施工方便、不耗能源、经济实用，适应广大农村经济水平；堡垒式的外观、厚重的墙体和严密的保安措施，满足了人们安全、防卫的心理和生理要求，也适应了当时社会残酷斗争的现实；具有通风、采光、抗震、防潮、隔热、御寒等多种功能，在内居住舒适方便；强烈的中轴对称，以厅堂为中心布局，迎合了中国传统的宗法观念，受到封建社会的肯定和推崇；建造土楼的所有材料均为无污染材料，不论是兴建与毁坏或改变使用功能，均不破坏生态平衡，不污染自然环境，是一种值得推崇的"生态建筑"；注重对周围环境的适应和协调，讲究阴阳调节。

中国传统村落文化抢救与研究

文化区系列

Chinese Traditional Villages

第六章

客家传统村落的保护传承与活化利用

客家传统村落丰富的物质和非物质文化遗产，在具有开创和融合理念的客家精神引领下，应当获得主客一体、主客共享的良好保护和发展。客家资源的价值应当在考察、研究、科普中获得发现和肯定，通过良好的形式传播和放大。旅游平台和旅游体验的方式正是较好的选择，即在保护的前提下，通过旅游平台和旅游体验让客家传统村落的遗产获得再生和活化，并由此反哺客家传统村落的保护。

旅游平台可以彰显客家传统村落的价值；旅游平台具有服务社会、进行文化和科研学术交流等功能；旅游平台可以传播客家文化，促进资源共享和保护；旅游业态具有活化客家传统村落的功能。

今天是一个主客共享、主客互通、主客融于一体的时代。客家传统村落的保护、活化和发展通过旅游的串联，从客到主，从客家到一家，从一家到天下大家，将使客家村落和客家文化的发展达到一个新的境界和高度。

第一节
物质与非物质文化遗产的保护现状

一、世界文化遗产的保护现状

福建客家土楼是客家传统村落物质文化遗产的典型代表，从代代传承到被社会发现，再到列入世界文化遗产名录，客家土楼的保护和传承走过了一条值得借鉴和弘扬的成功路径。

（一）保护现状

1949 年以前，由于举家迁徙等原因，除一部分土楼倒塌或荒废之外，福建土楼基本没有遭到人为或自然灾害等重大的破坏。新中国成立之后，政府加大了对土楼的保护，制定了福建土楼保护规划，确立了保护机构；针对防范福建土楼受到当地居民的现代生活设施、灾害方面的影响，还制定了相关的防范措施。同时，在统一规划的基础上，逐步拆除与环境不协调的现代建筑物，并注重土楼周边的环境保护，基本上没有改变其环境关系。总的来说，福建土楼群保持了原有的历史风貌。1998 年 5 月，福建永定成立了土楼申报世界遗产机构，全力推进土楼申遗，为福建土楼的良好保护奠定了坚实基础。总体而言，福建土楼的保护较好，保护措施较多，保护效果较为明显。

（二）保护原则

福建土楼的保护遵循以下原则：以不改变土楼群原状为前提，不破坏土楼本体并应当同整体环境相协调，保护土楼群的真实性；在保护土楼的同时应保护永定客家土楼的整体性、历史性与延续性；不仅要保护自然环境，还要保护人文环境，包括民间习俗、名人诗词、民间工艺等，还原原始居民的生活方式。

（三）保护模式

福建土楼的保护模式，分为政府主导、法规先行、全民保护、立体监测四个部分，它们形成一个统一的、立体的、特有的保护模式。以永定客家土楼为例，首先，在以政府为主导的保护管理机制下，有组织、有计划地对土楼进行保护。事实证明政府主导是建立土楼保护机制的前提，为保护工作奠定了基础。其次，永定自2000年以来，根据《中华人民共和国文物保护法》《福建省"福建土楼"文化遗产保护管理办法》等法律法规，制定和出台了《福建（永定）土楼保护管理规定》规范性文件，还编制了土楼保护规划，这些都为保护工作提供了强有力的法律依据。再次，土楼的保护离不开全民的参与，永定构建了县、乡、村、楼四级的土楼保护管理网络及村民人人参与的独特管理和保护机制，使得全民参与成为保护工作最有效的手段。最后，通过对土楼的立体监测，实现对土楼全方位的安全监控，确保保护工作有条不紊地进行。

（四）保护措施

根据保护原则和模式，采取以下保护措施：完善法律法规，确定划分土楼的保护区范围、缓冲地带范围及土楼群落的沿河风貌带，确定相关保护原则，严格控制相关建设活动；对土楼进行质量评估，根据不同等级采取不同程度的维修，保留其原有的风貌特色；整治土楼周边环境，对影响整体风貌的建筑进行改造或拆除，同时治理受破坏的自然环境，达成建筑与景观的一体化；以维持土楼群整体基调为前提，完善基础设施和服务设施，为原住居民提供良好的生活条件；加强保护宣传，提高保护意识，推动年轻一代对历史保护的意识，建立健全志愿服务体系，让保护工作成为全民参与的公共活动。①

二、各省区物质文化遗产的保护现状

保护好客家传统村落物质文化遗产不仅是对过去历史的尊重，而且为发展旅游等产业奠定基础。目前，国家相关部门已有明确规定对不同级别的不可移动文物的保护措施，主要有：切实做好文物调查研究和不可移动文物保护规划的制定实施工作。加强文物资源调查研究，并依法登记、建档。在认真摸清底细的基础上，分类制定文物保护规划，认真组织实施。国务院文物行政部门要统筹安排世界文化遗产、全国重点文物保护单位保护规划的编制工作，省级人民政府具体组织编制，报国务院文物行政部门审查批准后公布实施。国务院文物行政部门要对规划实施情况进行跟踪监测，检查落实。要及时依法划定文物保护单位的保护范围和建设控制地带，设立必要的保护管理机构，明确保护责任主体，建立健全保护管理制度。其他不可移动文物也要依据文物保护法的规定制定保护规划，落实保护措施。坚决避免和纠正过度开发利用文化遗产，特别是将文物作为或变相作为企业资产经营的违法行为。

客家传统村落的物质文化遗产保护主要包含传统建筑、村落建筑格局、村落肌理、整体风貌以及生态环境的保护等方面。各省区

---

① 张煦. 浅谈福建土楼的保护与发展[J]. 福建建筑，2012（4）：13-15.

都建立了物质文化遗产的保护措施，编制了相关的文物保护规划。将有价值的文物列为文物保护单位无疑可以有效地保护文物。对客家传统民居进行筛选后，把部分客家传统民居列为文物保护单位后进行修缮保护，定期检查排除隐患，如福建永定高北土楼群、江西龙南关西新围、广西玉林朱砂庄、广西柳州凉水屯刘家大院、柳州隆盛九厅十八井等，根据情况判定是否保护与旅游发展兼顾。

表 6-1　客家传统村落江西部分典型建筑保护现状

名称	级别	年代	类型	保护现状
乌石围	国家级	明万历年间	前方后圆而形成半圆形围屋	位于赣州市龙南县杨村，此围因围前一块大乌石而得名，是赣南客家围屋中建筑年代最久远的围屋。其特色在于围屋以前方后圆而形成半圆形，是赣南众多围屋中独一无二的半圆围。目前未做旅游开发
燕翼围	国家级	清康熙十六年（1677）	方形围屋	位于赣州市龙南县杨村镇杨村村，门向东偏北，目前已经进行旅游开发，维护较好
玉带桥	国家级	清乾隆五年（1740）	桥梁	位于赣州市信丰县，横跨于虎山河上，因其弧形如玉带飞跨于崇山峻岭之间，凌驾于滔滔激流之上，故得此名。桥上屋面为悬山式，陶瓦垫沟，青瓦覆顶，另在南、北、西端和中间各建砖木结构的九脊翘角堡亭一间。目前未做旅游开发
关西新围	国家级	清道光七年（1827）	方形围屋	位于赣州市龙南县关西镇新围村，是赣南至今保存最完好、面积最大的围屋，目前已经进行旅游开发，维护较好

续表

名称	级别	年代	类型	保护现状
东生围	国家级	清道光二十九年（1849）	多边形围屋	位于赣州市安远县镇岗乡，是中国最大的方形围屋，与旁侧的磐安围、尊三围（遗址）、尉廷围等一起构成了富有特色的客家围屋聚落——东生围屋群，目前已经进行旅游开发，维护较好
白鹭村古建筑群	省级	宋绍兴六年（1136）	村落	位于赣县的最北端，毗邻兴国县和万安县，故有"一脚踏三县"之称。至今仍保留着大量完整的明清古建筑，以浓厚的客家文化和习俗著称。目前已经进行旅游初级开发，维护较好
栗园围	省级	明弘治十四年（1501）	八卦形围屋	位于赣州市龙南县里仁镇，是赣南现存围屋中保存最完整者，占地68亩，目前已经进行旅游开发，维护较好
永宁桥	省级	清乾隆三年（1738）	桥梁	位于赣州市石城县高田镇岩岭管理区上柏昌水口，是典型的阁式瓦桥，桥身坚实，格局古朴，为南方山区特有的建筑。目前未做旅游开发
洛阳村客家彭宅	省级	清嘉庆十六年（1811）	方形围屋	位于吉安市遂川县大汾镇。目前仅存门面及大厅，旁厅都已损毁，目前未做旅游开发
雅溪土围	省级	清咸丰六年（1856）	方形围屋	俗称福星围，位于赣州市全南县龙源坝镇雅溪村。目前已经进行旅游初级开发，维护较好
雅溪石围	省级	清光绪十一年（1885）	方形围屋	位于赣州市全南县龙源坝镇雅溪村，是赣南客家围屋的佼佼者。目前已经进行旅游初级开发，维护较好
龙光围	县级	清道光年间	方形围屋	位于赣州市龙南县桃江乡清源村下左坑口，是赣南为数不多的一座外墙采用条石建造的围屋。造型优美，比例协调，是龙南客家围屋的典型代表之一。目前未做旅游开发

表 6-2　客家传统村落福建部分典型建筑保护现状

名称	级别	年代	类型	保护现状
河坑土楼群	世界文化遗产	年代最早的朝水楼建于1549年	圆楼、方楼	位于漳州市南靖县书洋镇曲江圩河坑村，包括朝水楼、阳照楼、永盛楼、绳庆楼、永荣楼、永贵楼、南熏楼等7座方形土楼，裕昌楼、春贵楼、东升楼、晓春楼、阳春楼、永庆楼、裕兴楼等7座圆形土楼，共14座。河坑土楼群有仙山楼阁、北斗七星之称，建筑体现了中华民族传统的建筑风格和规划思想
田螺坑土楼群	世界文化遗产	清康熙元年（1662）	圆楼、方楼	位于漳州市南靖县书洋镇田螺坑村，土楼群含步云楼、和昌楼、振昌楼、瑞云楼、文昌楼。目前土楼群周边山坡保护完好，各个土楼的建筑结构保存完好，正在整体进行旅游开发
和贵楼	世界文化遗产	清雍正十年（1732）	方楼	位于漳州市南靖县梅林镇璞山村，土楼高21.5米，共5层，是南靖县最高的土楼。这座土楼建在沼泽地上，用200多根松木打桩、铺垫，历经200多年仍坚固稳定，保存完好
二宜楼	世界文化遗产	清乾隆五年（1740）	圆楼	位于漳州市华安县仙都镇大地村，建筑结构保护完整，其建筑平面与空间布局独具特色，防卫系统构思独特，构造处理与众不同，建筑装饰精巧华丽，堪称"圆楼之王""神州第一楼"，为福建省两大民系——客家民系、福佬民系之福佬民系地区单元式土楼的代表
东阳楼	世界文化遗产	清嘉庆二十二年（1817）	方楼	位于漳州市华安县仙都镇大地村，建筑结构保护完整，整个建筑前低后高，等级分明，建筑设计构思已由防御为主向追求舒适转化

续表

名称	级别	年代	类型	保护现状
南阳楼	世界文化遗产	清嘉庆二十二年（1817）	圆楼	位于漳州市华安县仙都镇大地村的狮形山下，建筑结构保护完整。南阳楼的内部由木结构和灰瓦组成，为环廊式建筑。楼房朝里围成环状。单元若干，环形通廊连成一体，通廊式与单元式结构相结合。楼内所有房门和窗户均朝向天井。所有房间都是相同大小，整齐划一
奎聚楼	世界文化遗产	清道光十四年（1834）	宫殿式方楼	位于龙岩市永定区湖坑镇洪坑村土楼群，建筑结构基本完好，部分门窗有破损
衍香楼	世界文化遗产	清道光二十二年（1842）	圆楼	位于龙岩市永定区湖坑镇新南村，楼内保存完好的内厅仿府第式建筑，有后堂、中堂、前堂，厅左右侧有厢房。厅内及楼外围墙、左右小门等雕刻精巧，墙壁上书画精美，龙飞凤舞
福裕楼	世界文化遗产	清光绪六年（1880）	五凤式方楼	位于龙岩市永定区湖坑镇洪坑村土楼群，建筑结构保护完整
怀远楼	世界文化遗产	清宣统元年（1909）	圆楼	位于漳州市南靖县梅林镇坎下村东部，是建筑工艺最精美、保护最好的双环圆形土楼，堪称传统民宅建筑艺术的佳作，目前建筑结构保护完整
振成楼	世界文化遗产	民国元年（1912）	圆楼	位于龙岩市永定区湖坑镇洪坑村土楼群，建筑结构保护完整
振福楼	世界文化遗产	民国二年（1913）	圆楼	位于龙岩市永定区湖坑镇下南溪，土楼保存原有的八卦布局，建筑结构保护完整。楼内用了许多石料和砖料，雕刻精细，是一座外土内洋、中西合璧的土楼，被称为振成楼的"姐妹楼"

续表

名称	级别	年代	类型	保护现状
长汀城墙	国家级	唐代至明代	城墙	位于龙岩市长汀县汀州镇，现存城墙自朝天门至惠吉门近河一带，长1125米，还有城门楼3座。城门楼皆明清时期砖木结构，气势雄伟
集庆楼	国家级	明永乐十七年（1419）	圆楼	位于龙岩市永定区下洋镇初溪村北面溪边，是客家土楼中年代最久远的圆形土楼之一，目前其独特的结构保存完好，整个土楼开发建成主题博物馆
四堡书坊建筑	国家级	明清	九厅十八井	位于龙岩市连城县四堡乡，大部分建筑结构完好，小部分建筑破损，门窗、瓦片破损等。书坊是雕版印刷场所，称堂、楼或阁。现存林兰堂、翰宝楼、碧清堂、文海阁等80余座，大部分为明清建筑
培田村古建筑群	国家级	明清	九厅十八井	位于龙岩市连城县宣和乡培田村，村落结构和街道肌理保存完好，主要建筑保存较好。数百年间培田共建起30幢高堂华屋、21座宗祠、6所私家书院、2座跨街牌坊、5座庵庙道观和一条千米长的古街
西陂天后宫	国家级	清康熙元年（1662）	庙宇	位于龙岩市永定区高陂镇西陂村，建筑结构保护完整。天后宫由大门、戏台、大宝殿和登云馆组成。主体建筑为天后宫塔，高达40余米，7层，塔基用天然石块干砌，基面土墙厚1.1米，底层为主殿，高6.5米，长14.4米，宽12米，中间有四根大圆木柱，支撑着塔重心。主殿供奉天后（妈祖）
承启楼	国家级	清康熙四十八年（1709）	圆楼	位于龙岩市永定区高头乡高北村，建筑结构保护完整，被称为"土楼之王"
古田会议会址	国家级	清道光二十八年（1848）	宗祠	位于龙岩市上杭县古田镇采眉岭笔架山下，整体建筑的结构保护完整

续表

名称	级别	年代	类型	保护现状
罗坊云龙桥	省级	建于明崇祯七年（1634），乾隆三十七年（1772）重修	廊桥	位于龙岩市连城县罗坊乡下罗村口，廊桥结构保存完好
璧洲文昌阁（含永隆桥、天后宫）	省级	建于清康熙三十一年（1692），清同治五年（1866）修葺	庙宇、廊桥	位于龙岩市连城县莒溪镇璧洲村，文昌阁外观5层，内实4层，下面两层为方形，3层以上以悬臂梁构成八角形，顶为宝葫芦状。其左侧为清代所建天后宫和永隆桥，3座古建筑连成一体，颇为壮观
涂坊围屋	省级	清乾隆年间	全围式传统民居	位于龙岩市长汀县涂坊镇，建筑结构保护完整。建筑坐东南朝西北，穿斗抬梁式木架构，单檐悬山顶，由门楼、池塘、空坪、正门、下厅、中厅、上厅、后厅、后花台、左右两排横屋、前后围屋等建筑组成
存耕堂	省级	清乾隆年间	九厅十八井	位于龙岩市上杭县中都镇罗溪村，建筑结构保存完好
遗经楼	省级	清咸丰元年（1851）	方楼	位于龙岩市永定区高陂镇上洋村，建筑结构保护完整
临阳楼	县级	明代	方楼	位于龙岩市永定区洪坑土楼群，建筑结构基本完整
五云楼	县级	明隆庆年间	方楼	传统建筑形式基本保留，但屋顶、墙体、门窗均有较大程度损坏，门窗隔扇缺损严重，甚至倾斜
景阳楼	县级	清代	方楼	位于龙岩市永定区洪坑土楼群，建筑结构基本完整
庆福楼	县级	清代	方楼	位于龙岩市永定区洪坑土楼群，建筑结构基本完整
光裕楼	县级	清代	方楼	位于龙岩市永定区洪坑土楼群，建筑结构基本完整
九盛楼	县级	清代	方楼	位于龙岩市永定区洪坑土楼群，建筑结构保护完整

续表

名称	级别	年代	类型	保护现状
西城楼	县级	清代	方楼	位于龙岩市永定区洪坑土楼群，传统建筑形式基本保留，但屋顶、墙体、门窗均有较大程度损坏，门窗隔扇缺损严重，甚至倾斜坍塌
东升楼	县级	清乾隆年间	方楼	位于龙岩市永定区洪坑土楼群，传统建筑形式基本保留，但屋顶、墙体、门窗均有较大程度损坏
世泽楼	县级	清嘉庆年间	方楼	建筑结构基本完好，部分门窗有破损
福兴楼	县级	清道光年间	方楼	位于龙岩市永定区洪坑土楼群，建筑结构基本完整
如升楼	县级	清光绪二十七年（1901）	圆楼	位于龙岩市永定区洪坑土楼群，建筑结构保护完整
日新学堂	县级	民国	方楼	位于龙岩市永定区洪坑土楼群，建筑结构保护基本完整，缺乏修缮，部分门窗已破损
庆成楼	县级	民国二十六年（1937）	方楼	位于龙岩市永定区洪坑土楼群，建筑结构保护完整
侨福楼	县级	1962年	圆楼	建筑结构保护完整
朝阳楼	县级	20世纪80年代以前	圆楼	位于龙岩市永定区洪坑土楼群，传统建筑形式基本保留，但屋顶、墙体、门窗均有较大程度损坏
其他土楼（玉成楼、庆云楼、震东楼等）	历史建筑	清代—现代	圆楼、方楼	位于龙岩市永定区洪坑土楼群，部分已开发商业经营的土楼结构保持较好；其他历史建筑的传统建筑形式基本保留，但屋顶、墙体、门窗均有较大程度损坏，甚至倾斜坍塌

表 6-3　客家传统村落广东部分典型建筑保护现状

名称	级别	年代	类型	保护现状
道韵楼	国家级	明万历十五年（1587）	八角形	位于潮州市饶平县三饶镇南联村。八角形的传统建筑形式基本保留，屋顶、墙体、门窗均有不同程度损坏，石雕砖雕有不同程度的风化。目前，旅游开发处于观光阶段
父子进士牌坊	国家级	明万历三十八年（1610）	牌坊	又称"丝纶世美"牌坊，位于梅州市大埔县茶阳镇大埔中学门口。整个牌坊完好保存了严谨精致的结构，其造型美观大方、雕刻工艺精湛，具有浓厚的民族风格。目前未做旅游开发
叶剑英故居	国家级	清代	客家围屋	位于梅州市梅县区雁洋镇雁上村，主体建筑为灰瓦面，三合土墙体，保存完整，目前旅游开发处于观光阶段
林寨司马第	国家级	始建于清嘉庆年间	方形	位于河源市和平县东南部的林寨古村，建筑结构保护完整
谢晋元故居	国家级	清咸丰年间	方楼	位于梅州市蕉岭县新铺镇尖坑村，蕉岭县政府于1998年拨专款赎回已散失的故居房屋，整修后批准列为县级文物保护单位。2000年又拨专款兴建了谢晋元纪念馆，与故居原有建筑相连互映，并珍藏了大量展现将军生平事迹的图片实物。现今旅游开发处于观光阶段
长围村围屋	国家级	清咸丰五年（1855）	方形	位于广东省韶关市始兴县罗坝镇燎原行政村长围自然村。整座民居的青砖瓦木构筑结构保存完好，中间祖堂，三厅二井。两侧民居，二厅四房组合，地面铺薄青砖。目前未做旅游开发
满堂围	国家级	清咸丰十年（1860）	方形	位于广东省韶关市始兴县隘子镇满堂村村民委员会大围自然村，围屋保存完好，国家已立项并拨款778万元进行修旧、复旧，目前旅游开发处于观光阶段

续表

名称	级别	年代	类型	保护现状
人境庐和荣禄第	国家级	清光绪年间	三堂两横式民居	位于梅州市东郊周溪畔，人境庐，是黄遵宪的书斋，是一座砖木结构园林式的建筑；荣禄第，是黄遵宪的故居，保持了中原地区四合院、堂横式结构组合之特色，是一座三堂两横式的传统客家民居建筑，结构保护完整，目前，旅游开发处于观光阶段
叶挺故居	国家级	清光绪十年（1884）	围屋	位于惠州市惠阳区秋长镇周田村，1980年7月1日经维修，叶挺故居正式开馆，目前，结合叶挺生平事迹进行旅游开发，处于观光阶段
丘逢甲故居	国家级	清光绪二十二年（1896）	两堂客家围屋	位于梅州市蕉岭县城北面15千米处的文福镇淡定村，建筑结构完整，修缮完好，目前旅游开发处于观光阶段
颍川旧家与谦光楼	国家级	民国十九年（1930）	方形	位于河源市和平县林寨镇兴井村，建筑结构基本保留完整，外墙稍有破损，目前，旅游开发处于观光阶段
盘龙围	市级	明成化年间	圆形	位于梅州市梅县区石坑镇南部龙头村，500多年来，历经多次修缮，仍保持原有风貌，建筑结构保存较好
桃源继述楼	市级	清代	方楼	建筑结构保存较好

表6-4 客家传统村落广西部分典型建筑保护现状

名称	级别	年代	类型	保护现状
龙胜九厅十八井	省级	清嘉庆四年（1799）	围屋	位于柳州市柳江区，保护良好
朱砂庄	省级	清乾隆年间	围屋	玉林市文物保护单位，目前保护尚好
刘家大院	市级	清光绪十八年（1892）	围屋	位于柳州市柳南区，保护良好

续表

名称	级别	年代	类型	保护现状
松茂村	县级	清代	围屋	位于玉林市博白县松旺镇西北边，村中的客家围屋、古名祠、昌穆庄客家古围城为县级文物保护单位。保护尚好，需要进行修缮
百花村	县级	清乾隆年间	围屋	位于贺州市八步区莲塘镇，为县级文物保护单位，目前已经进行旅游开发，维护较好
仁冲村	县级	清乾隆年间	围屋	位于贺州市八步区莲塘镇，为县级文物保护单位，目前已经进行旅游开发，维护较好
大鹏村	县级	清嘉庆年间	围屋	位于贵港市平南县大鹏镇，入选广西首批传统村落名单，保护尚好，目前处于待开发状态
君子垌	县级	清咸丰年间	围屋	位于贵港市港南区木格镇云垌村，此为围屋群，范围广，数量多，围屋保护状况参差不齐，有些保存尚好，有些急需修缮维护

在江西、福建、广东和广西这几个省区当中，我们可以看到有不少的客家民居建筑得到比较好的保护和传承，但是不论福建、广东、江西、广西，还是其他的客家村落分布区，仍有许许多多的客家传统村落的民居、院落建筑，其中不乏颇具历史价值、建筑价值、文化价值的物质文化遗产还处在规划、保护、修缮、维护中，我们应予以重视。

三、各省区非物质文化遗产的保护现状

客家先民南迁的历史源远流长，客家人经历了数次大迁徙，中

原文化与地方民族、部落文化不断交融，相互影响，形成了多姿多彩的客家文化，千百年来的精神文明至今仍在延续。目前，联合国已经制定了《保护世界文化和自然遗产公约》（1972）、《保护非物质文化遗产公约》（2003）、《保护和促进文化表现形式多样性公约》（2005）等公约保护非物质文化遗产。中国也已经出台《国务院办公厅关于加强我国非物质文化遗产保护工作的意见》（2005）、《国务院关于加强文化遗产保护的通知》（2005）、《国家级非物质文化遗产保护与管理暂行办法》（2006）、《国家级非物质文化遗产项目代表性传承人认定与管理暂行办法》（2008）、《中华人民共和国非物质文化遗产法》（2011）等文件及法规来保护非物质文化遗产（简称非遗）。

据现在公布的全国、省、市、县各级非遗名录来看，客家非物质文化遗产的总量丰富，种类多样。

江西客家非遗丰富多样。其中，赣南非物质文化遗产是反映客家发展过程的珍贵活态历史，更因其蕴含独特的科学价值和艺术价值而历经时间考验并保存、流传至今。据不完全统计，江西省公布的第一至第五批非物质文化遗产名录中，客家非物质文化遗产共有131项，其中赣州市占84项（根据江西省公布的历次申遗的项目数据统计而来）。这些非物质文化遗产从内容上涵盖传统音乐、传统舞蹈、传统戏曲、传统饮食及传统医药、民俗等方面。其中，传统音乐、传统舞蹈、传统戏曲占了大部分，特别是山歌、采茶戏及各种灯戏舞蹈分布极多，充分体现了客家文化的多姿多彩，娱乐生活丰富、精神富足的一面。

就分布地域而言，江西客家非物质文化遗产主要集中分布于江西省比较偏远的县市。如，宜春市的铜鼓、靖安二县的客家非物质

图 6-1　江西龙南县栗园围香火龙

文化遗产分布比较多,但就位置来讲却相对较偏。另外,赣州市的"三南"——定南、全南、龙南三县以及崇义、上犹二县在非物质文化遗产分布上所占比例也相对较大,比较丰富。从中也可以看出,在传统文化逐步弱化的今天,客家文化的保护和传承任重道远。鉴于此,文化部于2013年批准设立国家级"客家文化(赣南)生态保护实验区"。该战略的实施极大地推进了客家文化的传承和保护,有利于客家地区社会经济文化的发展,更有利于客家非物质文化遗产从资源向产品、产业转型,在新时期也有利于该区全域旅游的发展以及旅游扶贫的深入推进。

福建闽西地区作为客家人主要集聚的地区，是客家非物质文化遗产项目的主要集中地。根据国家、省、市各级公布的客家非遗保护项目来看，福建客家非遗项目约 70 项，内容涵盖了传统音乐、传统舞蹈、传统戏剧、传统体育、游艺与杂技、传统技艺、传统医药及民俗等方面，以传统技艺和民俗的内容居多。除此之外，通过公布各级各类非遗代表性传承人，来保护客家非物质文化。以客家人最为集中的龙岩市和三明市为例，通过在市、县设立非遗文化馆，建立非遗网上馆，通过非遗信息化来加强非遗的保护与宣传，让更多人更方便地了解客家非遗的精彩。近几年，以客家文化内涵为亮点的旅游节庆活动也受到越来越多人的追捧，通过客家传统节庆活动的举办，吸引游客，带动旅游氛围。这让地方管理部门和当地客家人发现了非遗保护的经济价值，从而加大非遗的保护力度，将非遗打造成地方的旅游亮点，带动文旅产业，增加地方收入，成为新的经济增长点，让非遗保护进入良性循环。

2017 年 1 月 23 日，文化部同意设立客家文化（闽西）生态保护实验区，这是我国第三个国家级客家文化生态保护实验区。文化部要求福建省文化厅与龙岩市、三明市按照指导意见，加强领导和协调，建立健全保障机制，制定客家文化（闽西）生态保护实验区总体规划，落实各项保护措施，推进闽西地区客家文化生态整体性保护，提高非物质文化遗产保护传承水平，为弘扬中华优秀传统文化、推动当地经济社会全面协调可持续发展做出贡献。

图 6-2　福建连城县姑田游大龙

非遗是中华传统文化的"活化石",是"生活中的古典"。广东省相关部门对非遗的保护工作进行得较早,1956 年成立了广东省非物质文化遗产保护中心,专门从事群众文化工作和非遗传承保护工作。并于同年成立广东省文化馆,用于非遗的宣传。2011 年 10 月 1 日起施行的《广东省非物质文化遗产条例》也为广东省非遗保护提供法律依据。广东省的非遗管理已经形成了完整的国家、省、市、县四级非遗名录体系。

就数量而言,目前广东省级及以上的客家非物质文化遗产共有 56 项,其中国家级非遗 9 项，省级非遗 47 项，数量较多，类型较丰富。就分布而言，广东省客家非物质文化遗产主要分布在客家人聚集的地区，也就是在粤东和粤北地区，以"世界客都"——梅州为核心。梅州地区的非物质文化遗产，承载着历代客家人的坎坷与荣耀、踟蹰与奋进，是梅州客家文化的重要组成部分，也是梅州打造文化名城的瑰宝。梅州拥有国家级、省级、市级、县级非遗项目 305 项，代表性传承人 305 人，涵盖非遗项目 10 类，客家非遗文化内涵丰富。然而，在非遗保护传承过程中，梅州乃至全省对客家非遗的保护取得了一定的经验，但也面临诸多传承难题，不少非遗项目仍面临挑战，虽然申报工作开展得火热，但不少项目进入名录后，因缺乏有效的保护措施，或缺少资金扶助，非遗项目和传承人举步维艰。在当今多元文化的冲击下，不少非遗项目日渐式微，甚至面临消亡的困境。如梅州大部分项目传承状况较为良好，部分项目受现代化机械工艺影响无法得到有效传承，非遗传承保护任重道远。

作为民族文化传承的"活化石"，非物质文化遗产历来受到人们的重视。自 2011 年《中华人民共和国非物质文化遗产法》颁布以来，广西多措并举壮大非遗传承人队伍，非遗传承人开展的"传帮带"活动精彩纷呈。有关部门通过增加投入、搭建平台、加强培训、政策扶持、招商引资和牵线搭桥等方式，让非遗传承人在各自领域施展所长，充分实现他们的价值。目前广西建立了国家、自治区、市、县四级非物质文化遗产保护体系，迄今已有 49 人被评为国家级代表性传承人，555 人被评为自治区级代表性传承人。据统计，截至 2018 年 12 月，广西已公布自治区级非遗代表性项目 760 项、市级非遗代表性项目 1056 项，自治区级非遗项目总数是其他 4 个自治区总数的 1/2，但国家级非遗代表性项目数量明显偏少，只有 52 个项目入选名录。其中部分广西客家文化、习俗、技艺等已经被列入非物质文化遗产名录中，得到了一定的保护与开发。不少驻桂的全国政协委员对此相当关注，先后提出建议，加大广西非物质文化遗产保护和传承工作力度，使之既有高度，又有宽度。

主要保护措施建议：第一，建议国家加大对广西已有国家级非遗代表性项目的经费支持和专家指导，并在下一批次的评审工作中，派出专家到广西调研，指导有关项目的申报和保护工作，力争使广西的国家级非遗项目数量达到全国平均水平之上。第二，督导县级以上政府，统筹使用好各部门的现有非遗保护资金，合并关联项目，防止各自为政。同时，研究制定鼓励社会资金投入非遗保护事业的优惠政策，建立多渠道、多形式的资金投入机制。第三，建议采取贴息贷款、国家课题社科资金项目等多种支持与资助方式，为非遗传承人的传承活动创造条件。鼓励将传统的师徒制、家族传承与现代职业培养相结合的传承方式，探索职业技术学院开设非遗项目培训班和课程，让传承成为"人群的传承"，而不仅是"单人的传承"。

在福建、广东、江西和广西这几个省区当中，虽然我们看到了不少的客家民俗活动，但是不论福建、广东、江西、广西，还是其他的客家村落分布区，确实还有许多的传统客家民俗、非物质遗产资源还缺乏规划、保护和传承，我们更应当清醒认识到，有许多民俗因其非物质性的特征，正在逐渐淡化、流失，需要全社会的关注和扶助。

第二节
客家传统村落的保护现状

一、整体保护现状

目前传统村落消亡的日益加剧，引起了政府和社会各界的高度重视。如何保护和发展这些珍贵遗产，维护我国文化多样性已经引起政府、社会和学术界的广泛关注。2014年4月25日，住房城乡建设部、文化部、国家文物局、财政部联合印发了《关于切实加强中国传统村落保护的指导意见》，并公布了第一批中国传统村落推荐名单。文化部先后设置客家文化（梅州）生态保护实验区（2010）、客家文化（赣南）生态保护实验区（2013）、客家文化（闽西）生态保护实验区（2017）等文化保护区，各省（自治区）、市设置传统村落保护名录，力争从国家、省（自治区）、市各层级保护客家传统村落。

二、保护概况

入选中国传统村落名录的客家传统村落，在传统风貌保护、建筑保护与修缮、村落格局、民俗文化等方面采取了较好的保护措施。在传统村落保护中，主要对历史价值高、研究价值高、科学价值高、艺术价值高的建筑如大宗祠、庙宇、戏台、名家故居等进行保护，但由于经费和技术问题,能够做到完全保护的案例实属不多。

(一)江西客家重点保护村落概况

赣南地区

赣南客家传统村落分布数量较多,白鹭村最为典型。白鹭村位于江西省赣州市赣县区白鹭乡,毗邻兴国和万安,因此又有"一脚踏三县"之称。这里至今保留着大量完整的明清古建筑,百年以上的客家民居就有 140 多栋,是赣南保存最完好、最集中的客家传统村落,

图 6-3　白鹭村古建筑

古色古香的青砖黑瓦建筑群落表明赣南客家文化浓厚。历经 860 多年的风雨，依然保存有大小不等的一定规模的堂屋、祠宇共 69 座。

白鹭村有着悠久的历史，早在南宋时期，村落的古建筑群落已经形成。从建筑格局讲，白鹭村有着比较完整的老街、古民居和古祠堂等建筑群落，生产、生活、商贸的基础设施比较齐全。其建筑既有徽派风格，也有赣派风格。白鹭村保存有丰富的物质和非物质文化遗产，物质文化遗产有"人"字形的老街、古老的民居和祠堂群，以及古井、石板路、古巷、神庙、百年古树和建筑上的木雕、石雕等；非物质文化遗产有地方戏曲、民间歌谣、地方传说、民间小吃等。客家山歌在白鹭村很盛行，在老一辈村民中会唱山歌的不少，每逢传统节日都有山歌演唱，观看赣南采茶戏、傀儡戏是白鹭村民的重要娱乐方式。村民不但爱看，有不少村民还会演。

文化是一个民族的精神血脉，客家文化也是客家人精神的体现。这里有起源于白鹭村集南北喜剧之大成的东河戏、正月初七晚举行的抢"打轿"、中秋节的烧瓦塔、惟妙惟肖的木偶戏等。白鹭村的风味特产，诸如擂擂茶、白斩狗肉、鱼条、黄元米果等都独具地方特色。这些民俗风情和特色小吃无不反映了白鹭村先人艰苦卓绝的奋斗历程。

悠久而辉煌的历史又留给了白鹭村厚重的文化底蕴。白鹭村的明清客家民居群，素有"研究明清古建筑活博物馆"之称，古建筑结合了东西文化和南北文化，"王太夫人祠"更是全国罕见。

（二）福建客家重点保护村落概况

1. 龙岩地区

永定客家传统村落的主要传统建筑是土楼，历史悠久、风格独特，规模宏大、结构精巧。永定现存著名的圆楼360座，著名的方楼4000多座。客家土楼在永定境内分布广，数量多，形成高北土楼群、万安土楼群、洪坑土楼群、南溪土楼群、初溪土楼群、中川土楼群、岩太土楼群、中溪园土楼群、大洋坝土楼群、石城坑土楼群等10个土楼群。其中湖坑镇洪坑土楼群、高头乡高北土楼群、下洋镇初溪土楼群、湖坑镇新南村衍香楼、湖坑镇西片村振福楼被列入世界遗产名录。

图 6-4　福建龙岩市永定区高北土楼群

在传统习俗和技艺方面，永定客家土楼营造技艺、永定万应茶制作工艺、闽西汉剧、闽西十番音乐被列为国家级非物质文化遗产；永定客家山歌、永定土楼建筑工艺、抚市"走古事"、湖坑"作大福"、"高陂迎春牛"春耕习俗等被列为省级非物质文化遗产。

近年来，为充分展示永定土楼的文化品牌和文化底蕴，科学有序地开发传统村落，永定在立足保护前提下推进旅游开发，在有序开发中强化保护，着力推动文化旅游融合发展，让文化遗产在继承中创新、在保护中发展，既保护了土楼，又带动了旅游发展。

连城客家传统村落分散在乡村地区，以培田村为代表。培田村是拥有800年历史的村落，是国内现存较为完整的明清时期客家古民居建筑群，有多处全国重点文物保护单位。村内保存着30幢大宅、21座祠堂、6处书院、1条千米古街、2座跨街牌坊、5处庵庙道观，总面积达到7万平方米。全村建筑宏大、保护完好、珍藏品多、文化底蕴深厚。芷溪古村落先民先后兴建了68座古祠，138幢古民居。这些明清时期的古建筑除一部分是专门做祭祖联宗之用外，其余都是祠居合一的复合型建筑，普遍采用客家地区"九厅十八井"结构布局建造，庭院舒畅，雕梁画栋，飞檐翘角，美轮美奂，被客家学研究人士誉为客家"大宅门"。

连城的客家民俗文化活动保存较完整，代表性强，有姑田游大龙、罗坊"走古事"、游花灯、上江游大粽、犁春牛、入公太、四堡拔龙灯、游金瓜棚、新泉烧炮、红龙缠柱、提线木偶、连城拳等数十种客家民俗活动，被专家誉为中原古文化的"活化石"。每一个民俗活动中都能寻见客家文化的根底，都能折射出中原古文化的风姿。四堡印刷厂是国内现存的年代最为久远的雕版印刷历史遗迹。连城依托特色客家村落及丰富多样的客家民俗，发展具有连城特色的客家民俗文化游。

长汀客家传统村落均分布在乡村，主要有村寨和村落两种形态，传统建筑的风格主要是明清时期的古建筑，典型的有长汀古城镇丁屋岭和三洲镇三洲村。长汀丁屋岭是一座拥有八百年历史的客家山寨古村落，被誉为客家山民原始生活的活化石。山寨民居独具特色，建筑材料用本地特有的"丁屋岭页岩"作为材料，山寨吊脚楼随着地势，依山而建，高低起伏，错落有致。长汀三洲村地处汀江江畔，在宋代时已成为汀江河流域的重要商埠码头。三洲村古街分布着几十间从唐代留下来的老屋，全村有 60 多座宗祠家庙，还有众多古桥、街亭、城门、古井等。2010 年，三洲村成为第五批中国历史文化名村。通过中国历史文化名村的创建，改善村中的环境卫生、基础设施、修缮重点建筑等措施，村中环境更加宜居宜游。村落名气的提升、环境的整洁吸引游客到此游玩，增加村民收益，从而激发村民保护村落的积极性，这为村落的保护提供了有效的方式。

图 6-5
福建长汀县丁屋岭村

长汀境内的客家围屋主要分布在涂坊镇，围屋呈椭圆形，用封火墙砌成，除一扇大门和一扇边门外，全封闭，围屋主体前是一个空坪，坪前是一个半圆形池塘。这种家族团聚和谐的大围屋，可住几十户人家。

上杭的客家传统村落分布较少，典型的村落有太拔乡院田村、庐丰畲族乡丰济村、中都镇罗溪村。院田村是一个古建筑还保存得较为完整的客家传统村落，是上杭古建筑最多、最具特色的传统村落，是客家李氏的重要发祥地。村里保留着大小几十座古民居，其中有"迎川至""奠攸居""郎官第"等规模宏大的古民居12座，建筑年代均在百年以上。建筑风格上既有"九厅十八井、穿心走马楼"的古建筑，也有庭院式、方土楼、围屋、徽派建筑，每一栋都具有极高的文物价值。这些古民居建筑精美巧妙、开阔大气，既有中原遗风，又有南方建筑风格，是客家古建筑的奇葩。此外，三折回澜的儒溪将村子错落有致地分布在溪流两岸，整个村庄显得灵动多姿。

武平客家传统村落分布较少，最典型的是平川镇的红东村。红东村，是武平县城周边历史悠久、古风余韵较浓厚的一个村庄，有东安桥、七圣宫、大井头、鸳鸯屋、古楼脚下、让水阁、寨背窝等自然村，由鹅卵石铺设的北大路把这几个自然村串连在一起，聚族而居的多数是李姓民众。现仍保留着大量的古民宅、祠堂、庙宇、书院、城门、阁楼、古街等明清时期古建筑，有鸳鸯屋、李氏宗祠、南安门、梁山书院、古井等。

2. 三明地区

宁化客家传统村落主要有泉上镇延祥村、曹坊乡下曹村、城郊乡社背村、治平畲族乡彭坊村、水茜乡沿溪村、石壁镇石碧村、湖村镇黎坊村等。泉上镇延祥村自古就有"诗书之邦"和"文化之乡"的美誉,至今还保存着丰富的古文物、古建筑、古胜迹。现存最为完整的是杨鼎铭故居,建于清乾隆末年(1795),砖木结构楼房,房宇四周砖墙包围,屋宇设计属殿堂式风格。古建筑还有:宋德祐元年(1275)建的古墓,南宋时兴建的社坛(里社坛),宋至明代先后兴建、完善的新林寺,元末兴建的德馨祠(奉祀天妃圣母),还有明清时期兴建的东岳庙、崇福堂、连丰祠、杨三五大厝、诒毅堂、杨念四祠、聚族堂、中园戏台、文峰塔等18处古建筑。

图 6-6　福建宁化县社背村

清流的客家传统村落分布较少，典型的客家村落有余朋乡东坑村。东坑村是一个以耕读传家的典型农庄，有着深厚的重教育才的好传统。明清两代，东坑出过1名进士、5名举人和14名贡生，任知县以上官员8人，最高官至都察院右都御史兼兵部右侍郎。村中相继设过6个书院：桂园书院、琢玉书院、黄岗书院、坑源书院、卧云山书房、龙吟静室。

（三）广东客家重点保护村落概况

广东客家村落分布主要集中于粤东、粤北和粤中区域，以梅州和河源为主要集中地区，这些地区由于地形、交通等因素，受外界的干扰较少，因此保存有较多的客家村落。在这些客家村落中，以位于河源市和平县的林寨村的保护最为典型。林寨村是拥有全国最大四角楼古建筑群的古村落，现仍有保存完好的颍川旧家、小洋楼、薰南楼、谦光楼、东门口、九栋屋、广文第与德馨第、下镇当铺、丰翔第、赤楼、永贞楼、美尽东南、中宪第、福谦楼、三角楼、宣仪第、大厅下、愿学卫荆、德星第、锡庆第、笃庆第、天佑楼等古民居，建筑是典型客家风格的四角楼，其规模大、数量多、建筑艺术精湛、文化底蕴深厚，在全省乃至全国实属罕见。2012年获得"广东十大最美古村落"称号。

林寨村，2000多年的岁月年轮，多种文化的融会贯通、演变流转，最终形成了"船艇上楼梯、蒲艾挂门楣、寿星遍乡里、木屐当马骑、摆指游河溪、龙王敢晒死、从不水浸街、火堆烧垃圾"等"古村八奇"的文化景观。在今天看来，这八大奇，无不透露着满满的客家智慧。

图 6-7　广东和平县林寨村全貌

第一奇：船艇上楼梯。是指旧时林寨古村由于地势低洼，濒临江河，常常日遭三浸，村上的人为抵御水患，保护生命财产安全，制造船艇多艘，平日里抬放在村子的门楼上，当洪水漫浸到一定高度，就将船艇推下，然后沿着村子大街小巷救助灾民。

第二奇：蒲艾挂门楣。林寨古村居民的先祖是从福建省宁化县石壁村葛莉藤坳迁入此地的，村民在端午节，把艾叶、菖蒲和沙棕等扎成艾圈，挂在门楣上以避邪；据传陈姓先祖遭"安史之乱"时，陈家汉子身背大龄侄儿、手牵稚弱亲子而感动官兵，后按官兵之嘱，在门楣上挂蒲艾，保得合家平安，此风俗长此传承。

第三奇：寿星遍乡里。古村落里，长寿之人比比皆是，单上石街古巷的十多户人家中，就有陈华昌、黄年英百岁夫妻等众多的寿星。专家学者归纳结论为：一是古色古香、美景如画的古村，空气清新、环境干爽，是宜室宜居的家园；二是由于古村民风淳朴、村民和谐相处，其乐融融；三是凡事看得开，清清白白做人，食得安、睡得安，半夜敲门心不惊；四是古村文化娱乐多，无烦无忧生活；五是村民有文化，领会政策好，心底无欲天地宽；六是坚持饮用千年古井水，注重生命在于运动；七是衣食不奢华，多吃蔬菜粗粮。更重要的是村民和睦相待，辈分不设防，无代沟、无礼节、无拘无束，乐享天年。

第四奇：木屐当马骑。林寨古村落布局合理，巷街纵横有致，有两条石街贯穿全村，交通极为方便，整条村道铺就河卵石，晴雨不会泥泞，旧时尚无胶塑鞋靴，故村民喜穿木屐代步，屐声嗒嗒，此起彼落，恰似士兵出操，乡民笑称为"石街烂"。

第五奇：摆指游河溪。历代以来，当地居民饱受水灾之苦，游泳也是生存的本能，人们养成常游泳的习惯，这种习俗不分男女，很多家庭为了安全，女孩子从小也会随父兄到浰江河去熟悉水性，所以林寨虽然临近江河，但女子丝毫无惧水患。

第六奇：龙王敢晒死。旧时，林寨古村至公白双坳等地，若遇天大旱，人们先到龙王庙求雨；若3天后不下雨，村民就抬龙王神像巡游；3天后再不下雨，村民就抬出龙王神像让烈日暴晒；若过几天还不下雨，就把熬好的鱼藤草药倒入小河，毒倒鱼虾，捞起煮了吃；若再不下雨，就把烘干的茶麸撒到大江河，叫闹大河，村民金鼓齐鸣，鞭炮震天，直捣龙宫，把药死的大鱼——龙王臣民，在龙王庙前煮了吃，逼龙王就范……这种民俗，在其他地方是没有的。

第七奇：从不水浸街。林寨村陈姓先祖立基古村时，根据街道布局和地形特点，规划设计出精良的排水导污方案，采取分区排水的原则，建成了明沟和暗沟两种形式的排水系统。暗沟入水处设有窗式滤水孔，以防垃圾堵塞，裸露于路面沟顶并盖上石板盖，整条村道铺就河卵石，下雨不会泥泞，沟巷直通村前的大鱼塘，每逢滂沱大雨，雨水沿着通畅的沟渠涌入水塘，古村从不水浸街。

第八奇：火堆烧垃圾。自古以来，古村居民十分重视环保，旧时多在门前、巷角设置火池烧垃圾，俗称"火堆"，村民将垃圾烧尽后，把余泥灰烬用人畜粪尿搅拌成农家肥，然后放入储肥室或直接施入田间。

（四）广西客家重点保护村落概况

广西客家人主要集中于桂东、桂中、桂东南、桂南四大片区，但是由于客家旅游开发起步晚，现在成功活化利用的客家传统村落数量并不多，比较著名的有贺州市莲塘镇江氏大屋、玉林市博白县松茂村、钦州市浦北县客家文化村等。

广西贺州市八步区莲塘镇仁冲村的江氏大屋目前是广西唯一一个处于完全旅游开发状态的客家旅游景点。在修缮维护好原有客家围屋建筑后，积极建设停车场、旅游厕所、标识系统等基础配套设施，并做好消防和卫生措施，目前该景区已经在广西的文化旅游市场中占据一席之地，并与贺州市周边的景区连成成熟的旅游线路，通过景区之间的结合，有效地带动江氏围屋的旅游发展，其旅游线路有：姑婆山—露花温泉—玉石林—黄姚古镇—客家围屋，此为三日游；临贺故城—客家围屋—秀水状元村—福溪村，此为两日游。

2007年，贺州客家生态博物馆成立，这为广西境内的客家旅游开发提供了一个可持续发展的模式，它通过活化当地客家居民的生活习惯及文化气息，积极开发客家旅游产品，让游人能品味到原汁原味的客家生活，保证了客家围屋的旅游核心吸引点。

钦州市浦北县客家文化村是以"市场为导向"，政府力推的一个景区，当地政府20世纪90年代开始汇集浦北境内的客家文化物品、历史、人文等物件，通过客家文化村的建立，集中展示了客家文化在本地的发展历程。文化的集中展示有利于对当地客家文化的保护及推广，让更多的人参与其中，分享客家传统文化村所带来的财富。在建设过程中，政府注重客家文化的还原，保留了建筑的风貌、生产物件、生活用品等，并引导鼓励当地客家人对其传统进行继承发扬，力争保留客家最原汁原味的风情。

三、保护中存在的问题

（一）缺乏保护与规划，传统村落生存空间锐减

城镇化的加速推进，影响客家传统村落的生存空间。与此同时，一些边远山区人口快速向经济较发达、生活条件较好的中心村、镇集中，给一些传统村落带来较大的建设压力。同时，部分村落过度开发，缺乏专业的发展规划的指导，导致传统村落中的古民居遭遇不可逆的破坏，当地居民为迎合游客需求，新建与传统建筑完全不协调的建筑，破坏村落整体风貌，改变原有村落结构和肌理。

（二）资金缺乏和标准缺失，保护工作无从下手

保护资金投入不平衡，保护开发望"楼"兴叹。客家传统村落还有成千上万栋急需保护维修的古民居，而且其中大部分还达不到目前文物保护标准的级别，投入资金也是杯水车薪。

（三）保护主体缺位与人才稀缺，保护成效不明显

保护主体不明晰，房主缺乏保护动力。保护开发利用客家传统古村落和古民居的保护主体和动力来自何处目前并不明确。同时，古建筑维修队伍少，维修保护的人才奇缺。

图 6-8　规划建设中的客家土楼村落福建洪坑村
（图片来源：福州市规划勘测设计研究总院）

第三节
城镇化对客家传统村落的冲击

一、生存环境

客家传统村落自古分布在较偏远的山区，与外界来往较少，整个生存环境比较封闭。但在现代化背景下，客家传统村落的生存环境发生了巨大的变化，道路交通条件得到改善，原本闭塞的环境变得开放，长期生活在村落中的人开始接触外面的文化，城镇化也随之而来，客家传统村落面临着巨大的压力和挑战。在城镇化和新农村建设过程中，传统村落与城镇化建设的矛盾日渐凸显，许多作为中华传统文化根源、物质和精神文化载体的传统村落面临消失厄运。

二、发展现状与趋势

（一）现状：农村人口大量外流与传统文化圈急剧衰落

在城镇化的强力推进以及受城乡文化、教育、医疗等公共资源分配不均衡、矛盾加剧等因素的影响，越来越多的农民选择离开农村，到城镇谋生并开始新的生活。原本稳定的乡村文化结构遭受前所未有的破坏，历史上守望相助、温馨和谐的村落开始走向衰亡，许多农耕时代的物质见证遭遇泯灭，大量从属于村落的民间文化传统也随之灰飞烟灭。①

改革开放以来，在农村剩余劳动力大量增加、城镇化急需大量劳动力和国家制定政策支持转移剩余劳动力等因素的影响下，客家农村人口向城镇大量转移，致使村落的生产生活瓦解，空巢化严重，边远山区的"空壳村"越来越多。而比消失的村庄更令人不安的是本来就依附在古村落、古民居和农耕族群中繁衍生存的传统文化圈，正随着工业化和城镇化的发展而迅速没落。自2006年我国公布首批国家级非遗目录以来，至今前后已经公布了四批非遗目录。其中包括闽西客家十番音乐、土楼营造技艺、雕版印刷技艺、万应茶制作以及闽西客家元宵节、赣南采茶戏、兴国山歌、于都唢呐公婆吹、石城灯彩、信丰古陂席狮犁狮、梅州客家山歌、广东汉乐、花朝戏、席狮舞、五华提线木偶戏等。

（二）趋势：城镇化推进下的传统村落正遭受破坏与消亡

随着经济的快速发展和人民群众生活水平的提高，一些古民居的居住环境已不适应现代居住要求，村民为改善居住条件，拆掉大量古民居来建新楼。如福建连城县四堡乡务阁村，大量的现代建筑已将古民居全面包围；福建连城县庙前镇芷溪村的大量现代建筑"插花"在古民居和老祠堂之间，已有百年历史的河卵石村道、老水井、古寨墙等历史文化元素或被拆除，或被钢筋水泥

---

① 谢彪. 城镇化视阈下客家传统村落的调查与保护研究：基于闽西六县的实证调查[J]. 福建农林大学学报（哲学社会科学版），2015，18（2）：26-30.

图 6-9
福建诏安县太平镇
科下村燕翼楼
（图片来源：萧清碧 摄）

取代；福建武平县岩前镇灵岩村有些村民甚至把精美的古民居门楼拆掉了一半来建新房，这些二十世纪二三十年代具有浓郁南洋风格的侨房，也即将被房地产开发商的推土机摧毁；福建诏安县太平镇科下村的燕翼楼内，传统的居住条件已不能满足现代人的生活需求，村民为单独改变居住环境，将土楼内自家的厅堂拆除，新建现代建筑，造成传统与现代建筑混搭的现状，使得这座百年土楼风貌和结构完全被破坏。

三、保护面临的压力

随着经济的快速发展和人民群众生活水平的提高，客家传统村落的村民要求生活条件得到改善，一些古民居的居住环境已不适应现代居住要求；客家传统村落保护的资金来源少，维修一栋比较像样的古民居动辄需要花费数十万元乃至数百万元，维修资金的巨大缺口造成众多具有价值的古民居因为缺乏经费而得不到保护和修缮；相关部门配合不积极，出于现实利益的考虑，地方政府与开发公司对投资维修的积极性普遍不高，地方财政投入十分有限，而且此部分投入分配极为不平衡；古建筑修复人才稀缺，大量古建筑仍未修缮。

四、特色景观和乡土文化的传承与发展

客家传统村落有着自己独特的景观特色，随着时间的推移和城镇化进程的加快，其景观特色遭受到了前所未有的挑战。为了避免客家传统村落景观破坏殆尽，使客家传统村落文化得到良好的传承与发展需做到如下三个方面：

第一，建立客家传统村落保护库，对保护库内的客家传统村落进行实地调研，通过走访、勘测、资料记载等信息，尽可能还原其景观风貌，同时对其定期维护，责任落实到个人。

第二，统筹规划客家传统村落，尽量保留原有景观元素，不增加、不删除，协调城镇化建设影响范围。

第三，普及客家传统村落特色景观意义，让社区居民了解到景观的重要含义，自发保护起来，达到全民皆动员的目的。

而对于客家传统村落乡土文化的传承，应加强以下五个方面：

第一，深度挖掘客家传统村落文化习俗，取其精华，对其进行整编梳理，按照不同类型进行分类归纳。

第二，保护好遗留下来的客家传统民居，其作为客家文化寄托的重要载体需要不断的维护和修缮，不允许私自破坏或任其塌毁。

第三，针对客家传统文化进行科普宣传，让客家居民认识到其传统文化的重要性，并积极向外推介客家文化的内涵，引起社会的关注。

第四，保护与开发相结合，传统文化已经被重新发现，成为现代化建设的有效资源，随着文化旅游的热度增加，势必会有很多商家介入客家传统村落的发展，但是一切的开发活动必须在保护的前提下进行，旅游开发的建设、商业活动的开展等不仅仅以商业利益为动力，更需要把客家传统文化的内涵展示与推广作为其内在核心。

第五，积极培养下一代客家人的文化自豪感，提高文化自信，让更多的客家后代以自己是客家人为傲，积极继承发扬客家传统文化的优良传统。

五、新时期特色村镇的规划建设

客家传统村落承载着客家人深厚的历史和文化内涵，蕴含着丰富的自然科学价值和历史文化价值。在新时期的特色村镇规划建设中，需对客家传统村落进行整体系统的保护规划，保存客家村落传统格局、传统建筑风貌、生态环境、民俗民风、戏曲艺术，突出客家民系的独特性，提升村落的整体价值。

（一）重视保护规划的修编，保护上升到立法高度

客家传统村落一般都保存有较多的传统建筑，大部分古建筑还未提升到文物保护级别，个别建筑历经数百年，承载着丰富的

历史文化信息，保持着较高的原真性和整体性，一旦遭到破坏，其独特的神韵将一去不复返。随着新型城镇化的推进，很多村落缺乏相关法规指导性依据，传统建筑、村落格局和风貌遭到破坏，加上有些古建筑损毁后得不到及时修缮，村落面临严峻挑战。因而做好保护规划及完善法律法规，尤其是尽快制定适宜的地方性保护条例，充分利用法律及规划的约束力，是客家传统村落保护工作的前提。

（二）建立旅游与社区一体化体制，拓宽社区参与旅游发展途径

客家传统村落的保护修缮工作量非常大，不能单靠企业经营，也不能单靠基层政府完全保证保护修缮资金的来源和后续的维持。世界古村落遗产保护经验说明，村落内部村民的管理才是保证村落长期发展的关键。因此，可将旅游发展与村民利益捆绑在一起，实现旅游与农村社区发展的统一化。传统村落的旅游开发应减少外来企业的经营管理，保障村民自主经营权，让当地人积极投入旅游发展建设中，保证村民利益分配；充分挖掘客家文化及风俗习惯特色，如客家山歌、饮食、婚俗等，丰富旅游活动项目，提高旅游经济效益，解决剩余劳动力、村民就业难问题。同时，确立一套行之有效的行政管理体系、行业管理体系、公众参与体系、监督体系和资金保障体系，加大宣传力度，对村委会成员和村民进行必要的宣传和培训，更好地发挥村民在旅游建设与村落保护中的作用，提升各方保护意识，调动多方力量支持村落发展。

（三）明确传统村落发展的限制要求，合理地进行旅游开发

客家传统村落在强调保护的同时应以改善居民生活为原则，改善村落居住环境；旅游开发的进行也不应影响到村落的日常生活及其文化遗产的保护。客家传统村落应划定不同的功能区块，划定核心区、建设控制区等区域，核心保护区应重点保护村落的空间形态、建筑群体环境，包括古民居等各种组成要素。生产性旅游服务项目的发展可迁至建设控制区，且须保持与传统建筑协调，保护传统村落整体氛围。

（四）注意继承保护，提升传统村落保护级别

客家传统村落一般都具有浓重的儒家观念色彩，土楼、围屋、围龙屋等传统建筑整体表现出较高的建筑艺术价值，展现了客家人在南迁过程中对中原文化的继承和创新。在古民居保护修缮和重建中，应注意对建筑工艺、材料、装饰的保护和继承，以维持民居的完整性和原真性；还可通过展览形式将围屋的艺术价值展现出来。国家级、省级传统村落不仅充分体现村落价值意义，对于传统村落的保护发展也有一定影响。客家传统村落，在充分挖掘、明确当地遗产价值基础上，结合其他特色客家文化遗产，提升传统村落的保护级别，争取更多的关注，使客家传统村落能更好地协调各方资源，达到保护的目的。

第四节
客家传统村落的旅游活化

一、客家传统村落旅游活化的类型

福建永定洪坑村和连城培田村、广东深圳甘坑小镇和观澜版画村、江西赣县白鹭村和宁都小布镇、广西黄姚古镇和贺州莲塘镇等村落，通过发展旅游观光，增加旅游服务设施，增强旅游项目体验，让外界游客来了解客家村落。由此加强了村落与外界的沟通与联系，使客家传统建筑、民俗活动等物质和非物质文化遗产得到"活化"，让客家传统村落中生产、生活的资源转变为经济资源，实现村落的自我保护。这些村落通过旅游"造血"，让已濒临消失的客家传统村落重现新的生命力，为客家传统村落乃至其他传统村落的保护提供借鉴。客家传统村落将迎来转型，再次焕发生命力。客家传统村落旅游活化的类型主要有传统客家民居旅游、主题博物馆开发、特色民宿建设和特色民俗体验。

（一）传统客家民居旅游

以客家传统民居为重点，通过对民居内的生活环境、卫生条件加以改善，留住客家村落中的原住居民，让原住居民仍然居住在自己的家中，使村落保持传统生命力。如福建永定洪坑村改善土楼内的生活条件，让原住居民生活在自己的土楼内，保持原来的邻里关系和族群结构，延续客家土楼村落的原真性和文化生态特征。

通过商业手段对原客家传统村落民居进行整改，搬迁原住居民，修缮原有建筑，修旧如旧，还原客家传统民居风貌，并积极开发旅游产品，进行旅游市场宣传，达到以旅养屋的可持续发展目的，如贺州市莲塘镇江氏围屋目前已经成为广西著名的人文旅游景区。

（二）主题博物馆开发

改造客家古民居，以现代技术结合现有客家聚居区，修建客家文化博物馆，主要通过博物馆的形式向社区居民展示客家的发展历程、文化传统、习俗风貌等，达到保护、维护和推广客家传统文化的目的。如广西钦州市浦北县通过将清代客家古民居改造为客家文化展览馆，以古民居的建筑文化底蕴为基础，集中展示客家历来的生产、生活、教育、传承等文化，具有历史的文化气息。如福建永定下洋镇初溪村集庆楼，是永定现存最古老、结构最特殊的圆土楼。该楼木结构均靠榫头衔接，不用一枚铁钉，是一处难得的古代建筑典范。目前，集庆楼一层已初步建成50多个展室，内容涉及雕艺、戏曲、乐器坊、糕饼铺、老药铺、雕版印刷、纺织、书院、酒坊、算命馆、钱庄、民间服饰、农耕器具等。此外，古代契文、圣旨牌匾、明清文官服饰和用品等也是展出重点。

（三）特色民宿建设

传统建筑的特色就在于无法复制的历史，将客家传统建筑加以利用，改造成特色突出的民宿，能让人体验当地客家风情、感受民

图 6-10
福建永定
高头乡侨福楼客栈

宿主人的热情与服务,并体验有别于以往的生活。位于永定土楼高北景区内的侨福楼客栈就是一个成功的案例,这里的客房以木质家具为主,走进房间内,可以看到不论是土墙还是木质家具上都被岁月留下了深深的痕迹,让你感受到沧桑的韵味。店主人是一位热情好客的客家人,想让每位旅客都能体验一番客家生活。又如福建连城培田村的未晚山居民宿,民宿由村中的一座古民居改造而成,最大限度地保留了原先的历史韵味。客房虽然不多,但却足够干净舒适,让每一位住客都能体验到淳朴的乡村生活。客人可以到村子里购买食材,到民宿里的厨房亲手为家人朋友制作美食,享受一段难得的温馨时光。

(四)特色民俗体验

客家传统村落不仅有古民居等传统建筑及风貌,还有各类民俗、节庆、戏曲等非物质文化内容,在客家传统村落中的旅游活化可以利用本地丰富的客家民俗,开展独具特色的民俗活动。例如福建永定的"文化进土楼"工程，2017年以来，永定实施"文化进土楼"工程，按照"一楼一景致、一楼一特色、一楼一主题"的理念，改建了建筑文化展示馆、客家家训馆、民间绝艺馆等多处保护传承场所，吸引大多数游客关注非遗传承。与此同时，开展非遗旅游活动，使游客深入了解、体验、学习非遗文化。

二、江西典型传统村落的活化案例

（一）宁都小布镇

1. 概况

宁都小布镇位于江西省赣州市宁都县西北部，距县城60千米，东临洛口镇、钓锋乡；南连黄陂镇、大沽乡；西北与东韶乡及吉安市永丰县中村乡、上溪乡接壤，是宁都县也是赣州市最早的边陲建制乡之一。曾名小浦，1964年改易今名——小布，2000年6月撤乡建镇，全镇总面积152.57平方千米，其中耕地面积20015亩，山林面积15万亩，辖9个行政村，1个居委会，64个村小组，总人口15112人。境内基础设施齐全，环境优美，资源丰富，市场繁荣，素有"宁都小香港"之誉和"茶叶之乡"之称。2015年小布镇被评为"江西省十大休闲旅游小镇"。

2. 旅游开发状况

小布原名小浦，意指建在水边的小镇，其最早的历史可追溯至南宋。历史上，这个小镇红色地位显赫，但由于战争重创、交通闭

图 6-11　江西宁都县小布镇

塞等原因，经济发展水平曾一度落后。近年来，小布镇乘着赣南振兴发展的"东风"，长远规划、科学布局，由政府主导加以市场运作，突出特色、做强品牌，打造了赣州市乡村旅游的样板。小布也先后荣获"江西省十大休闲旅游小镇""江西省魅力乡镇十强"等称号，实现了政府、农户、社会的多赢，开启了小布人民的"七彩"人生。

2017 年 7 月 28 日，小布镇入选"第二批中国特色小镇名单"。2017 年全镇乡村旅游接待人数达 3400 万人次，乡村旅游综合收入超 300 亿元。主要的乡村旅游开发措施如下：

第一，享受政策红利，夯实旅游之基。

小布镇充分运用相关政策和国家扶贫开发带来的重大政策红利，狠抓各项基础设施建设，旧貌换了新颜，为旅游发展打下基础。几年时间内，昌宁高速建成通车，小布至石上二级公路得到改建，广昌至吉安高速即将开建，小布镇到南昌市、赣州市只需 2 个半小时，到县城只需 50 分钟，交通区位条件得到明显转变。又以农村危旧土坯房改造入手，实行统拆统建，高标准、高品位建设了大土楼、余家塅、柴坝上等新村点，建设中心小学、敬老院等各项配套设施。近两年来，小布镇投入建设资金 1 亿多元，对圩镇道路、房屋立面进行了全面改造升级，统一实施了绿化亮化美化工程，打造了"一江两岸"，新建停车场 10 个、休闲广场 3 个，新建精品社区 6 个，小布镇面积也由原来的 1 平方千米，拓展到现在的 3 平方千米。

第二，注重管理规划，确保旅游发展。

小布镇通过实行精细化的城镇管理，为旅游发展"保驾护航"。首先是实施农村清洁工程。通过完善焚烧炉、洒水车等硬件建设，增加保洁人员，提高清扫强度和密度，积极调动广大农户一起参与，建立起垃圾清理长效机制，实现了全天候、无间断街面一尘不染，打造了"干净小布"。其次，开展规划控制。科学编制了《小布镇旅游产业发展总体规划》，确定了旅游发展的目标和路径，打造"红色风情小镇"。为有效控规，小布镇专门组建队伍，及时处置乱搭乱建、乱牵乱挂等行为，实现了全镇无一处违法违章建筑，保证了小布旅游业发展升级空间，打造了"有序小布"。最后，大力开展社会治安综合治理。大力开展网格化建设，积极向各种违法行为宣战，同时，通过建设便民服务中心、创新微信问警等多种方式，搭建了警民连心桥，确保了一方平安，化解了群众矛盾。

第三，深挖文化资源，形成旅游亮点。

小布镇旅游资源丰富，该镇立足本地实际，深度挖掘开发了"红色""绿色""古色"的"三色"资源，打造出了一座深受游客欢迎的"明星小镇"。

"红色"即突出红色历史。小布镇是前三次反"围剿"的政治军事指挥中心,是中共苏区中央局、中华苏维埃中央革命军事委员会等革命旧址,是中国工农红军第一部无线电侦察台和通信队诞生地。现有国家级文物保护单位1处,县级文物保护单位10处,有红军标语、壁画100余幅,文件、文告、实物、回忆录等历史文物200余件。通过加强保护、"修旧如旧"和精心管理,现已形成赤坎村红色旧址群,积极打造了全国爱国主义教育基地。

"绿色"即突出生态休闲。小布镇群山连绵,水绿山青,生态环境优越,是"天然氧吧",森林覆盖率达71%,钩刀嘴、岩背脑瀑布、生态茶园等景点久负盛名。以此为依托,打造了钩刀嘴登山运动、瀑布探源、山地观光、田园漂流等旅游项目,推出了名茶采摘、红色菜肴烹制等生态农业观光游和农事生活体验游项目。

"古色"即突出文化脉络。小布镇文化底蕴深厚,"万寿宫"为全省保存最完好的两座古庙之一,鱼行古街、老电影院、小布镇史馆等古韵十足,又有独具地方特色的"蓝衫剧社"。通过大力修缮保护古建筑,积极支持"蓝衫剧社"发展,举办庙会、农民晚会等文化活动,完善休闲广场、农家书屋布点,各种文化元素异常活跃,传统文化和现代文化交相辉映。

第四,政府注资,形成旅游模式。

小布镇还主动作为,有力引导,大力提升了乡村旅游的服务能力。通过组建旅游服务机构,统筹全镇旅游工作。在小布镇政府名下,成立了旅游投资发展有限公司,注册资金1000万元。在公司引领下,打造了"乡镇采茶体验游""节庆民俗文化游"等旅游精品线路。开启了"白+黑""5+2"旅游模式,加快形成了集旅游景点、旅游餐饮、旅游商品为一体的旅游产业链。根据规划,当前正着力推进游客集散中心、旅游产品交易中心、现代农业休闲区景点、万寿宫老街区景点、岩背脑瀑布景点、茶文化街区景点等"两中心、四景点"建设，项目总投资5.1亿元。

小布镇充分认识到旅游产业发展带来的大好时机，以旅游为契机，积极开展与旅游有关的各种建设，从旅游政策、基础设施、环境整治、投资运营、管理服务、城镇管理、生态保护、文化挖掘等方面进行打造，从而形成了小布乡村旅游发展的新局面。

大力发展乡村旅游产业，给小布带来了积极的变化。一是发展形势越来越好。乡村旅游快速发展，丰富了振兴发展的"小布样板"，发挥了"乘数效应"，使小布成为社会"焦点"和投资"洼地"，驶入了发展的"快车道"。二是人居环境越来越佳。经过旅游发展的科学布局和有力推进，清新整洁、古朴亮丽、井然有序、和谐宜居的小布展现在世人面前。三是百姓生活越来越富裕。旅游发展，换了"环境"，优了"心境"，小布人民大力从事旅游相关产业，从而实现脱贫致富，凸显旅游扶贫效应，2016年11月29日，全国网络扶贫工作现场推进会正是在小布镇召开的。四是对外影响越来越大。小布镇从默默无闻向闻名遐迩华丽转身，知名度大大提升，中央、省、市媒体多次聚焦小布，各地纷纷组织前来参观学习，全国各地的游客也慕名而来休闲度假，享受这里的"慢时光"。据统计，仅2016年以来，小布镇就已接待游客近10万人次。

3. 旅游开发启示

传统村落旅游开发单靠一两个村的力量是有限的，必须在乡镇地方政府的主导下，加大政策支持和资金投入；在乡镇引导下，形成村村联动的旅游合力；加强各种资源的互补联动，注重文化资源的挖掘和转化，形成强劲的文旅产品；同时注重宣传和塑造，才可以让传统村落焕发生机。

（二）瑞金市壬田镇

1. 概况

壬田镇是全国重点镇、江西省百强中心镇和赣州市示范镇，地处江西省瑞金市东北部，与市区相距 15 千米，面积 168 平方千米，206 国道南北贯穿境内，是日东乡至市区的必经之地。东接石城县龙岗镇，南与叶坪乡合龙村接壤，北与大柏地乡相衔接，西与黄柏乡交界，交通便利，商贾云集，素有"五虎下山"之地的称谓，江西省级著名森林公园——罗汉岩风景区，国家级水利风景区——陈石湖水利风景区，同时坐落在镇中心东部，极具山水文化特色。

瑞金市壬田镇是一座具有悠久历史的旅游文化小镇，拥有远近闻名的国家 AAAA 级旅游风景区罗汉岩、凤岗的古建筑九厅十八井古迹，盛产经典的壬田豆干和水酒，更有闻名全国的扶贫产品廖奶奶咸鸭蛋，江南最大的特色旱烟基地，赣南最大的白莲交易市场等。

2. 旅游开发状况

壬田镇充分利用本地资源，依托罗汉岩国家 AAAA 级景区、竹园新村美食城、香满园省级三星级农家旅馆以及凤岗古村等综合性旅游资源，打造"品豆干水酒、探凤岗古村、览新村风貌、赏万亩荷花、朝高山古寺、游罗汉奇景"等旅游项目，长年观光游览旅客络绎不绝，旅游收入逐年呈上升趋势，给当地经济发展注入了新的活力。

位于瑞金市壬田镇洗心村的香满园家庭农庄游人如织，一拨拨

图 6-12
江西瑞金市
壬田镇中潭村

游客结伴采摘蔬果、垂钓，休闲娱乐。洗心村香满园家庭农庄建于 2013 年，通过完善基础设施建设，建设农家乐木屋、亲子体验采摘园、垂钓场所等硬件设施。2017 年 5 月，香满园家庭农庄被评为特色农家乐。2017 年上半年，该农庄收入达到 150 万元，同比增长 50%。

另如，瑞金市壬田镇东部中潭村，境内有优美且独特的罗汉岩风景区。全村总人口 1104 户 4477 人，辖 27 个村民小组。该村有建档立卡贫困户 117 户 416 人，通过赣州市委宣传部的帮扶及中潭村群众的自身努力，2016 年中潭村已退出贫困村。形成了以烟叶、白莲、脐橙、乡村旅游产业为主的产业格局，村民也通过各种产业及就业实现年人均纯收入达 6000 元以上，村集体每年收入 30 万元以上。[1]

3. 旅游开发启示

（1）利用好现有的旅游资源优势。

壬田镇拥有重要的旅游资源优势：一是交通优势，壬田镇离瑞

---

[1] 中国青年网. 产业拔"穷根"脱贫底气足：赣州市委宣传部结对帮扶瑞金市壬田镇中潭村纪实 [EB/OL].（2017-08-27）. http://news.youth.cn/jsxw/201708/t20170827_10596108.htm.

金市区较近，交通比较便利；二是自然资源优势，依托两个国家级景区——罗汉岩风景区和陈石湖水利风景区，既有资源带动效应，也有极强的生态优势；三是文化优势，客家古建筑九厅十八井古民居等传统建筑，拥有浓郁的客家文化风情。

（2）地方政府主抓旅游发展。

一是坚持规划先行。2014年政府部门重新编制了《壬田镇2014—2030年总体规划》和《壬田镇控制性详细规划》。《壬田镇2018年美丽乡村建设工作实施方案》则规定：编制农村特色文化村落保护规划，制定保护政策。在充分发掘和保护古村落、古民居、古建筑、古树名木和民俗文化等历史文化遗迹遗存的基础上，优化美化村庄人居环境，把历史文化底蕴深厚的传统村落培育成传统文明和现代文明有机结合的特色文化村。特别要挖掘传统农耕文化、山水文化、人居文化中丰富的生态思想，把特色文化村打造成为弘扬农村生态文化的重要基地。

二是地方政府注重镇内各村文明形象的构建，如中潭村近些年被评为"全国敬老模范村居"、"赣州市生态秀美乡村"、"赣州市文明村镇"、江西省"绿色社区美丽家园创建活动示范区"，中潭村党支部也连续四年被评为"瑞金市先进基层党组织"。壬田镇本身则在创建"乡村旅游、特色小镇"。

三是主动融入乡村振兴、美丽乡村政策。地方政府把旅游发展与扶贫工作紧密结合。争取上面的资金扶持，抓住机遇发展乡村旅游。努力完善基础设施建设，兴建美食城、农家旅馆、打造凤岗古村等，逐步完善乡村旅游点游客中心、旅游公厕、停车场、游步道等基础设施。

四是把扶贫工作和旅游发展紧密结合，加强对乡村旅游业的指导和推动，如瑞金市旅游发展委员会精准扶贫工作队按照《江西省农家旅馆星级划分与评定标准》，对洗心村的农家乐和生态农庄的专业指导，既完善了当地的餐饮设施，提升了旅游服务水平，也让当地人实实在在享受到了旅游带来的实惠。这些都为当地的旅游发展夯实了基础。中潭村则有赣州市委宣传部结对帮扶，同时依托罗汉岩国家AAAA级风景区优势，积极推进乡村旅游发展，打造了龙潭山庄、农家小院等一批乡村旅游产业示范点。

（3）因地制宜，发展乡村产业。

壬田镇已形成以烟叶、白莲、生猪为主导的新产业发展格局。依托江南最大旱地烟种植基地大力发展烟叶，2014年全镇种植烟叶5097亩，实现产值1568万元，创税345万元；圩镇有瑞金市白莲交易市场，白莲收获季节每天吸引一县五乡共2000多人到交易市场销售白莲；生猪方面以养宝、香山生态科技园为龙头，带领全镇200多户规模养殖户养猪，每年生猪出栏可达5万多头。特别是中潭村，它以产业兴旺为依托，利用得天独厚的自然环境优势，正大力发展特色产业，培植白莲、脐橙、油茶、烟叶等特色农业。

（4）以节事带动旅游、宣传旅游形象。

瑞金市壬田镇主办的壬田镇首届旅游文化美食节，就让游客知晓壬田、了解壬田、体验壬田、相中壬田，共同打造"全域旅游，全景壬田"，同时也推出了歌舞、车展、旅游推介、扶贫产品展销和壬田豆干、水酒等为一体的旅游文化美食"大餐"。壬田镇中潭村则依托罗汉岩国家AAAA级风景区优势，积极推进乡村旅游发展，打造了龙潭山庄、农家小院等一批乡村旅游产业示范点，举办"文明中潭·罗汉岩民俗文化旅游节"，促进中潭村乡村旅游发展。

这无疑为进一步宣传展示壬田乡村旅游成果，打响乡村旅游品牌，推荐壬田特色旅游项目，让更多的游客了解壬田，共同创建"乡村旅游、特色小镇"起到推动作用。

三、福建典型传统村落的活化案例

福建客家传统村落的旅游发展最早出现在土楼区域，以龙岩市永定区的洪坑村旅游发展最为典型，本部分主要介绍龙岩市的永定洪坑村和连城的培田村。

（一）永定洪坑村

1. 概况

洪坑村，又称土楼民俗文化村，是最具有特色的土楼古村落，位于龙岩市永定区湖坑镇东北面，省道309穿过村边。洪坑村是个单姓宗族聚集地，整个村子的村民都姓林。林氏先祖于13世纪（宋末元初）在此开基，距今已有700多年的历史。1991年，村中的振成楼被列为省级文物保护单位；1993年，洪坑村被列为中国客家土楼民俗文化村；1998年，其所在的湖坑镇被列为省级历史文化名镇；2001年，振成楼、福裕楼、奎聚楼被列为全国重点文物保护单位；2004年，洪坑村被评为国家AAAA级旅游景区；2008年，洪坑土楼群作为福建土楼的重要组成部分，被列入世界遗产名录；2011年，福建土楼·永定景区正式荣膺国家AAAAA级旅游景区。

洪坑村被称为浓缩的永定客家土楼博物馆，现存大小不一、造型各异的土楼120多座。其中"圆楼王子"振成楼、"府第式建筑"

图 6-13　福建永定洪坑村
（图片来源：魏培全 摄）

福裕楼、"宫殿式建筑"奎聚楼、"袖珍圆楼"如升楼是洪坑土楼群的代表性建筑。洪坑土楼沿溪而建，气势恢宏，依山傍水，错落有致，与茂林、修竹、小桥、流水相映成趣，勾勒出一幅幅美轮美奂的山水画卷。随着乡村旅游的发展，洪坑村的村容村貌焕然一新，产业结构不断优化，区域经济发展水平大幅提升，村民的生活日新月异。

2. 旅游发展历程

洪坑村的旅游发展较早，村落的旅游服务接待设施齐全，洪坑村在 2011 年获得国家

AAAAA级旅游景区的荣誉。伊国鑫运用旅游地生命周期理论分析了洪坑村的旅游发展演化历程，历程可以分为探查阶段（1990年以前）、参与阶段（1990—1998年）、发展阶段（1998—2008年）、巩固阶段（2008—2013年）和停滞阶段（2013—2016年）等多个阶段。[①]

（1）探查阶段（1990年以前）

洪坑大山重围，虽然交通不便，但景色秀丽，古有中原先民五次南迁只为寻觅世外桃源，今有八方游客不远万里只为领略土楼风情。改革开放初期，有少许研究人员前往土楼进行科考，偶尔有一些零散游客前来参观，淳朴大方、热情好客的客家村民如数家珍地向他们介绍土楼风光，展示风俗民情。1984年，振成楼楼主林日耕接待了第一批游客。当时土楼还没有成为景点，游客可以免费随意进出参观，直至80年代末才象征性地收取1元的卫生费。1985年，洪坑大队搬离振成楼后，楼主林日耕搬回土楼居住。同年在美国洛杉矶国际模型展上被誉为"东方建筑奇葩"的振成楼土楼模型熠熠生辉，福建土楼古民居也因此备受世界瞩目。1986年，林日耕带领振成楼内居民与湖坑镇政府合作筹款1万元进行振成楼旅游开发与保护，在全村范围内收集客家传统农事用具、传统客家服饰等，开办民俗展览室，门票定价4元。农闲之余，振成楼周边居民兼营起食杂店、饭店、农家土特产品销售等旅游经营活动，洪坑旅游开始萌芽，旅游商业初具雏形。

（2）参与阶段（1990—1998年）

随着游客数量的日益攀升，当地政府逐渐意识到旅游发展潜藏

[①] 伊国鑫. 乡村旅游发展对永定洪坑村村民生活方式的影响研究[D]. 泉州：华侨大学，2018.

着无限商机，于是着手重点打造当地的旅游业。振成楼于 1988 年和 1991 年先后被纳入永定县级和福建省级文物保护单位。为了加强对洪坑村的统筹管理，1991 年成立了永定县旅游局和旅游公司。旅游公司承租了振成楼开始经营旅游开发活动，永定县旅游局聘任楼主林日耕先生为第一位"土楼管理员兼讲解员"。进行统一规划后，洪坑村大力加强电力、交通等旅游基础设施建设，村容村貌得到全面改善，旅游服务能力大大提升。1995 年，首届"永定客家土楼观光节"成功地吸引了大批游客，专题纪录片和相关影视作品的拍摄宣传，极大地提高了洪坑村的知名度和享誉度。洪坑村村民对千里迢迢慕名而来的国际游客也由惊奇不已到习以为常，简单的外语交际也成了村民的家常便饭。尤其是林日耕先生，凭借其振成楼楼主及当地金牌讲解员的身份，时至 1995 年就已经接待了来自 30 多个国家和地区的游客。洪坑村乡村旅游步入发展正轨，游客数量逐年递增，旅游的经济杠杆作用不断彰显。

（3）发展阶段（1998—2008 年）

1998—2008 年是土楼申遗的十年，洪坑土楼作为"世界文化遗产"清单中最核心的土楼群，旅游发展进入全盛时期。1998 年 5 月，永定县成立了申遗机构——申遗委员会和申遗办，洪坑土楼申遗序幕由此拉开。同年洪坑村所在的湖坑镇成功入列省级历史文化名镇。1999 年 9 月、10 月，永定县政府和龙岩市政府先后向省政府和国家文物局呈报申遗请示，并邀请 10 多批国内外知名专家实地考察指导。2000 年 4 月，"福建土楼"即永定、南靖、华安三县"六群四楼"联合申报世界文化遗产。同年中国作协 30 多名专家学者参观考察后，盛赞永定客家土楼在历史上是空前绝后的，在世界上是独一无二的，在文化上是博大精深的，在功能上是包罗万象的，在价值上是无与伦比的。2001年，洪坑村的振成楼、福裕楼和奎聚楼一起被列入全国重点文物保护单位。2004年1月，洪坑村被评为国家AAAA级旅游景区。2006年5月，国家文物局正式明确将"福建土楼"列为我国2008年度申报世界文化遗产的唯一项目。2007年9月，福建省客家土楼旅游发展有限公司成立，对洪坑村的旅游开发实施统一规划管理。同年洪坑村被评为"福建最美乡村"。2008年7月6日，福建土楼作为中国第36处、福建省第2处世界遗产，被正式列入世界遗产名录。永定县秉持"旅游兴县"的口号，先后于2001年、2004年、2008年举办客家土楼文化旅游观光节，大力投资旅游发展，全面加强对土楼文化的保护和传承。其间土楼研究热潮此起彼伏，各级新闻媒体争相报道，相关题材文艺作品和研究成果方兴未艾，随即掀起一波土楼旅游大潮。洪坑景区游人如织、商铺林立，盛况空前。洪坑村民纷纷转战旅游市场，日进斗金，生活蒸蒸日上。洪坑旅游的发展大势逐渐向周边临近村镇辐射，促进了区域经济的全面联动升级。村民的生产生活方式、价值观念等正以不可阻挡之势发生着改变。

（4）巩固阶段（2008—2013年）

2009年，福建土楼永定景区全面启动国家AAAAA级旅游景区创建工作。2010年除夕，时任中共中央总书记胡锦涛同志首站抵达洪坑村，对永定客家土楼进行考察，引起了社会各界的高度关注和积极反响。洪坑客家民俗文化村先后于2011年、2012年、2013年分别荣膺国家AAAAA级旅游景区、最受网民关注的中国十大文化旅游景区以及中国旅游十佳景区。2008—2013年，洪坑旅游呈稳步发展态势，村民生活条件大大改善，村民人均收入、商铺汽车数量、门票分红等均有较大幅提升。据相关统计，2012年洪坑共接待游客100万人次，扣除旅游基础设施建设及日常运营维护费用，每名户籍村民在年底获得了900元的门票分红。旅游经营活动沿振成楼、福裕楼、奎聚楼、日升楼等著名景点及常规旅游线路分布发展，旅游业态日趋成熟。

（5）停滞阶段（2013—2016年）

2013年全国旅游经济形势下行，以团队游客为主要客源的永定洪坑旅游发展日渐步入"寒冬"。周边初溪土楼群和高北土楼群，尤其是同期捆绑申遗的南靖土楼群的分流效应，使得缺乏区位优势和核心竞争旅游产品的洪坑乡村旅游深陷低迷困局，进入相对停滞的发展阶段。游客接待量一路下滑，洪坑旅游进入买方市场，洪坑景区的旅游环境承载量远远供过于求。面对"僧多粥少"的艰难时局，旅游市场乱象丛生。缺乏行业约束和管理的当地村民走向恶性竞争，"黑车""野导""追客""欺客""宰客"等现象屡禁不止。

3. 传统村落活化的"客家土楼现象"及其重要启示

在客家文化区，传统村落的旅游活化最成功的案例当属福建永定的洪坑村。这个经历活化的客家传统村落最终被推向了极致，从市级推向省级，从省级推向了国家级，最后推向了世界级，引起了国际性的关注和重视。土楼由此被誉为中国古建筑的一朵奇葩，成为世界知名的独一无二的神奇的山区民居建筑，并带动了客家传统村落的民俗文化等非物质文化遗产获得传承、延续和弘扬。"客家土楼现象"的重要启示有三点：

（1）重视旅游规划和保护传承。当地政府早期十分重视旅游规划，洪坑村土楼的旅游从1992年着手规划，2008年获评世界文化遗产后，通过在全国范围招标一流的旅游规划设计院，更是从宏观到微观进行了总体规划至详细设计。重视旅游规划意味着旅游区有了科学发展的方向,旅游规划的目的是使旅游开发和旅游发展最大限度地减少破坏,并强调在保护中发展,通过循环发展活化已有的资源,传承好客家土楼村落的文化旅游资源和遗产,并使自然资源和文化资源通过规划协同发展。在规划引领下,洪坑村按照"一楼一景致、一楼一特色、一楼一主题"的理念,形成了土楼建筑文化展示馆、客家家训馆、民间绝艺馆等多处保护传承场所,开展非遗旅游活动,使游客深入了解、体验、学习客家传统村落的非遗文化,吸引了越来越多的社会群体通过旅游关注非遗传承。

图 6-14　洪坑村土楼旅游规划成果
(图片来源:福州市规划勘测设计研究总院旅游规划设计中心)

洪坑村除了土楼建筑是世界文化遗产外，还规划挖掘了客家土楼营造技艺、闽西客家十番音乐、永定万应茶制作工艺等国家级非遗项目 3 个，永定客家山歌、永定土楼楹联省级非遗项目 2 个以及永定客家家训文化等市级非遗项目 38 个，是客家耕读传家文化的集中展示区，也是传统村落客家人生活的体验地。

（2）积极开展非遗教育。龙岩市积极开展各类非遗传承培训班，目前已举办了土楼营造技艺、十番音乐、万应茶制作技艺等国家级非遗项目的带徒传艺活动，举办各类培训班共 65 批 2000 余人次。同时大力推进非遗进校园、进课堂活动，组织编写各类非遗乡土教材，在全市 85 所中小学开设非遗课程，每年开展活动达 300 多场次。同时出版《闽西非物质文化遗产大全》。

（3）发展产业群。积极引导合理保护和开发土楼周边非遗文化资源，大力实施"旅游+"战略，带动非遗工艺和旅游景区形成相互配合、共同发展，集观光、体验、学习于一体的产业集群。以万应茶为例，永定采善堂制药有限公司引进了国内先进的生产设备和检验设备，在原有生产"万应茶"的基础上，拥有茶剂、丸剂、颗粒剂 3 条生产线，产品远销海内外，年销售额 4000 多万元。

（二）连城培田村

1. 概况

培田村，是一个以客家文化为主的古老村落，距今已有 800 多年的历史。素有"民间故宫"之美誉，同时被称为"福建民居第一村""中国南方庄园"。目前已经被评定为全国重点文物保护单位、中国历史文化名村，2006 年荣登"中国十大最美村镇"排行榜。

培田村全年气温适宜，冬季气温较全国大部分城市高，夏季气温较全国大部分城市低，雨量充足，雨水多集中在夏天和春天，秋天及冬天雨量较少。培田村地势比较复杂，东西靠山，南北呈长方形，培田古村落东西舒展，南北走向有千米古街，地势比较平坦，南北走向基本没有大的台地，坡度均不是很大。培田古村落地形狭长，具有较大的开发空间。培田古民居群主要可分为吴氏宗祠建筑群、庵庙道观、跨街牌坊、大夫第建筑群等，以"大夫第""衍庆堂""官厅"等为代表。

吴氏宗祠建筑群主要建筑有：南村公祠、集美堂、三亭公祠等；庵庙道观主要建筑有：马头山寺、文武庙、天后宫等；跨街牌坊主要建筑有位于村头村尾的"荣恩"牌坊；大夫第建筑群主要建筑有：结义堂、官厅以及树容屋等。

"大夫第"又称继述堂，建于1829年，历时11年才建成。因主人吴昌同荣膺奉直大夫、昭武大夫之位而得名。厅高堂阔，宴请120桌客人可不出户。其设计构思秉承"先后有序，主次有别"的传统观念，纵主横次，厅、厢配套，主体、附房分离。通风、采光、排水、卫生，连同子孙的发展都纳入规划之中。梁花、枋花雕工精美，幅幅藏有典故，并以墙倒屋不塌的特点被专家称为世界一流的防震建筑。

"官厅"高墙耸立，四周封闭，墙内特开宽约三尺的水圳，专供妇女洗涤。官厅布局独特，设计精巧。中厅梁柱间、桎枋间的雕花，全为双面对称镂空雕，其工艺令人叹为观止。后厅为宗族议事厅，左右花厅则专供主人休闲会友。楼下厅为学馆，楼上厅为藏书阁，曾藏有万余册古籍。在中央红军北上前的温坊、松毛岭战役期间，官厅一度成为红军的指挥部。

千米古街上，分布在内侧的大多是祖祠。祖祠建筑十分重视门庐构造，斗拱雕刻，木漆绘画都富丽堂皇，其工笔彩绘"三娘教子""状元游街"图，线条明晰，人物栩栩如生。

书院群落是培田古建筑体系的组成部分。据介绍，明成化年间，在培田这个小村落，七世祖吴祖宽伐木割草，创办石头丘草堂，学校虽小，却培养了不少人才，其中秀才一百九十一位，十九人入仕，官到五品五人，最高达三品，如山东青州营守备吴拨祯、台湾曲庄营守府吴孝林等都曾在此深造，后成为著名的南山书院。清光绪三十二年（1906），书院改办为培田两等小学堂，更是人才辈出。

2. 旅游开发状况

培田村目前的旅游发展已逐渐步入轨道，主要旅游产品有古建筑观光、亲子旅游、骑行帐篷、农产品售卖、村落文化研学等。旅游发展促进众多古建筑和村落整体风貌的保护，有效地保护和改善了周边的景观风貌。

随着旅游发展的深入，新的业态入驻培田村，如"众创模式"的耕心乡村众创团队进入培田村，使得村落焕发新的生命。[1]

主要做法有：①耕心团队通过改造村民的房子，变成特色浓郁的民宿，将其打造成培田村的民宿样板，由此吸引村民积极参与其中，不断壮大队伍。②通过互联网+，激活"客家培田，梦里故乡"的培田古村旅游生活体验项目。③众创团队和香港大学合作，与村民一起合建了一座廊桥。廊桥建成后，不仅方便了村民通行，还成了村里的一个旅游景观。④推出亲子游项目，让来自全国各地的家

---

[1] 谢建师. 培田村："众创模式"激活乡村旅游业[J]. 福建农业，2016（9）：16.

长带着孩子住进民宿，品尝客家美食，听培田耆老讲述客家建筑的故事，在古建筑里秘密寻宝，体验村民的日常生活。⑤推出"骑行帐篷"项目，骑行过程中设置的骑行点将培田村内现有的体验项目串联起来，改变游客快闪式的消费习惯。⑥设立全国首个"农村老人公益食堂"，通过网络众筹等方式为村中老屋改造、老手艺新生等项目筹集资金，O2O定制式乡土游学，筹集120万元天使投资，扶持当地农业合作社种植富硒大米、富硒百香果和客家姜糖等，丰富旅游产品，增加农民收入。

以众创模式发展培田村的旅游业，进一步彰显和激发了当地经济发展的动力。数据显示，目前培田村共有乡村旅游经营单位30余户，旅游从业人员300余人，带动村民年收入3万元/户。2018年上半年，培田村累计接待游客12.3万人次，实现门票收入272.4万元，同比分别增长33.5%和34.9%，实现了旅游的可持续发展。

3. 旅游开发启示

（1）旅游资源的丰富更容易发展旅游。培田村保存着30幢大宅、21座祠堂、6处书院、1条千米古街、2座跨街牌坊、5处庵庙道观，总面积达到7万平方米。全村建筑的博大、保护的完好、珍藏品之多、文化底蕴之深，为外界所叹服。这些先天的资源优势让培田村能够快速发展旅游。

（2）村落旅游发展初期阻力较大，需要找到成功案例才能说服村民积极参与。培田村乡村旅游发展初期，由于涉及多方利益，缺乏统一的规划和管理，造成村民参与的积极性低、村落环境混乱、旅游产品单一等问题。众创团队通过选取村中已有的民宿进行改造，变成特色鲜明的民宿，实现接待量和收入同时增加，将其打造成培田村的民宿样板。这个成功案例获得村民认可，吸引村民后期也参与到村落的旅游发展中。

（3）传承传统手工艺，需要获得认同。村落中往往存在众多的传统手工艺，要想让年轻人或者游客认同这些手工艺，需要让年轻人参与进来，参与到手工艺的制作中。例如通过高校师生与本地的老木工一起建造廊桥，让传统手工艺得到传承与活化。

（4）借助互联网可以获得较大的市场关注。通过互联网的宣传，可以获得众筹资金，也可以获得市场关注度。利用互联网进行宣传有利于扩大村落的知名度，吸引世界各地的游客。

四、广东典型传统村落的活化案例

广东省的客家传统村落旅游活化以深圳的甘坑客家小镇和观澜版画村最为成功，其主要依托深圳的客源市场。位于梅州、河源、韶关等地区的客家村落旅游活化的成功案例较少，如梅州的花萼楼、侨乡村古村落。本部分主要介绍深圳的甘坑村和梅州雁南飞茶田度假村。

（一）深圳甘坑村

1. 概况

甘坑村位于深圳龙岗区吉华街道，是深圳十大客家古村落之一。甘坑村起源于明清时期，其原住居民为客家人，村内保存有大量的客家排屋，依山傍水，房连巷通，错落有致，犹如画卷。更有古炮楼、清新巷、状元府、凤凰谷等风情建筑融于山水之中，与几百年的客家排屋形成一种独特的客家文化载体。2017年7月，甘坑客家小镇入选首批国家级文旅特色小镇。

2. 旅游开发状况

为了留住深圳的客家文化，留住深圳人的根，2012年开始总体规划并立项，决定在原来古村落的基础上开发成旅游景点，于2013年开始动工修缮并建设。2016年，政府与华侨城集团签订协议，华侨城投资500亿元，将甘坑村打造成探索深圳客家文化的体验基地和全国客家语流行音乐的创作中心。届时，甘坑客家小镇将成为拥有五张国家级名片的特色小镇，即国家级文化产业示范园区、国家AAAAA级旅游景区、国家级新兴产业示范区、中国历史文化名镇、全国重点特色小镇。

甘坑客家小镇以生态田园为基础，以客家文化为内涵，以客家风韵建筑为空间载体，以民俗节庆、养生美食、非遗保护、田园体验为核心内容，打造集文化旅游、田园休闲、生态度假、文化展示、科普教育为一体的多元复合型旅游目的地。小镇共分六大板块：文化休闲区、特色产业区、农耕体验区、湿地科普区、农业观光区、山地运动区。文化休闲区，通过特色美食街，打造客家文化休闲街区；特色产业区，主要设置"客家文化会馆""客天下会馆""甘坑凉帽保护研究中心""生态文化沙龙""生态文化研究中心"等功能板块作为生态特色公园的重要配套设施；农耕体验区，依托现有园地，开展农耕体验、采摘活动等；湿地科普区，依托生态湿地资源，开展湿地观光、科普教育活动；农业观光区，结合蔬菜基地打造融观、品、赏、画、摄为一体的农业观光景区；山地运动区，以植被恢复和生态保护为重点，建设山地户外运动项目，并植入休闲旅游等体验活动，将甘坑客家小镇打造成为龙岗未来的"特色公园""老客家"和"新客家"的精神家园、深圳社区综合改造示范区。

甘坑客家小镇内主要景点有：生态公园、七都116村、状元府、南香楼、景观湖——酒吧街、炮楼院、凤凰谷等；在村内表演的民俗有：麒麟舞、舞龙、客家鲤鱼灯舞、客家打醮、婚嫁习俗（女子哭嫁）等民俗活动。为充实客家风韵的载体，甘坑客家小镇还将"状元府"和"南香楼"这两栋古建筑先后从江西和福建移迁至此。状元府，木质结构。府内千余木刻，美轮美奂，幅幅皆为故事；十数首古诗，千古吟诵，首首蕴藏画面。南香楼，建筑采用木质结构，整栋房屋楼中有楼，画中有画。雕梁画栋，生动有趣，或龙凤呈祥，或百鸟朝凤；花草虫鱼、神尊佛像、市井平民，无不惟妙惟肖。另楼内外有大小200余件雕刻物件。

3. 旅游开发启示

（1）靠近主要客源市场。甘坑客家小镇位于深圳市龙岗区，靠近珠三角城市群的客源市场，有利于小镇在短时间内快速发展。

（2）村落内保存有较多的客家传统建筑，通过改造利用这些建筑，打造客家文化特征显著的旅游景区。

（3）大量资金和先进管理团队的投入。2016年，华侨城投资500亿元改造提升甘坑村，使之成为深圳客家文化的体验基地。同时，华侨城具有很好的文化旅游开发与管理经验，这对于甘坑客家小镇具有重要的作用。

(二)梅州雁南飞茶田度假村

1. 概况

雁南飞茶田度假村位于梅县区雁洋镇长教村,距梅州市中心35千米,是国家AAAAA级旅游景区、全国农业旅游示范点、省级旅游度假区。度假村由自然山峦、生态林区、标准化茶田、果园、人文景观、旅游度假设施六大部分组成,主要特点是突出博大精深的茶文化和客家文化主题。该度假村由广东宝丽华集团有限公司于1995年1月投资开发,1997年10月8日开业,是融茶叶生产、园林绿化、旅游观光、休闲度假于一体的综合性景区。为了实现山区开发的效益最优化,雁南飞茶田度假村把山区绿色生态优势与浓郁的客家文化相结

图6-15　雁南飞茶田度假村

合，不仅在茶叶方面从种植、加工、包装到销售实现了一条龙，而且将"三高"农业与乡村旅游紧密结合起来。雁南飞茶田度假村因山就势，在绿化美化上匠心独运，逐步布局了茶艺馆、16幢度假别墅、3个游泳池和网球场、钓鱼池、围龙大酒店、围龙食府以及各式景点、雕塑数十处。

2. 旅游开发状况

雁南飞茶田度假村在开发过程中向当地倾斜，使企业与社区相融合，在向省内外招聘管理人才的同时还大量吸引当地农民，把他们转化为农业工人，度假村80%的员工是雁洋人，每月有800多元的稳定收入，这种收入在梅州农村居上等水平（2008年）。不仅如此，雁南飞茶田度假村还发动梅州广大农户在各地选择适宜栽种茶树的地方，这种以点带面、共同致富的生产方式，不仅延长了传统农业的产业链，而且很好地协调了雁南飞茶田度假村与当地农民的利益关系，建立了利益相关方的良好共享机制。梅州是经济欠发达的山区，而雁南飞茶田度假村的兴建则有力地改善了山区交通，搞活了市场，农民人均收入有了大幅度提高。

雁南飞茶田度假村是文化、生态、农业、乡村旅游等完美结合的典范，先后被评为国家AAAAA级旅游景区、全国农业旅游示范点、全国精神文明建设工作先进单位、全国青年文明号、中国国际农业博览会"名牌产品"、广东省最佳旅游景区、广东省最受欢迎的自驾游十佳景区等。雁南飞茶田度假村是弘扬客家文化的重要窗口，其建筑均把典型的客家建筑特色和现代建筑理念相结合，并配套良好的花木、山水等生态景观，形成了客家特色的建筑文化。外立面红色，外形浑圆或半圆，彰显客家民居特色。度假村内的主题建筑——围龙大酒店，是传统客家建筑与现代建筑的完美结合，按客家民居围龙屋的反围龙结构建造，圆弧形，高六层，设计奇巧，技艺精湛，内涵丰富，特色鲜明，荣获国家建筑工程最高奖"鲁班奖"。围龙食府不仅烹制传统客家菜，同时结合现代人的饮食口味，新创香茶炖乌鸡等新式特色菜肴，形成了具有特色的客家饮食文化。雁南飞茶田度假村歌舞艺术团的客家山歌对唱、演唱，客家传统民间艺术鲤鱼灯等特色节目，充分展现出客家文化艺术的独特魅力，深受海内外游客的欢迎。在雁南飞茶田度假村，处处均鲜明地显现出颇具特色的茶文化。红灯笼上的"茶"字，造型各异的茶壶雕塑，不仅配以大量咏茶的古诗词，而且流出潺潺溪水，将人造景点与传统文化结合得紧密自然。雁南飞茶田度假村把乡村旅游上升为"文化之旅"，客家文化、建筑文化、饮食文化、茶文化、企业文化……已渗透至雁南飞的每一个角落。雁南飞茶田度假村形成了"三高农业""生态农业""乡村旅游"三结合的经营模式，并带动了梅县华银垦殖场、兴宁黄蜂窝茶场、蕉岭澳洲山庄、上官塘水库旅游农业、农庄园林化等一批新型农业模式，为梅州乃至全国发展山区农村经济提供了样板。

3. 旅游开发启示

（1）充分挖掘客家文化内涵。

雁南飞茶田度假村充分挖掘客家传统建筑围龙屋的内涵，采用反围龙结构建造，在建筑造型上大胆创新，成为度假村内最大、最具特色的地标性建筑，是度假村极具特色的旅游吸引物。同时深入挖掘客家餐饮文化、艺术文化，将客家文化融入旅游产品中。

（2）依山就势，因地制宜。

雁南飞茶田度假村充分利用山地地形、多雾的气候和原有茶田的生态特点，将客家文化与茶文化结合，通过生态茶叶种植、茶叶采摘体验、茶叶生产、茶叶销售等茶产业链，丰富度假区的旅游产品，成为另一大主题产品。

五、广西典型传统村落的活化案例

广西客家传统村落旅游发展起步相对较晚，现有旅游活动主要为农家乐、古民居观光、果园采摘等，旅游开发程度较低。旅游活化的成功案例比较少，本书选取黄姚古镇和谢鲁山庄做简要分析。

（一）黄姚古镇

1. 概况

黄姚古镇位于广西贺州市昭平县东北部，距离贺州市区40公里，距桂林200千米。古镇发祥于宋代，已有近1000年历史。古镇方圆3.6千米，属喀斯特地貌，自然景观有八大景二十四小景。古镇保存有寺观庙祠20多座，亭台楼阁10多处，多为明清建筑。著名的景点有广西壮族自治区工委旧址、古戏台、安乐寺等。黄姚古镇于2007年被国家文物局列为第三批"中国历史文化名镇"，2009年被国家旅游局批准为AAAA级景区。

黄姚产业区成立于2015年10月，是贺州市委、市政府"十三五"期间打造旅游文化养生"千亿元"产业和启动"推动大创新、实施大开放、培育大物流、发展大旅游、构建大健康"五大新引擎战略部署的重大决策。黄姚产业区包含黄姚镇行政区域和凤凰乡、樟木林镇、富罗镇、走马镇部分区域,地处昭平县、钟山县、平桂区交会处,规划面积358平方千米,核心区约20平方千米,区域辐射人口20多万人。古镇居民以客家人居多,融合少量当地本土汉族、壮族等居民。

2018年,黄姚古镇先后荣获了全国特色小镇、省级休闲旅游度假区、广西文化产业示范园区、广西养生养老小镇、广西旅游休闲服务业集聚区和央视2018年度魅力小镇等一系

图 6-16　黄姚古镇

列荣誉；《股份农民》《外来媳妇本地郎》《别在村前等我》《小镇车神》《双份老赵》《赴那个十八岁的约》《推销员》等系列影视剧在黄姚取景拍摄；民盟中央纪念何香凝先生140周年诞辰首届"香凝如故"全国美术作品巡展暨民革党员教育基地揭幕挂牌、《团结报》多媒体阅报屏进驻贺州等一系列高端活动在黄姚举办；2018年春节期间黄姚古镇多次在主流媒体与国内外朋友见面；随着歌曲《夜黄姚》在九州传唱，散文《黄姚的春晨》入选广东和广西两省区中小学教科书等，黄姚受得越来越多人的关注，其知名度、美誉度持续高涨。

2. 总体规划

黄姚产业区按照大于县城小于市区，围绕文化传承与旅游发展相结合、生态修复与资源利用相结合、产业开发和景点衔接相结合、提升品位与留住游客相结合的"四结合"以及"景城相生、文旅相融、山水相印"的原则，提出了"东村、西湖、南水、北岭、中古镇"五大片区联动发展的产业布局，以旅游文化综合体项目建设为载体，以历史、民族、宗教等文化多元同步融合为发展措施，推动旅游事业大发展和文化产业大繁荣。"东村"即以黄姚东面北莱、界塘、鹧鸪、太平等传统村落群为主的乡愁记忆区；"西湖"即以黄姚西面环仙女湖乡村主题酒店、房车营地、四季花海、周家水都、特色美食、观光采摘为主的休闲体验区；"南水"即黄姚南面以富罗温泉、世外田园、姚江漂流、瑶家风情为主的亲水游乐区；"北岭"即黄姚北面仙殿顶地质公园、东潭岭森林公园以高山文化、养生文化和佛道文化为主的心灵颐养区；"中古镇"即黄姚古镇街区、大小东街、黄姚天街、黄姚国际酒店、黄姚学院、"梦里黄姚"文化城和

"临贺长歌"大型原创史诗舞台歌剧演艺为主的乐享核心区。

规划提出奋力构建"东周庄、西凤凰、北平遥、南黄姚中国四大古镇新格局"的工作对标，明确了"舞动大漓江，撬动粤港澳"奋斗目标，力争把黄姚产业区打造成为"国际知名的古镇休闲旅游目的地、广西旅游发展新一极和中国文旅产业特色区"。"十三五"期间，黄姚产业区规划包装了82个项目，总投资达561.3亿元人民币，其中包括黄姚学院、黄姚职业教育学院、黄姚中学迁建、产业区医院、"梦里黄姚"文化旅游创意城、普利小镇·幸福里、黄姚·龙门街、黄姚东街、"演义黄姚"广西明星城、黄姚大剧院等文旅项目69个。2019年推进自治区和市级重大项目42个，总投资362.74亿元。

在现代康养产业方面推进了东潭岭医养结合示范区、樟木林枫荷古莲和下白中医药养生园建设；在现代休闲农业方面推进了贺州市两岸青年农业创新园区（黄姚股份田园）和黄姚北莱现代农业园、广西华泰生物科技示范产业园、正丰农业黄姚茶文化产业园和黄姚旅游产品加工园等项目；在文化演艺方面继续依托黄姚临贺长歌演艺公司，常态化演出《临贺长歌》剧目，累计演出近500场次，2017年和2018年连续两年被评为自治区优秀驻场演出；开展了"壮族三月三·最美在黄姚"等系列民俗演艺活动；在特色餐饮民宿培育方面先后举办了2018年首届"黄姚厨子"特色美食（豆豉系列）评选活动、"广西黄姚古镇旅游文化产业区'十大精品民宿''十大特色餐馆'评选"活动，进一步推广黄姚美食和民宿品牌，提升黄姚在国内外的美誉度及影响力；在两岸文化交流方面，两岸青年农业创新园区落户黄姚古镇，黄姚古镇成为两岸青年农业论坛大陆举办地永久会址。

3. 旅游开发启示

（1）规划先行，旅游发展注重产业的发展。

规划提出"东村、西湖、南水、北岭、中古镇"五大片区联动发展的产业布局。

（2）注重文化产业发展。

以文旅项目促进产业发展，以历史文化、民族文化、宗教文化等多元同步融合建设旅游文化综合体，推动黄姚古镇旅游与文化的大发展。

（3）引入旅游新业态，丰富业态类型。

古镇建设文旅业态、现代康养业态、休闲农业业态、文化演艺业态、特色餐饮业态等旅游新业态为古镇发展提供业态保障。

（4）注重基础设施的建设。

将对外联系的主要道路建设成一级旅游大道，同时注重人才的培养，为黄姚古镇的发展提供人才保障。

（二）谢鲁山庄

谢鲁山庄位于广西玉林市陆川县乌石镇谢鲁村，由吕春琯始建于民国九年（1920），原名"树人书屋"，因庄内花果甚多，又称谢鲁山庄。全庄占地1平方千米，外貌似普通农舍，庄内建筑多依山而建，因地设景，青砖灰瓦。山庄内有两道围墙、5座假山、6组房舍、7口池塘、8座凉亭。全庄内外3个层次，有5000多米的回廊曲道相连通，一股终年长流的清泉流经园中，自成一统的小天地。目前旅游开发较为薄弱，属较为初级的观光游览模式，未能带来较大的经济效益。

为重新焕发谢鲁山庄的文化活力，地方政府联合企业对山庄进行全面升级，制定谢鲁山庄温泉度假小镇总体规划，谢鲁山庄温泉度假小镇总投资3.5亿元，打造休闲与养生相结合的高质量、高档次、多功能为一体的温泉健康保养地。规划建设中国"四大庄园"展示馆、温泉度假小镇、客家文化体验街区等特色体验项目，精心打造出集庄园文化展示、客家历史文化展示和温泉康养、休闲旅游为一体的驰名旅游景区。

客家传统村落在客家文化区的广博大地上正逐渐走上客家传统文化的保护、传承和活化之路，这条路无疑是艰辛和坎坷的。保护是传承的前提，传承是保护的目的，让活化成为保护的驱动力，让活化成为传承的推动力，让活化使客家文化不断挖掘、发展和提炼。在保护的基础上，注重文旅规划，活化和利用资源，在活化中保护，在保护中活化，在活化中传承，在传承中活化。旅游是活化的集中表现形态，让我们祝愿客家传统村落不断获得新生，旅游活化不断成为实现和促进客家传统村落和客家精神文化良性发展的产业平台。

图 6-17
谢鲁山庄

参考文献
REFERENCES

[1] 罗香林. 客家源流考[M]. 北京：中国华侨出版公司，1989.
[2] 罗香林. 客家研究导论[M]. 上海：上海文艺出版社，1992.
[3] 刘佐泉. 客家历史与传统文化[M]. 开封：河南大学出版社，1991.
[4] 房学嘉. 客家民俗[M]. 广州：华南理工大学出版社，2006.
[5] 温昌衍. 客家方言[M]. 广州：华南理工大学出版社，2006.
[6] 梁伟光. 客家古邑民俗[M]. 广州：华南理工大学出版社，2010.
[7] 吴永章. 客家传统文化概说[M]. 南宁：广西教育出版社，2000.
[8] 王东. 客家学导论[M]. 上海：上海人民出版社，1996.
[9] 丘恒兴. 客家人与客家文化[M]. 北京：中国国际广播出版社，2011.
[10] 杨宏伟. 客家风采：客家文化特色与形态[M]. 北京：现代出版社，2014.
[11] 李秋香，楼庆西，叶人齐，等. 赣粤民居[M]. 北京：清华大学出版社，2010.
[12] 胡希张，莫日芬，董励，等. 客家风华[M]. 广州：广东人民出版社，1997.
[13] 钟文典. 广西客家[M]. 桂林：广西师范大学出版社，2011.
[14] 余英. 中国东南系建筑区系类型研究[M]. 北京：中国建筑工业出版社，2001.
[15] 梅州市地方志编纂委员会. 梅州市志（1979—2000）[M]. 北京：方志出版社，2011.
[16] 广西中法战争史研究会. 中法战争史论文集：第四集[M]. 南宁：广西人民出版社，1992.
[17] 张卫东，王洪友. 客家研究[M]. 上海：同济大学出版社，1989.
[18] 中国人民政治协商会议博白县委员会. 博白大观[M]. 南宁：广西人民出版社，2010.
[19] 刘红. 客家研究文集：第1辑[M]. 北京：台海出版社，2009.
[20] 曾耀东，傅德露，高晓斌. 闽西客家大典[M]. 福州：海风出版社，2011
[21] 李逢蕊. 客家纵横[M]. 龙岩：闽西客家学研究会，1992.
[22] 万陆. 客家学论纲[J]. 赣南师范学院学报，1994，15（2）：32-45.
[23] 谢留文，黄雪贞. 客家方言的分区（稿）[J]. 方言，2007（3）：238-249.
[24] 冯骥才. 亟须加强对古村落文化的保护[J]. 农村工作通讯，2011（9）：34.
[25] 陆梦秋，黄震方. 福建客家土楼的文化地理内涵[J]. 亚热带资源与环境学报，2015（3）：72-78.
[26] 熊守清. 略论广西客家的源流、分布及其特点[J]. 广西师范大学学报（哲学社会科学版），1996（4）：26-100.
[27] 钟福民. 客家村落"社公"信仰的生态民俗学研究[J]. 原生态民族文化学刊，2017，9（2）：102-113.
[28] 熊伟，张继均. 广西传统客家民居类型及特点研究[J]. 南方建筑，2013（1）：78-82.
[29] 廖宇航，潘洌，李欢，等. 广西贺州江氏客家围屋特色浅析[J]. 南方建筑，2013（3）：41-45.
[30] 张洪春. 客家人的传统生态观及其当代价值探析[J]. 怀化学院学报，2013（3）：1-3.

[31] 陈永林，周炳喜，孙巍巍.城镇化中传统乡村聚落空间演化及其区域效应：以赣南客家乡村聚落为例[J].江西科学，2012（5）：625-629.

[32] 林兆武，刘淑虎，林从华.闽西客家传统村落空间营建模式初探[J].建筑与文化，2015（4）：119-120.

[33] 黄晓珍.客家祠堂的文化内涵研究：以三明客家祠堂为例[J].赣南师范学院学报，2014（4）：6-9.

[34] 李小燕.客家祠堂文化[J].嘉应大学学报（哲学社会科学版），2003，21（2）：119.

[35] 刘大可.传统客家村落的空间结构初探：以闽西武平县北部村落为例[J].福建论坛（文史哲版），2000（5）：63-68.

[36] 刘大可.闽粤台客家惭愧祖师信仰的互动发展与文化认同：田野调查与文献记载的比较[J].世界宗教研究，2018（2）：97-112.

[37] 林晓平.赣南客家宗族制度的形成与特色[J].赣南师范学院学报，2003，24（1）：82-85.

[38] 廖荣昌，潘洌，李欢，等.广西客家民居生土技术的研究与应用[J].山西建筑，2014，40（21）：1-2.

[39] 张煦.浅谈福建土楼的保护与发展[J].福建建筑，2012（4）：13-15.

[40] 谢彪.城镇化视阈下客家传统村落的调查与保护研究：基于闽西六县的实证调查[J].福建农林大学学报（哲学社会科学版），2015，18（2）：26-30.

[41] 钟福民.论赣南客家古村落文化的保护：以赣县白鹭村为例[J].赣南师范学院学报，2007（1）：78-81.

[42] 谢建师.培田村："众创模式"激活乡村旅游业[J].福建农业，2016（9）：16.

[43] 刘丽川.论客家民间多神信仰及其文化源头[J].中山大学学报（社会科学版），2002（2）：133-142.

[44] 徐小明.赣南古村落客家风水营造中的现代规划理念研究：以瑞金密溪村为例[D].兰州：兰州交通大学，2013.

[45] 卢覃晴.广西贺州客家围屋文化与保护开发研究[D].南宁：广西大学，2015.

[46] 刘梅琴.永定客家土楼围合形态的环境适应性衍变研究[D].泉州：华侨大学，2014.

[47] 钟秋艳.福建客家古村落景观元素及其修复研究[D].福州：福建农林大学，2014.

[48] 汤翔燕.赣南客家乡土建筑：围屋的建筑型制及其室内研究[D].南昌：南昌大学，2007.

[49] 赵利敏.赣南客家廊桥艺术探析[D].赣州：赣南师范学院，2014.

[50] 李晓文.赣南客家地区许真君信仰研究[D].赣州：赣南师范学院，2007.

[51] 黄娟.客家文化空间分布特征及时空演变研究[D].赣州：江西理工大学，2015.

[52] 李丽云.赣南地区客家教育研究[D].西安：陕西师范大学，2007.

[53] 伊国鑫.乡村旅游发展对永定洪坑村村民生活方式的影响研究[D].泉州：华侨大学，2018.

[54] 中国青年网.产业拔"穷根"脱贫底气足：赣州市委宣传部结对帮扶瑞金市壬田镇中潭村纪实[EB/OL].（2017-08-27）.http://news.youth.cn/jsxw/201708/t20170827_10596108.htm.

附录：客家传统村落名单

表 7-1　客家传统村落江西部分

序号	批次	名称
1	第一批 （2012-12-17）	赣州市赣县白鹭乡白鹭村
2		赣州市安远县镇岗乡老围村
3		赣州市龙南县杨村镇杨村村燕翼围
4		赣州市龙南县关西镇关西村
5		抚州市乐安县湖坪乡湖坪村
6		抚州市乐安县牛田镇流坑村
7	第二批 （2013-08-26）	赣州市赣县湖江乡夏府村
8		赣州市宁都县田埠乡东龙村
9		赣州市于都县段屋乡寒信村
10		赣州市兴国县梅窖镇三僚村
11		赣州市兴国县兴莲乡官田村
12		赣州市瑞金市九堡镇密溪村
13		吉安市遂川县堆子前镇鄢溪村
14		吉安市万安县百嘉镇下源村
15	第三批 （2014-11-17）	赣州市赣县大埠乡大坑村
16		赣州市大余县左拔镇云山村
17		赣州市龙南县里仁镇新园村
18		赣州市于都县岭背镇谢屋村
19		赣州市于都县葛坳乡澄江村
20		赣州市于都县马安乡上宝村
21		赣州市会昌县筠门岭镇羊角村
22		赣州市瑞金市叶坪乡洋溪村
23		吉安市吉水县水南镇高中村委会义富村
24		吉安市永丰县沙溪镇河下村
25	第四批 （2016-12-09）	赣州市崇义县聂都乡竹洞村
26		赣州市龙南县杨村镇乌石村
27		赣州市全南县龙源坝镇雅溪村

续表

序号	批次	名称
28	第四批 （2016-12-09）	赣州市兴国县枫边乡山阳寨村
29		赣州市宁都县黄陂镇杨依村
30		赣州市于都县银坑镇平安村
31		赣州市于都县岭背镇禾溪埠村石溪圳自然村
32		赣州市石城县琴江镇沙煅河背自然村
33		赣州市石城县小松镇丹溪村
34		吉安市泰和县马市镇蜀江村
35		吉安市泰和县螺溪镇爵誉村
36		抚州市南丰县洽湾镇洽湾村

表7-2　客家传统村落福建部分

序号	批次	名称
1	第一批 （2012-12-17）	三明市清流县赖坊乡赖安村
2		三明市建宁县溪源乡上坪村
3		三明市明溪县胡坊镇肖家山村
4		三明市明溪县夏阳乡御帘村
5		三明市尤溪县台溪乡盖竹村
6		三明市尤溪县台溪乡书京村
7		三明市尤溪县西滨镇厚丰村
8		三明市尤溪县洋中镇桂峰村
9		三明市泰宁县新桥乡大源村
10		漳州市平和县大溪镇庄上村
11		漳州市平和县霞寨镇钟腾村
12		漳州市南靖县书洋镇田螺坑村
13		龙岩市连城县庙前镇芷溪村
14		龙岩市连城县宣和乡培田村
15		龙岩市连城县莒溪镇壁洲村

续表

序号	批次	名称
16	第一批 （2012-12-17）	龙岩市连城县四堡乡务阁村
17		龙岩市长汀县馆前镇坪埔村
18		龙岩市长汀县三洲镇三洲村
19		龙岩市长汀县红山乡苏竹村
20		龙岩市上杭县太拔乡院田村
21		龙岩市新罗区适中镇中心村
22		龙岩市永定区湖坑镇洪坑村
23		龙岩市漳平市双洋镇东洋村
24	第二批 （2013-08-26）	三明市明溪县城关乡翠竹洋村
25		三明市永安市小陶镇八一村
26		三明市永安市燕西街道吉山村
27		漳州市平和县芦溪镇芦丰村
28		龙岩市新罗区万安镇竹贯村
29		龙岩市武平县岩前镇灵岩村
30		龙岩市连城县四堡乡中南村
31	第三批 （2014-11-17）	三明市三元区岩前镇忠山村
32		三明市大田县桃源镇东坂村
33		三明市大田县广平镇万宅村
34		漳州市南靖县书洋镇河坑村
35		漳州市平和县秀峰乡福塘村
36		龙岩市长汀县南山镇中复村
37		龙岩市永定区下洋镇初溪村
38		龙岩市永定区湖坑镇南江村
39		龙岩市永定区高头乡高北村
40	第四批 （2016-12-09）	三明市三元区莘口镇龙泉村龙安自然村
41		三明市明溪县夏坊乡苎畲村
42		三明市宁化县泉上镇延祥村
43		三明市大田县建设镇建国村

续表

序号	批次	名称
44		三明市永安市贡川镇洋峰村
45		三明市永安市小陶镇石丰村
46		三明市沙县凤岗街道水美村
47		三明市将乐县大源乡肖坊村
48		漳州市南靖县书洋镇塔下村
49		漳州市南靖县书洋镇石桥村
50		漳州市南靖县书洋镇下版寮村
51		漳州市南靖县书洋镇南欧村
52		漳州市南靖县奎洋镇上洋村
53		漳州市华安县马坑乡福田村
54		南平市邵武市和平镇坎头村
55	第四批（2016-12-09）	南平市邵武市和平镇和平村
56		龙岩市新罗区万安镇梅村村
57		龙岩市永定区下洋镇中川村
58		龙岩市永定区高陂镇西陂村
59		龙岩市永定区湖坑镇实佳村
60		龙岩市永定区古竹乡大德村
61		龙岩市永定区洪山乡上山村
62		龙岩市永定区陈东乡岩太村
63		龙岩市上杭县中都镇罗溪村
64		龙岩市上杭县中都镇田背村
65		龙岩市上杭县中都镇兴坊村
66		龙岩市长汀县古城镇丁黄村
67		龙岩市长汀县四都镇汤屋村
68		龙岩市连城县曲溪乡白石村

表 7-3　客家传统村落广东部分

序号	批次	名称
1	第一批（2012-12-17）	韶关市仁化县石塘镇石塘村
2		惠州市博罗县龙华镇旭日村
3		惠州市惠城区横沥镇墨园村
4		梅州市梅县水车镇茶山村
5		梅州市梅县南口镇侨乡村
6		梅州市梅县桃尧镇桃源村
7		梅州市梅县雁洋镇桥溪村
8		梅州市梅县雁洋镇石楼村
9		梅州市梅县雁洋镇松坪村
10		梅州市丰顺县埔寨镇埔北村
11		梅州市蕉岭县南磜镇石寨村
12		梅州市兴宁市罗岗镇柿子坪村
13		河源市和平县林寨镇林寨古村
14		清远市佛冈县高岗镇社岗下村
15		潮州市潮安县古巷镇古一村象埔寨
16		潮州市潮安县龙湖镇龙湖古寨
17	第二批（2013-08-26）	广州市增城区正果镇新围村
18		韶关市翁源县江尾镇湖心坝村
19		韶关市南雄市乌迳镇新田古村
20		惠州市龙门县龙华镇绳武围村
21		梅州市梅江区城北镇玉水村
22		梅州市梅县松口镇铜琶村
23		梅州市大埔县三河镇汇城村
24		梅州市大埔县百侯镇侯南村
25		梅州市大埔县西河镇车龙村
26		梅州市丰顺县汤南镇新楼村
27		梅州市丰顺县埔寨镇埔南村

续表

序号	批次	名称
28		梅州市丰顺县建桥镇建桥村
29		梅州市丰顺县丰良镇璜溪村邹家围
30		梅州市平远县东石镇凉庭村
31		梅州市平远县上举镇畲脑村
32		梅州市蕉岭县蓝坊镇大地村
33		梅州市蕉岭县蓝坊镇高思村
34		梅州市蕉岭县南磜镇南磜村
35		梅州市兴宁市石马镇刁田村
36		梅州市兴宁市叶塘镇河西村
37		梅州市兴宁市新陂镇上长岭村
38		梅州市兴宁市刁坊镇周兴村
39		梅州市梅县区松口镇大黄村
40	第三批 （2014-11-17）	惠州市惠东县稔山镇范和村
41		惠州市惠东县多祝镇皇思扬村
42		梅州市梅县区松口镇梅教村
43		梅州市梅县区松口镇南下村
44		梅州市梅县区松口镇小黄村
45		梅州市梅县区南口镇谢响塘村
46		梅州市大埔县高陂镇银滩村
47		梅州市大埔县西河镇北塘村
48		梅州市丰顺县汤南镇龙上古寨
49		梅州市五华县岐岭镇凤凰村
50		梅州市五华县横陂镇夏阜村
51		梅州市兴宁市径南镇星耀村
52		梅州市兴宁市龙田镇鸡公侨村
53		梅州市兴宁市龙田镇龙盘村
54		韶关市仁化县扶溪镇古夏村
55	第四批 （2016-12-09）	惠州市惠东县铁涌镇溪美村
56		惠州市龙门县永汉镇鹤湖围村
57		惠州市龙门县龙华镇功武村

续表

序号	批次	名称
58	第四批 （2016-12-09）	梅州市梅县区松口镇圳头村
59		梅州市梅县区白渡镇峰溪村委石溪村
60		梅州市梅县区松源镇横坊村委横江村
61		梅州市丰顺县黄金镇清溪村
62		梅州市平远县石正镇南台村
63		梅州市平远县泗水镇梅畲村
64		河源市和平县东水镇大坝村
65		清远市佛冈县汤塘镇汤塘村
66		清远市佛冈县迳头镇土仓下村

表7-4 客家传统村落广西部分

序号	批次	名称
1	第一批 （2012-12-17）	玉林市北流市民乐镇萝村
2		玉林市玉州区城北街道高山村
3		贺州市钟山县回龙镇龙道村
4		贺州市钟山县燕塘镇玉坡村
5	第二批 （2013-08-26）	南宁市横县平朗乡笔山村
6		桂林市灵川县大圩镇廖家村委会毛村
7		玉林市北流市新圩镇新圩村第五组
8		贺州市八步区莲塘镇仁化村
9		贺州市八步区信都镇祉洞村
10		贺州市八步区开山镇开山村上莫寨村
11		钦州市浦北县小江镇平马村
12	第三批 （2014-11-17）	玉林市博白县松旺镇松茂村
13		贺州市昭平县樟木林乡新华村
14	第四批 （2016-12-09）	北海市合浦县曲樟乡璋嘉村委老屋村
15		贺州市昭平县走马镇黄胆村罗旭屯
16		贺州市钟山县石龙镇源头村

续表

序号	批次	名称
17	第四批 （2016-12-09）	贺州市钟山县珊瑚镇同乐村

注：本附录根据住房城乡建设部、文化部（现文化和旅游部）、财政部等政府部门公布的前四批中国传统村落名录整理而得，不含第五批中国传统村落名录。

后记
AFTERWORD

中国传统村落作为中华文化遗产的重要载体，承载着中华民族的历史记忆，是人类农耕文明的重要见证，也是中华民族认同的根源，具有重要的文化价值、生态价值和经济价值。但在快速城镇化、现代化的冲击下，中国传统村落正在面临生存的挑战。传统村落的消失不仅意味着村落建筑的消亡，更意味着传统村落所蕴含的文化价值的消亡。近几十年来，随着经济的大发展以及城镇化的推进，大量青壮年走出乡村，定居城市，传统村落面临着"空心化"的窘境。如今，国家已经充分意识到传统村落保护的重要性，采取了一系列的保护措施。

"中国传统村落文化抢救与研究"系列丛书于2016年入选了"十三五"出版规划。本套丛书从文化区、物质文化、非物质文化三个方面全方位阐释中国传统村落文化。其第一辑文化区系列于2020年付梓，项目从策划到出版历时近5年。

一本书的诞生，包含着主编、编写者、编辑、校对、审读专家等众多参与者的心血。为了保证图书的如期出版，每个人都奉献和付出了许多。

感谢每一位编写者的勤勉，在繁重的教学和科研任务压力之下，他们利用每一个休息的空隙，孜孜不倦地书写着中国传统村落的过去、现在和未来，用朴实真挚的文字记录着村落的每一次成长与新生。

本书还配有大量精美图片帮助读者解读内容，但由于信息的更迭和转换，仍然有个别图片找不到原始版权的所有人。希望读到这本书，或者通过其他途径获取到这个信息的版权人，发送邮件至 459202365@qq.com，主动与我们取得联系，我们感谢您的理解和支持。

我们本着保护和弘扬村落文化的初心，试图对中国传统村落进行一次科学的梳理、抢救性记录和提出保护建议，通过深度挖掘传统村落的价值，重新唤起社会关注，重振乡居生活方式。让越来越多的人通过阅读，了解传统村落文化的美好与珍贵，从而加入到保护者的行列。

2020年，突如其来的新冠肺炎疫情打乱了每个人的生活工作节奏，但是大家克服了自身的困难和心里的不安，携手走到了最后。再次感谢参与这套丛书出版的每一个人，大家的努力与付出，才促成了图书的成功付梓。我们撒下关爱村落的种子，期待在不久的未来它将长成参天大树，将传统村落文化扎根于每一位读者心间，愿这套丛书为传统村落文化的传承贡献一份微薄的力量。

丛书编委会

2020 年 12 月